Ziegen halten

Hans Späth
Otto Thume

ZIEGEN halten

32 Farbfotos
48 Schwarzweißfotos
58 Zeichnungen

Verlag Eugen Ulmer

Zeichnungen von Friedhelm Weick

CIP-Kurztitelaufnahme der Deutschen Bibliothek

Späth, Hans:
Ziegen halten / Hans Späth, Otto Thume –
Stuttgart: Ulmer 1986.
ISBN 3-8001-7161-9

NE: Thume, Otto

© 1986 Eugen Ulmer GmbH & Co.
Wollgrasweg 41, 7000 Stuttgart 70 (Hohenheim)
Printed in Germany
Das Werk einschließlich aller seiner Teile
ist urheberrechtlich geschützt.
Jede Verwertung außerhalb der engen Grenzen
des Urheberrechtsgesetzes ist ohne Zustimmung
des Verlages unzulässig und strafbar.
Das gilt insbesondere für Vervielfältigungen,
Übersetzungen, Mikroverfilmungen und die
Einspeicherung und Verarbeitung in elektronischen Systemen.
Einbandgestaltung: A. Krugmann, Freiberg/Neckar
mit einem Foto von Hans Reinhard
Satz: IBV Satz- und Datentechnik GmbH, Berlin
Druck: Karl Grammlich, Pliezhausen
Bindung: Wilhelm Nething, Weilheim/Teck

Vorwort

Ziegen werden nicht nur aus wirtschaftlichen Gründen, sondern auch aus Liebe zu den Tieren gehalten. Durch ihre vielseitigen, guten Eigenschaften erwecken sie oft das Interesse der ganzen Familie. Besonders Kinder haben zu den Ziegen und ihren Lämmern ein inniges Verhältnis. Ihr munteres Wesen, spielerisches Verhalten und ihre Anhänglichkeit bringen Freude und Entspannung in unsere hektische Zeit.

Neben der großen Beliebtheit dieser Tiere sind es die Produkte der Ziegenhaltung, die immer mehr geschätzt werden. Der zunehmende Wunsch, möglichst viele gesunde Lebensmittel selbst zu erzeugen, läßt sich mit der Ziegenhaltung leicht verwirklichen. Dies hat dazu geführt, daß sie in den letzten Jahren im Bundesgebiet zugenommen hat.

Mit diesem Buch wollen wir dem Ziegenhalter praktische Tips geben, die ihm helfen, Fehler zu vermeiden. Es werden besonders die Punkte angesprochen, die für eine erfolgreiche Ziegenhaltung wichtig sind, wie Unterbringung, Fütterung, Zucht und Gesunderhaltung. Die Erzeugung und Verwertung von Fleisch und Milch wird ausführlich behandelt. Verschiedene Rezepte zur Ziegenkäseherstellung und Sauermilchbereitung sollen es dem Ziegenhalter ermöglichen, die täglich anfallende Milch abwechslungsreich zu verwerten.

Wir wünschen allen, die Ziegen halten, viel Freude und Erfolg mit ihren Tieren.

Herbst 1986

Hans Späth
Otto Thume

Inhalt

Voraussetzungen für die Ziegenhaltung

Verständnis für Tiere

Eine Ziegenhaltung sollte nur aufgebaut werden, wenn ausreichendes Interesse an diesen Tieren vorhanden ist. Bei den Hobbyhaltern hat oft die Liebe zur Ziege und die Freude an den hausgemachten Produkten Vorrang, während der Wirtschaftlichkeit weniger Bedeutung beigemessen wird. Freude bereiten diese reizvollen Tiere aber nur, wenn sie gesund und munter sind. Auch Hobbytiere müssen ordentlich gehalten und gefüttert werden. Für die überwiegende Zahl der Ziegenhalter stehen aber die nützlichen Eigenschaften im Vordergrund. Oft sind es mehrere Gründe, die die Haltung von Ziegen reizvoll machen:

- Erzeugung von Milch und Fleisch für den eigenen Bedarf
- Ziegenmilch zu Diät- und Heilzwecken
- die Verwendung der Milch zur Aufzucht von anderen Tieren
- eine besondere Vorliebe für Ziegen
- ihre Eignung als Spielkameraden für Kinder
- zu therapeutischen Zwecken
- zur Landschaftspflege

Alle Interessenten sollten bedenken, daß sie nach Anschaffung der Ziegen eine ständige Verpflichtung gegenüber den Tieren haben. Wer Tiere halten will, muß ihre Bedürfnisse kennen. Daraus und aus ihrem natürlichen Verhalten ergeben sich die richtigen Haltungsformen.

Eigenheiten der Ziegen

Ziegen sind nicht gern allein und suchen die Gesellschaft ihrer Artgenossen, anderer Tiere oder der Menschen. Ihre Anhänglichkeit ist mit einer gewissen Sensibilität verbunden. Daher können schon bei Umstellungen innerhalb eines Stalles Probleme auftreten, die sich noch verstärken, wenn die Tiere in eine fremde Umgebung kommen. Bei Ziegenverkäufen kann man immer wieder feststellen, daß die Tiere im neuen Stall manchmal längere Zeit trauern, meckern, kein Futter und Wasser aufnehmen. Die Ziegenbesitzer können sich dieses Verhalten oft nicht erklären und suchen die Ursache in der Fütterung. Meistens wird die Frage gestellt: »Was hat die Ziege nur zu fressen bekommen?« In der Regel ist es aber nicht das Futter, sondern die fremden Verhältnisse und das Heimweh haben der Ziege den Appetit verdorben. Sehr empfindsam sind Ziegenböcke und ältere Ziegen. Die Eingewöhnung kann erleichtert werden, wenn der neue Besitzer sich mit dem Tier beschäftigt und es anspricht. Ein einzelnes Tier beruhigt sich auch, wenn ihm ein artfremdes Tier Gesellschaft leistet. Es genügt schon ein Kaninchen, ein Hund oder ein anderes Tier, das sich in der Nähe oder in der gleichen Bucht befindet.

Allgemein haben Ziegen viele gute Eigenschaften, die Carl Roesch, der frühere Vorsitzende der Arbeitsgemeinschaft der Landesverbände Deutscher Ziegenzüchter e. V. (ADZ) humorvoll zusammenge-

Ziegen sind gesellige Tiere.

faßt hat: »Ziegen sind wie Frauen, elegant, liebenswürdig und neugierig, mit einer Neigung zum Meckern.« Allerdings werden über die Ziege auch gerne negative Bemerkungen gemacht. Obwohl sie anspruchslos im Futter ist, wird ihr nachgesagt, eine Schleckerin und Nascherin zu sein, da sie neben Gestrüpp auch gute Leckerbissen sucht und auch gerne einmal der Hausfrau die Blumen im Garten abfrißt.

Auf der Weide verteilen sich die Ziegen, sind viel in Bewegung und bilden keine geschlossene Herde. Sie bevorzugen Klee, Kräuter und Sträucher, fressen aber auch die von anderen Tieren nicht abgeweideten Reste.

Ziegen zählen mit zu den intelligentesten Tieren. Bei der gemeinsamen Haltung mit Schafen übernehmen Ziegen immer die Führung. Im Kampf um die Rangordnung gehen Ziegen hart gegeneinander vor, insbesondere die Hörnertiere und Ziegenböcke. Die Tiere stoßen oft heftig mit den Köpfen zusammen, bis eines nachgibt und dann als unterlegen gilt. Dabei steigen die Ziegen vorne hoch, stellen sich auf die Hinterfüße und gehen gezielt aufeinander los. Blutige Köpfe sind dabei keine Seltenheit.

Schwierigkeiten bereitet die gemeinsame Haltung von gehörnten und ungehörnten Tieren, da die hornlosen immer unterlegen sind. Diese Vormachtstellung nutzen einige Hörnerziegen aus und unterdrücken die anderen, was sich besonders beim Fressen negativ auswirkt. Vereinzelt gibt es sogar ernsthafte Verletzungen. Bei der Weidehaltung machen sich Rangstreitigkeiten weniger bemerkbar, da die Tiere mehr Platz haben und ausweichen können. Gehörnte Tiere beschädigen den Weidezaun und die Stalleinrichtungen viel stärker als ungehörnte. Im Laufstall ist es vorteilhaft, gehörnte und ungehörnte Tiere getrennt zu halten oder die Tiere zu enthornen.

Ziegen sind sehr aufmerksame Beobachter, sie nehmen Geräusche und Bewegungen schnell wahr.

Zum Ruhen bevorzugen sie – sofern es möglich ist – höher gelegene Plätze. Der Grund dafür dürfte sein, daß sie die Umgebung besser beobachten und bei auftretenden Gefahren schneller reagieren können. Diese Plätze werden in der Regel von den ranghöchsten Tieren beansprucht. Ziegenherden werden meist von einem älteren, erfahrenen Leittier angeführt, das nicht unbedingt das stärkste sein muß.

Der geeignete Stall

Unter unseren klimatischen Gegebenheiten ist zur Haltung von Ziegen ein Stall erforderlich. So müssen viele Menschen auf ihren Wunsch, Ziegen zu halten, verzichten, weil die Unterbringung der Tiere Schwierigkeiten bereitet. In reinen Wohngebieten dürfte eine Ziegenhaltung nur bei großer Findigkeit des Halters und einiger Nachsicht der Nachbarn möglich sein.

Wenn der Stall weit entfernt von der eigenen Wohnung liegt, sollte bedacht werden, daß die Betreuung der Tiere einen hohen zusätzlichen Aufwand an Zeit und Geld erfordert, denn der Weg von der Wohnung zum Stall muß oft zurückgelegt werden.

In ländlichen Gebieten ist die Situation wesentlich günstiger. Die Erstellung eines Ziegenstalles ist leichter möglich. Oft kann ein leerstehendes landwirtschaftliches Gebäude oder ein Schuppen zur Ziegenhaltung verwendet werden, ein kleiner Anbau an einen Geräteschuppen mag ohne große Schwierigkeiten und Kosten möglich sein.

Über die Bauvorschriften, Genehmigungspflicht und Zustimmung des Nachbarn sollte man sich vor der Planung informieren.

Das richtige Futter

Früher wurde die Zahl der Ziegen auf das vorhandene eigene Grundfutter abgestimmt. Eine Pacht von Grundstücken war nicht überall möglich, und der Zukauf von Futter kam aus Kostengründen nur selten in Frage. Heute stehen den Ziegenhaltern vor allem solche Futterflächen günstig zur Verfügung, die maschinell nicht bearbeitet werden können. In den letzten Jahrzehnten ging in einigen Gebieten die Rindviehhaltung stark zurück und dadurch wurde das Interesse an den absoluten Grünlandflächen geringer. Diese Entwicklung ermöglicht es einigen Ziegenhaltern, günstige Pachtverträge für Futterflächen abzuschließen. Infolge der besseren Preise für die Ziegenprodukte sind heute die Ziegenhalter finanziell in der Lage, fehlendes Futter (Heu, Stroh, Rüben, Kraftfutter) zu kaufen. In vielen kleinen Ziegenhaltungen wäre der Zukauf des gesamten Grundfutters oft günstiger als die eigene Werbung, besonders wenn ein kostspieliger Maschinenaufwand damit verbunden ist.

Fachkenntnisse

Ausreichende Fachkenntnisse sind für eine tiergerechte Ziegenhaltung wichtig. Personen, die nur Interesse an der Ziegenhaltung haben, aber nicht über die entsprechenden Fachkenntnisse verfügen, werden immer wieder Rückschläge erleben. Wenn der Erfolg ausbleibt, dann schwinden auch das Interesse und die Freude an der Ziegenhaltung. Bei fehlenden Kenntnissen wird folgendes empfohlen:

- Fachbücher und Zeitschriften lesen,
- Kontakt mit erfahrenen Ziegenhaltern aufnehmen,
- die Ziegenhaltung mit wenigen Tieren beginnen und später aufstocken,
- Versammlungen und Lehrgänge der Ziegenzuchtverbände besuchen,
- ein Praktikum auf einem Betrieb mit Ziegen absolvieren,
- den Urlaub auf einem Ziegenhaltungsbetrieb verbringen,
- Beratungsstellen und Organisationen einschalten.

Geschichte der Ziegenhaltung

Abstammung

Zoologisch zählen die Ziegen (Caprini) und Schafe neben den Mähnenspringern, Tahren und Blauschafen zur Gattung der Böcke. Die wildlebenden Formen der Ziege sind in den Gebirgen Europas, Asiens und Nordafrikas beheimatet.

Sie können in vier Arten eingeteilt werden:

- Steinbock (*Capra ibex*)
- Iberiensteinbock (*Capra pyrenaica*)
- Bezoarziege (*Capra aegagirus*)
- Markhor oder Schraubenziege (*Capra falconeri*)

Von den fünf Unterarten der Steinböcke hat der Alpenbock die größte Bedeutung. Er lebt oberhalb der Waldgrenze und nur im Winter trifft man ihn auch in tieferen Lagen an. Im Frühjahr hält sich der Steinbock im oberen Baumgürtel auf, wo junges frisches Futter wächst. Von Ende Juli bis in den September steigt er bis in die Schneestufe – eine Höhe von 3500 m – hinauf. Starke Kälte können die Steinböcke ohne weiteres ertragen, während ihnen große Hitze unangenehm ist. Sie sind die elegantesten und geschicktesten Kletterkünstler unter den Gebirgstieren. Ende Mai oder im Juni werden nach einer Trächtigkeit von 150 bis 180 Tagen die Jungen gesetzt, meist nur eines. In den Alpen wurden die Steinböcke infolge eines mittelalterlichen Aberglaubens ausgerottet. Man glaubte nämlich, daß

- Fingerringe aus den Hörnern vor vielen Krankheiten schützen,
- mit Bezoarsteinen (runden Kugeln aus Haaren, Harzen und Steinchen im Magen der Tiere) der Krebs bekämpft werden kann,
- das Blut ein Mittel gegen Blasensteine sei.

Um 1860 gab es nur noch in Sardinien, wo sie unter dem Schutz des Königshauses standen, einen Bestand von etwa 50 Tieren. Die Alpenländer haben mit gutem Erfolg wieder Tiere aus Sardinien angesiedelt.

Die Bezoarziege ist die für uns interessanteste Wildziegenart, denn sie gilt als die Stammform unserer Hausziegen. Sie ist auf der Südseite des Kaukasus, im Taurus, in den meisten Gebirgen Kleinasiens und Persiens sowie auf mehreren Inseln im Ägäischen Meer anzutreffen. Die Bestände sind wegen der intensiven Bejagung stark zusammengeschmolzen. Wirtschaftlich genutzt wurden neben dem Wildbret die Haut und die Hörner. Noch beliebter waren aber, wie bereits gesagt, die Bezoare, auch »Magensteine« genannt, die als Wundermittel gegen alle möglichen Krankheiten gefragt waren. In Griechenland und auf Kreta wurde ein Nationalpark gegründet, um die Bezoarziege zu schützen.

Die Böcke haben eine Widerristhöhe von 70 bis 100 cm. Die Hörner sind 80 bis 130 cm lang, mit scharfkantigen Höckern durchsetzt und säbelförmig nach hinten gebogen. Die Hörner der weiblichen Tiere sind 20 bis 30 cm lang, dünn und nur wenig gekrümmt. Beide Geschlechter tragen einen Bart, und die Färbung liegt zwischen einem hellen Rötlichgrau und Rotbräunlichgelb. Gesicht, Brust, Unterhals und Beinvorderseiten sind schwarzbraun; Bauch sowie Innen- und Hinterseite der Schenkel sind weiß. Über den Rücken verläuft ein schwarzbrauner Aalstreifen. Da die verwilderten Hausziegen eine sehr große Ähnlichkeit mit den Wildziegen haben, ist eine Unterscheidung oft sehr schwierig. Die Hausziegen lassen sich mit den Wildziegenarten fruchtbar paaren, da sie alle die gleiche Chromosomenzahl von $2n = 60$ haben. Die Bezoarziegen leben in der Freiheit gewöhnlich in Rudeln von 40 bis 50 Stück beisammen. Im Sommer gehen die Böcke allein in die höheren Teile des Gebirges, oft bis zur Schneegrenze.

Während der Paarungszeit im November vereinigen sich beide Geschlechter und kommen in tiefere Regionen herab. In dieser Zeit kämpfen die Böcke oft hartnäckig miteinander. Die Jungen fallen im Frühjahr und sind schon nach einigen Tagen in der Lage, ihrer Mutter zu folgen. Schnell und sicher laufen die Bezoarziegen auf den schwierigsten Wegen entlang. Sie klettern auf vorspringenden Felsen herum und wagen gefährliche Sätze mit sehr viel Mut und Geschick. Die Bezoarziege ist sehr scheu, wittert auf große Entfernungen hin und vernimmt die leisesten Geräusche.

Haustierwerdung

Ziegen und Schafe gelten neben dem Hund als die ältesten Haustiere. Die ersten Nachweise über Ziegen und Schafe kommen aus der ältesten bisher bekannten Siedlung in Zawi Chemi, welche auf etwa 8800 v. Chr. datiert wird. Weitere Hinweise auf eine Haustierwerdung geben Funde aus Jericho und Jordanien, die aus der Zeit um 7000 v. Chr. stammen.

Die frühe Domestikation der Ziegen ist sicher mit auf die Genügsamkeit und auf die leichte Beherrschung der Tiere durch den Menschen infolge ihrer geringen Körpergröße zurückzuführen. Der Ursprung der Hausziege ist wahrscheinlich in Palästina oder Persien zu suchen; ihre Verbreitung wird wohl zwischen 6000 und 2000 v. Chr. über Asien, Afrika und auch Europa stattgefunden haben. Auf Tonscherben des 5. Jahrtausends v. Chr., die im ehemaligen Zweistromland gefunden wurden, fand man Darstellungen von Steinböcken und Ziegen. Auf einzelnen Bildern sind Bezoare an den weit und unregelmäßig gestellten Querwülsten der Hörner zu erkennen. Die dargestellten Szenen lassen im allgemeinen nicht auf eine Domestikation schließen. Andererseits sind auf vielen Rollsiegeln Ziegen rechts und links von einem Baum zu sehen, die auf den Hinterfüßen stehen und Blätter fressen. Da diese Szenen so oft dargestellt wurden, kann man auch annehmen, daß die Ziegen im alten Zweistromland bei der Gewinnung von neuem Ackerland durch die Beseitigung von Buschwerk nützlich waren. In frühgeschichtlicher Zeit hatten die meisten Ziegen wahrscheinlich Stehohren, doch auch hängeohrige Schläge müssen vorgekommen sein. Die Hörner der altägyptischen Ziegenrassen waren meist gedreht, was auf eine Abstammung vom Bezoartyp hindeutet. In der Regel werden beide Ziegengeschlechter mit Hörnern dargestellt; es gibt aber auch Bilder von hornlosen weiblichen und männlichen Tieren. Im alten Ägypten hatte die Ziegenhaltung eine größere Bedeutung als die Schafhaltung. Das Fleisch war ein wichtiges Nahrungsmittel für die ärmere Bevölkerung. Ziegenfelle dienten als Wasserschläuche und zum Einhüllen der Toten. Gegerbte Ziegenhaut wurde als Schreibmaterial benutzt. Ob die Ziegen zu dieser Zeit bereits gemolken wurden, ist nicht bekannt. Die heute in Ägypten häufig vorkommende Mamberziege mit Ramsnase, Hängeohren, langen Beinen und langem Haar ist kein Nachkomme der alten ägyptischen Rasse, sondern wurde später aus dem Orient eingeführt.

Die ältesten Funde von domestizierten Ziegen in Europa sind im Viesenhäuser Hof bei Stuttgart gemacht worden. Die Hornzapfen sind ähnlich wie bei der Bezoarziege und deuten auf eine säbelhörnige Ziege hin. Vermutlich sind die Ziegen von donauländischen Einwanderern aus dem Südosten mitgebracht worden, da in Europa Wildziegen nur auf Kreta und den griechischen Inseln vorkamen.

In den Pfahlbauten der Schweizer Uferrandsiedlungen aus der Jungsteinzeit fand man die sogenannten Torfziegen. Sie hatten säbelförmige Hörner, die nicht in sich gedreht waren. Vermutlich ist die lappländische Zwergziege ein unmittelbarer Nachkomme der Torfziege.

In der mittleren Phase der Schweizer Pfahlbaukultur tritt dann die Kupferziege auf, die aufgrund ihrer Hornform zu den echten Korkenzieherziegen gezählt wird. Aber auch diese verschwand wieder und tauchte erst in der Römerzeit wieder auf, in der sie vermutlich neu eingeführt wurde. Die Sattelziegen aus dem Wallis könnten von diesen Ziegen abstammen. In der Bronzezeit wurde die säbelhörnige Ziege in Deutschland und Österreich von der sichelhörnigen Ziege verdrängt. Bis heute gibt es unter den verschiedenen Ziegentypen in Europa noch Rassen mit säbelförmigen Hörnern und mit mäßig gedrehten Hörnern.

Im Kaukasus und in Innerasien ist die Zirkassische Ziege domestiziert worden, welche von der Schraubenziege (Markhor) abstammen soll. Die Hörner dieser Ziege stehen fast senkrecht und drehen sich in einer weit offenen Schraube um ihre eigene Achse. Auch der Querschnitt des Hornzapfens hat im Gegensatz zur Bezoarziege eine scharfe Kante nach hinten und ist vorn halbrund.

Ziegen in Mythologie und Religion

In den religiösen Anschauungen des Altertums spielte die Ziege eine große Rolle. Sie wurde häufig als Opfertier benutzt. Oft findet man Ziegen abgebildet auf Sarkophagen und Vasen. Fast immer wird bei Erwähnung der Ziege auch die Milch mit angesprochen, die auch als Sonnenopfer diente. In ihrer Eigenschaft als Milchtier ist die Ziege sogar an den Sternenhimmel versetzt worden, und noch heute heißt ein heller Stern in der Milchstraße Kapella, d. h. die Ziege. Ziegenmilch diente auch den Göttern als Speise. So wurde nach der griechischen Mythologie der junge Himmelskönig Zeus, als er von seiner Mutter vor seinem Vater versteckt gehalten wurde, von der Ziege Almathea gesäugt. Als sich diese Ziege eines Tages ein Horn abbrach, füllte es eine Nymphe mit seltenen Früchten und überreichte es ihm als Symbol des Segens – unser heutiges Füllhorn. Die Ziege wurde das Hauptopfertier der Menschen für Zeus und seine Gemahlin Hera, die am liebsten Ziegenfleisch aß. Die Ziege, das wichtigste Jagdtier der Ägäis, galt auch als heiliges Tier der Jagdgöttin Artemis. Pan, der Gott der Jäger und Hirten, hatte zum Teil Ziegengestalt. Selbst Bacchus, der Gott des Weines, wurde im Ziegengespann sitzend dargestellt.

In der indischen Mythologie erscheint die Ziege vor allem als das Tier Tusans, des behäbigen und bärtigen Sonnengottes. Entweder ritt dieser auf einer Ziege, oder er spannte Ziegen vor seinen Wagen. Ziegen dienten auch in Indien häufig als Opfertiere.

Im Nordischen, wo der Steinbock unbekannt war, wurde das Sternbild des Steinbocks als Häber bezeichnet. Der Ausdruck Häber steht für Ziegenbock, der sich übrigens auch in der deutschen Sprache als »Habergaiß«, »Hippe« oder »Heppe« wiederfindet. Während die heidnischen Völker die Ziegen besonders schätzten, trat im aufkommenden Christentum eine Wandlung ein.

Schon bei den Israeliten wurde die Ziege eher mit dem Teufel in Zusammenhang gebracht (Bockshörner, Bockhufe, Bockschwanz). Beim jährlichen Versöhnungsfest jagten sie einen Ziegenbock, beladen mit den Sünden des Volkes, in die Wüste. Stein- und Ziegenböcke galten als die Verkörperung des Teufels, als Zeichen der Finsternis und des Übels.

Ziegenhaltung in Deutschland

Im Mittelalter stand die Ziegenhaltung in hohem Ansehen, was Urkunden aus der Zeit Karls des Großen beweisen. Der Herrscher befahl seinen Gutsverwaltern, neben den Milchziegenherden auch Böcke zu halten, deren Hörner und Felle abzuliefern waren. Besonders geschätzt wurden aber die Milch und das Fleisch.

Bis zum Dreißigjährigen Krieg gab es sehr viele Ziegen, auch in den Städten. Später trat für die Ziegenhaltung eine ungünstige Wandlung ein, da die Rinderhaltung an Bedeutung gewann und die Weidegerechtigkeiten aufgelöst wurden. Mit der Aufhebung der Weidegerechtigkeiten hatten die Ziegenhalter keine ausreichenden Weideflächen mehr. Das Halten von Ziegen wurde auch dadurch erschwert, daß die Grundbesitzer das Hüten der Ziegen in den Wäldern nicht mehr duldeten. In der aus dem Jahre 1686 stammenden Forstverordnung von Hannover wurde das Weiden der Ziegen in den Waldungen verboten, um Schäden zu verhindern. Der Pfalzgraf Gustavus von Zweibrücken gab 1721 eine Verordnung heraus, daß der arme Mann, welcher keine Kühe halten kann, nur noch zwei Gaisen und ein Zicklein halten dürfe. Andererseits gibt es auch Hinweise, daß der Ziegenhaltung eine große Bedeutung beigemessen wurde. Der Markgraf Friedrich Carl Alexander empfahl seinen Untertanen 1790 die Versorgung ihrer Familien durch die Haltung von Gaisen zu verbessern. Eine

Ziegen mit ihrem bärtigen Bock, vorwiegend gehornt, wie aus dem Bilderbuch. Der Bock ist Bewacher und Beschützer der Ziegen und Lämmer. Die moderne Ziegenzucht strebt hornlose Ziegen an.

größere Verbreitung hatte die Ziegenhaltung in den Bergwerksorten. Die Grubenarbeiter sahen in der Ziegenmilch das beste Heilmittel gegen die stark verbreitete Lungentuberkulose.

In den Notjahren 1847 und später hat sich die Ziegenhaltung wieder ausgedehnt. Zur Förderung der Ziegenhaltung wurde auf Veranlassung der königlichen Zentralstelle für Landwirtschaft eine Versuchsstation für die Ziegenzucht auf der Solitude bei Stuttgart eingerichtet. Eine deutliche züchterische Verbesserung trat Ende des 19. Jahrhunderts mit der Gründung der Ziegenzuchtvereine ein.

Der rheinhessische Landwirt Christian Dettweiler hat das Interesse an der Ziegenzucht stark gefördert und gilt als Vater der deutschen Ziegenzucht. Er hat aus der Schweiz junge Ziegen und Bocklämmer eingeführt. Diese Tiere fanden bei den Ziegenhaltern großen Anklang, was zu weiteren gemeinschaftlichen Importen führte. Auf seine Anregung wurden bei der DLG-Ausstellung 1890 in Straßburg erstmals Ziegen ausgestellt. Im Jahre 1892 erfolgte dann die Gründung des Ziegenzuchtvereins Pfungstadt.

Weiße Ziegen, gehornt und hornlos, wurden schon lange vor der Einfuhr der Schweizer Saanenziegen gehalten. Aber erst mit dem Import von hornlosen Tieren aus der Schweiz setzte eine systematische Zucht ein.

In Tailfingen, im Oberamt Balingen, schlossen sich 1887 die Ziegenhalter zu einem Verein zusammen. Größere züchterische Bedeutung erlangte aber erst der 1892 gegründete Ziegenzuchtverein Tuttlingen-Stadt mit der Zucht der rehbraunen Schwarzwaldziege. Ab 1896 wurden Körungen von Zuchttieren vorgenommen und Märkte abgehalten. Im gleichen Jahr wurde die Rehfarbene Schwarzwaldziege erstmals auf der DLG-Ausstellung in Stuttgart gezeigt.

Ziegenlämmer sind sehr anhänglich und beliebte Spielkameraden für Kinder. – Bei Festumzügen ist das Ziegengespann eine besondere Attraktion.

Die braunen Ziegen wurden in verschiedenen Landschlägen gezüchtet:

- Rehfarbene Schwarzwaldziege
- Frankenziege
- Rhönziege
- Harzziege
- Sächsische Ziege
- Thüringer Waldziege

Einzelne Zuchtvereine holten auch Zuchttiere aus der Schweiz, jedoch in einem weit geringeren Umfang als bei den weißen Ziegen. Zwischen den einzelnen Landschlägen fand ein reger Tieraustausch statt.

Im Jahre 1922 erreichte die Ziegenhaltung einen Höchststand von 4,5 Millionen Tieren. Danach setzte ein starker Rückgang ein, der nur während und nach dem Zweiten Weltkrieg durch einen erneuten Anstieg unterbrochen wurde. In den Notjahren war die Ziege immer als ein wertvoller Nahrungslieferant sehr geschätzt. Vorwiegend kleine Landwirte, Arbeiter und Handwerker hielten Ziegen. Aus diesem Grunde wurde die Ziege auch als »Kuh des armen Mannes« bezeichnet. Durch den Anstieg des Lebensstandards war dieser Personenkreis nicht mehr auf die eigene Nahrungsmittelproduktion angewiesen, was einen Rückgang der Ziegenhaltung zur Folge hatte.

Obwohl vor zehn Jahren der Ziegenhaltung im Bundesgebiet kaum noch Überlebenschancen eingeräumt wurden – 1977 wurden nur noch 36300 Ziegen gezählt –, nahm in den letzten Jahren das Interesse an diesen Tieren wieder zu. Auch junge Leute beginnen heute wieder mit der Haltung von Ziegen. Ziegenfleisch und -milchprodukte werden zunehmend gefragt. Weitere Gründe für das »Ziegenhalten« sind Tierliebe, Freizeitbeschäftigung und der Wunsch, sich mit Ziegenmilch gesund zu ernähren.

Ziegenhaltung in der Welt

Die Gesamtzahl der auf der Welt gehaltenen Ziegen wird mit über 430 Millionen angegeben, dies sind rund 15% der Weltpopulation an Wiederkäuern.
Mehr als zwei Drittel der Weltziegenpopulation wird in den Tropen und Subtropen gehalten. Die Leistungen der Ziegen in diesen Gebieten sind meist viel niedriger als die in den gemäßigten Breiten.

Regionalisierung des Ziegenbestandes und der Ziegenprodukte in der Welt
(Peters und Horst, 1980)

Region		Bestand Mio.	Produktion Milch 1000 T.	Produktion Fleisch 1000 T.	Schlachtkörper Mio.
Westeuropa		9,8	1356	76	7,4
Osteuropa		1,7	143	16	1,1
UDSSR		5,6	400	35	2,5
Nordamerika		1,4	—	—	—
Mittelamerika		10,6	308	28	2,6
Südamerika		18,4	132	65	5,6
Nordamerika		12,7	209	51	4,1
Sudanzone		33,9	650	87	7,5
Westafrika		36,5	57	113	13,4
Ostafrika		48,2	487	162	14,9
Südafrika		12,0	10	56	4,3
Vorderer Orient		52,2	1371	269	18,1
Indischer Subkontinent		107,3	1409	466	48,2
Südostasien		9,8	5	37	3,5
China und Mongolei		74,6	431	344	22,6
Ostasien		0,5	1	2	0,2
Ozeanien		0,2	—	2	0,1
Welt (= 100%)		435,4	6969	1809	156,1
Gemäßigte Zone	%	22,4	33,4	26,8	22,1
Tropen und Subtropen	%	77,6	66,6	73,2	77,9
Industrieländer	%	3,9	19,9	5,9	7,6
Länder mit zentraler Wirtschaftsplanung	%	18,8	14,0	21,9	16,8
Entwicklungsländer	%	77,3	66,1	72,2	75,6

Dies ist mit auf die schlechteren Fütterungs- und Haltungsverhältnisse und die weniger leistungsfähigen Rassen zurückzuführen.

Die weite Verbreitung der Ziegen läßt sich auf eine Reihe von Vorteilen zurückführen:

- große Anpassungsfähigkeit
- Widerstandsfähigkeit gegen Krankheiten
- großräumige Futternutzung durch gutes Klettervermögen und große Marschfähigkeit
- besonders gute Ausnutzung von rohfaserreichen Futterstoffen
- geringe Ansprüche an die Wasserversorgung und Futterqualität
- einfache Verwertung des kleinen Schlachtkörpers
- schnelle Vermehrung
- vielseitige Nutzung – Fleisch, Milch, Felle und Dung
- geringer Kapitalaufwand

In vielen Ländern dient das Ziegenfleisch zur Sicherung der menschlichen Ernährung. Oftmals ist die Ziege auch ein begehrtes Schlachttier bei Familienfesten. Ein sehr großer Vorteil bei der Verwertung des Ziegenfleisches liegt darin, daß gegen dieses Fleisch keine religiösen Tabus bestehen.

Die Milch der Ziege wird nicht in allen Ländern genutzt. Eine große Bedeutung hat die Fellproduktion in den Tropen und Subtropen für den Agrarexport und die Lederindustrie.

In vielen Ländern der Dritten Welt steht die Ziegenhaltung in einem schlechten Ruf, da ihr die Zerstörung der Umwelt angelastet wird. Diese negativen Auswirkungen treten überall dort auf, wo die Ziege sich ihr Futter selbst suchen muß. In diesen Gebieten ist oft die Grasvegetation durch eine starke Rinder- bzw. Schafhaltung so stark geschädigt, daß die Haltung eingeschränkt werden mußte. Infolge der besonderen Freßgewohnheiten findet nur noch die Ziege eine ausreichende Futtergrundlage und vermehrt sich. Neben Gras und Kräutern werden in erheblichem Umfange auch Blätter, junge Triebe, Früchte und Rinden abgefressen. Durch die Ausdehnung der Ziegenhaltung wird auch die letzte noch vorhandene Vegetation vernichtet. Dieser ganze Prozeß der Vegetationszerstörung mit Erosion und Verkarstung wird dann den Ziegen angelastet. Um in diesen Ländern die Schäden zu begrenzen und eine neue Vegetation aufkommen zu lassen, wäre entweder eine Änderung oder eine Einschränkung der Tierhaltung notwendig. Eine Änderung der Haltungsweise ist aber leider nur selten möglich und scheitert in der Regel an der Futterversorgung.

In Gebieten mit ausreichender Futterversorgung könnte durch eine züchterische Verbesserung des Tiermaterials eine Leistungssteigerung erreicht werden. Dies kann durch eine entsprechende Zucht und Selektion innerhalb der einheimischen Rassen geschehen. Oft werden aber auch leistungsfähige Rassen aus anderen Ländern in die einheimische Population eingekreuzt oder in Reinzucht gehalten, insbesondere wenn ein schneller Zuchtfortschritt erreicht werden soll. Mit der Einkreuzung von leistungsfähigen Rassen läßt sich der Ertrag aus der Ziegenhaltung aber nur steigern, wenn für eine entsprechende Umwelt gesorgt wird. Dies ist natürlich noch wichtiger, wenn die leistungsfähigen Rassen in Reinzucht gehalten werden.

Ziegenrassen

Bunte Deutsche Edelziege (BDE)

Züchterische Entwicklung: Unter der Bezeichnung Bunte Deutsche Edelziege (BDE) wurden 1927 die in Deutschland vorhandenen Schläge der braunen Ziegen zusammengefaßt. Bis auf die unterschiedliche Bauch- und Beinfarbe wurde ein einheitliches Zuchtziel angestrebt. In Bayern und Franken wurden nur Tiere mit dunklem und in Baden-Württemberg mit hellem Bauch ins Herdbuch aufgenommen. Durch den verstärkten Zuchttieraustausch sind heute in allen Zuchtgebieten beide Farbschläge anzutreffen.

Zuchtgebiete: Hauptzuchtgebiete der BDE sind Baden-Württemberg und Bayern. Diese Rasse hat sich im ganzen Bundesgebiet verbreitet. Im Jahre 1936 gehörten nur 25% dieser Rassengruppe an, heute sind es schätzungsweise 60%.

Aussehen: Kurze, glatt anliegende Behaarung am ganzen Körper. Die Farbe ist hell- bis schwarzbraun mit schwarzem Aalstrich auf dem Rücken. Die Bauch- und Beinfarbe variiert von Hell bis Schwarz. Die Tiere sind mittelrahmig tief, flankig und lang mit korrekten edlen Beinen; vorwiegend auf Hornlosigkeit gezüchtet.

Eigenschaften: Hohe Milchleistung (Fett und Eiweiß), gute Fruchtbarkeit bei entsprechender Frühreife und Langlebigkeit. Im Alter von 12 bis 14 Monaten erfolgt die erste Ablammung. Die Tiere gelten als robust und widerstandsfähig, sie können bei guter Haltung ein Alter von 15 Jahren erreichen. Die Brunst tritt im Herbst und Winter, vorwiegend von September bis Dezember auf. Sie haben ein gleichmäßiges drüsiges Euter mit mittellangen Strichen und sind leicht melkbar.

Leistungen: Von 1980 bis 1984 wurde in 3412 Vollabschlüssen folgende Durchschnittsleistung pro Jahr erzielt:

929 kg Milch in 302 Melktagen
3,63% Fett und 2,83% Eiweiß

Dies bedeutet eine Leistung von 33 kg Fett und 26 kg Eiweiß im Durchschnitt.

Die Fruchtbarkeit, gemessen an der Zahl der geborenen Lämmer pro Ziege und Jahr, betrug in den letzten 5 Jahren in Baden-Württemberg und Bayern 2,1 Lämmer. Siehe auch Abb. Seite 35 und 36.

Durchschnittliche Maße und Gewichte ausgewachsener Tiere (Zahlen aus Baden-Württemberg):

	Ziegen	Böcke
Widerristhöhe	73 cm	83 cm
Gewicht	60 kg	91 kg

Weiße Deutsche Edelziege (WDE)

Züchterische Entwicklung: Die Zucht der WDE begann 1892 mit der Gründung des ersten hessischen Ziegenzuchtvereins in Pfungstadt. Aus den vorhandenen weißen Landschlägen und den eingeführten Schweizer Saanenziegen wurde die Rasse aufgebaut. Bereits 1910 forderte Lydtin, die Rassebezeichnung Weiße

Deutsche Edelziege einzuführen, was schließlich 1927 gemacht wurde.

Zuchtgebiete: Hauptverbreitungsgebiete dieser Rasse sind Schleswig-Holstein, Nordrhein-Westfalen, Hessen und Baden-Württemberg. Bei einer Zählung im Jahre 1936 wurde festgestellt, daß 64% der gehaltenen Ziegen dieser Rasse angehörten. Heute sind es schätzungsweise noch 30%.

Aussehen: Kurze, glatt anliegende weiße Behaarung. Ein leicht rotbrauner Schimmer am Hals wird geduldet. Siehe auch Abb. Seite 35 und 36.

Eigenschaften: Die WDE haben die gleichen Eigenschaften wie die BDE. Im Zuchtziel der beiden Rassen gibt es bis auf die Farbe keine Unterschiede.

Leistungen: In der Milchleistung liegt die WDE im Durchschnitt des gesamten Bundesgebietes etwas höher, im prozentualen Fett- und Eiweißgehalt aber etwas niedriger als die BDE.

In den Jahren von 1980 bis 1983 wurde in 1135 Vollabschlüssen folgende Durchschnittsleistung erzielt:

978 kg Milch in 307 Melktagen
3,57% Fett und 2,74% Eiweiß

Dies bedeutet eine jährliche Durchschnittsleistung von 35 kg Fett und 27 kg Eiweiß.

In Baden-Württemberg betrug die Fruchtbarkeit in den letzten Jahren pro Ziege und Jahr 2,1 Lämmer.

Durchschnittliche Maße und Gewichte ausgewachsener Ziegen (Zahlen aus Baden-Württemberg):

	Ziegen	Böcke
Widerristhöhe	71 cm	83 cm
Gewicht	60 kg	92 kg

Fleischziege

Züchterische Entwicklung: Seit 1980 wird im Bundesgebiet auf dem Wege der Verdrängungskreuzung eine Fleischziegenpopulation aufgebaut. Böcke der aus dem südlichen Afrika (Namibia) eingeführten Burenziege werden mit deutschen Ziegenrassen gepaart.

Es gibt nur wenig reine Burenziegen und -böcke im Bundesgebiet, die von den aus Namibia importierten Tieren abstammen. Der Import von Ziegen wird wegen der Einschleppungsgefahr der Blauzungenkrankheit (Bloutongue) von der Veterinärverwaltung nicht genehmigt. Dies ist eine Viruserkrankung von Ziegen und Schafen, wobei Ziegen selbst selten erkranken, bei der Übertragung auf Schafe aber ein großer Teil verlammt, erkrankt und eingeht. Im Jahre 1977 konnte die Gesellschaft für Technische Zusammenarbeit in Eschborn unter besonders strengen Veterinärvorschriften einige Reinzuchttiere importieren. Diese bilden die Grundlage für den Aufbau der Fleischziegenzucht im Bundesgebiet. Zur Blutauffrischung wurde 1985 erstmals tiefgefrorenes Sperma aus Namibia geholt.

In Südafrika und Namibia wird diese Ziegenrasse als »Boerbokke« bezeichnet und seit über 40 Jahren auf hohe Fleischleistung gezüchtet. Die Ziegen werden vielfach zusammen mit Rindern und Schafen gehalten, um einer Verbuschung der Weiden entgegenzuwirken. Da die Ziegen die Strauch- und Buschvegetation als Futter bevorzugen, sind sie eine gute Ergänzung zum grasfressenden Rindvieh.

Zuchtgebiet in der Bundesrepublik: hauptsächlich Baden-Württemberg, Hessen und Rheinland.

Aussehen: Ramsnase mit langen, breiten, herabhängenden Ohren, weiße Grundfarbe mit rotbraunem Kopf und weißer Blesse. Besonders bei den Kreuzungstieren treten erhebliche Farbabweichungen auf. Reinzuchttiere sind gehörnt, in der Verdrängungskreuzung treten jedoch auch hornlose Tiere auf.
Eigenschaften: Kräftige, gut bemuskelte und gedrungene Tiere mit hoher Fruchtbarkeit und guten Muttereigenschaften. Die Fleischziegen eignen sich infolge ihres ruhigen Temperamentes zur gemeinsamen Haltung mit Schafen.
Leistungen: Über die Leistungen der Fleischziegen im Bundesgebiet gibt es noch keine gesicherten Daten, da die Zahl der gehaltenen Tiere noch zu gering ist. In Südafrika und Namibia wird die Fruchtbarkeit der Boerbokke mit 1,8 bis 2,0 Lämmern pro Ziege und Jahr angegeben. Das Brunstverhalten ist nicht so stark saisongebunden wie in Europa, und die Tiere lammen teilweise in zwei Jahren dreimal ab.

Die bisherigen Erfahrungen beim Aufbau der Fleischziegenpopulation haben gezeigt, daß ein geringer Genanteil von Milchziegen sich nicht negativ auswirkt.

Zwergziegen

Die Zwergziegen sind weit verbreitet und haben in der Ernährung vieler Völker eine große Bedeutung. Nach ihrer geographischen Verbreitung werden sie unterschieden in Afrikanische-, Arabische Hejarz, Asiatische und Lappische Zwergziegen. Die Farbe der Zwergziegen variiert sehr stark. Neben schwarzen Tieren kommen

Das Zuchtprogramm zum Aufbau der Fleischziegenpopulation in Baden-Württemberg

Vater		Mutter	Verwendung der Nachkommen
Burenbock (100%)	×	BDE bzw. WDE	F_1-Bocklämmer (50%), geschlachtet weibliche F_1-Lämmer, zur Zucht
Burenbock (100%)	×	F_1-Ziegen (50%)	R_1-Bocklämmer (75%), vorwiegend geschlachtet weibliche R_1-Lämmer, selektiert zur Weiterzucht
Burenbock (100%)	×	R_1-Ziegen (75%)	R_2-Bocklämmer (87,5%), selektiert zur Weiterzucht weibliche R_2-Lämmer, selektiert zur Zucht
oder Fleischbock (87,5%)	×	R_1-Ziegen (75%)	Bocklämmer (81,2%), selektiert zur Weiterzucht weibliche Lämmer, selektiert zur Weiterzucht

Ein Angoraziegenbock – solche Tiere sind bei uns in letzter Zeit wieder mehr gefragt.

auch weiße, gescheckte, braune und braun-gelbe vor, s. Abb. Seite 90.

Abstammungsmäßig wird die Zwergziege auch auf die Bezoarziege zurückgeführt. Schon im alten Ägypten wurde von diesen Tieren berichtet. Die Verzwergung ist eine Anpassung an schlechte Umweltbedingungen, unter denen kleinwüchsige Tiere bessere Überlebenschancen haben. Die Zwergziegen werden 18 bis 40 kg schwer und haben sehr geringe Ansprüche an die Versorgung mit Futter und Wasser. Infolge der asaisonalen Brunst können in allen Jahreszeiten Geburten auftreten.

Mitte des 17. Jahrhunderts wurden die ersten Zwergziegen von Afrika nach Europa gebracht. Sie werden heute hauptsächlich aus Liebhaberei und als Spielkameraden für Kinder gehalten.

Wollziegen

Angora- oder Mohairziegen

Die Angoraziegen stammen ursprünglich aus der Provinz Ankara in Zentralanatolien. Das Vlies der Angoraziege wird als Mohair bezeichnet. Daher leitet sich auch die Bezeichnung Mohairziege ab.

Größere Angoraziegenbestände gibt es in der Türkei, Südafrika, Lesotho, Argentinien und USA. In Kanada und Frankreich wurde neuerdings damit begonnen, eine Angoraziegenzucht aufzubauen. Auch im Bundesgebiet ist ein Interesse an diesen Ziegen vorhanden. In den Jahren 1823 bis 1826 und 1857 wurden Angora-

und Kaschmirziegen eingeführt und in die einheimischen Ziegenschläge eingekreuzt, um neben einer guten Milchleistung noch einen zusätzlichen Mohair-Ertrag zu erhalten.

Das Programm erwies sich aber als ein Fehlschlag, denn die Kreuzungstiere blieben sehr klein und hatten nur eine geringe Milchleistung. Die in der Stallhaltung produzierte Wolle entsprach nicht den Qualitätsanforderungen, weil sie zu filzig und schmutzig wurde.

Die Angoraziege ist eine gehörnte, kleine bis mittelgroße weiße Ziege. Die Tiere werden zweimal jährlich geschoren mit einer Stapellänge von jeweils 12 bis 15 cm. Der Wollertrag beträgt 1,5 bis 3 kg pro Tier und Jahr. Die Faserstärke wird sehr stark von der genetischen Veranlagung beeinflußt. Besonders gefragt ist die Wolle von Lämmern bis zum Alter von einem Jahr mit einem Wolldurchmesser von 21 bis 29 Mikron. Bei erwachsenen Tieren ist das Wollhaar stärker und liegt zwischen 32 und 37 Mikron. Neben der Wollproduktion dienen die Mohairziegen auch der Fleisch- und Fellerzeugung. Die Aufzucht der Lämmer ist schwierig, da sie sehr klein geboren werden.

Kaschmirziege

Von den Kaschmirziegen, die im Himalaya und in der Mongolei gehalten werden, wird die sehr feine und teure Kaschmirwolle produziert. Das Oberhaar der Tiere ist mittellang bis lang, und die feine gekräuselte Unterwolle wird durch Auskämmen gewonnen. Der Wollertrag pro Tier und Jahr liegt zwischen 110 und 170 g, mit einer Feinheit von 10 bis 20 Mikron.

Schweizer Ziegenrassen

Saanenziege

Diese Milchziege stammt aus dem Saanen- und Simmental, ist auf der ganzen Welt bekannt und weit verbreitet. Sie ist weiß, kurzhaarig, großwüchsig, leistungsfähig und stellt höhere Anforderungen an Haltung und Fütterung. In der Zucht wird eine hornlose Ziege angestrebt. Die durchschnittliche Milchleistung wird mit 750 kg angegeben.

Gemsfarbige Gebirgsziege

Diese Rasse wird sowohl im Gebirge als auch im Flachland gehalten. Der Typ Oberhasli-Brienzer wird hornlos gezüchtet, der Typ Graubünden ist gehörnt und gilt als besonders robust. Die Gemsfarbigen Gebirgsziegen sind kurzhaarig, rotbraun bis dunkelbraun mit schwarzen Abzeichen an Kopf, Rücken und Gliedern. Durchschnittliche Milchleistung bei 569 kg. (Abb. Seite 107).

Toggenburger Ziege

Diese Rasse ist weltweit bekannt und wird in vielen Ländern gezüchtet. Sie ist hornlos, von hellgrauer bis mausgrauer Farbe mit weißen charakteristischen Abzeichen an Kopf und Füßen. Die Behaarung ist länger, insbesondere am Hinterteil. Dadurch erhalten die Tiere einen besseren Schutz. Die Milchleistung beträgt 710 kg im Durchschnitt. (Abb. Seite 107).

Walliser Schwarzhalsziege

Dies ist eine bekannte gehörnte Lokalrasse mit einer guten Mastfähigkeit. Die

Tiere haben ein langes Haarkleid. Die vordere Körperpartie ist schwarz, die hintere ist weiß.

Französische Ziegenrassen

Race Alpine

Die Race Alpine gibt es gehörnt und hornlos in den verschiedenen Farbvariationen von Braun bis Schwarz, zum Teil auch gefleckt, mit hellem und dunklem Bauch. Es sind vorwiegend großrahmige Tiere, die auf eine hohe Milchleistung gezüchtet werden.

Race Saanen

Die Race Saanen wird in rein Weiß, mit und ohne Hörner gezüchtet. Sie wird in allen Landesteilen gehalten. Es sind großrahmige Ziegen mit guter Milchleistung.

Eine französische Race Alpine-Ziege, hier braun-weiß gefleckt.

Race Saanen, ebenfalls eine französische Ziegenrasse.

Poitevine

Die Poitevineziege ist aus der französischen Landziege herausgezüchtet worden. Die gewünschte Farbe ist Schwarzbraun mit weißem Bauch und hellen Streifen an den Beinen. Das Haarkleid kann kurz oder lang sein. Die Tiere sind großrahmig und werden zur Milchproduktion gehalten.

Poitevineziege, langhaarig mit dunklem Fell und hellem Bauch.

Österreichische Ziegenrassen

Pinzgauer Ziege

Diese Rasse war ursprünglich in allen Alpenländern heimisch und wird heute noch in Österreich gezüchtet. Sie ist gehörnt, kurz- bis mittelhaarig, von rotbrauner Farbe mit schwarzem Bauch. Wegen der guten Anpassungsfähigkeit wurde sie besonders von den Gebirgsbauern zur Milcherzeugung gehalten. Die Pinzgauer Ziege zeigt noch Verhaltensweisen einer Wildziege. Sie versteckt die Kitze, steigt am Abend aufwärts und sucht ein sicheres Nachtlager. Siehe Abb. Seite 90.

Neben der Pinzgauer Ziege werden in Österreich auch gescheckte Tiere gehalten. Außerdem trifft man noch Toggenburger, Weiße und Bunte Deutsche Edelziegen an.

Praktische Ziegenzucht

Zuchtverfahren

Tierzucht wird zur Erhöhung der Leistungen und Verbesserung der Wirtschaftlichkeit betrieben. Grundlage dafür sind entsprechende Leistungskontrollen und eine systematische Selektion. Sie sind die Voraussetzungen für einen schnellen Zuchtfortschritt.

Reinzucht

Die Paarung von Tieren innerhalb einer Rasse wird als Reinzucht oder Rassenzucht bezeichnet. Sie ist Grundlage aller Zuchtmethoden in der Tierzucht.

In der Ziegenzucht wird in der Regel mit diesem Zuchtverfahren gearbeitet. Die besten Tiere werden zur Erzeugung der Nachzucht verwendet. Durch eine längere Reinzuchtperiode werden die Tiere in den äußeren Erscheinungen immer ähnlicher und in den Leistungen ausgeglichener.

Inzucht

Die Inzucht ist eine spezielle Form der Reinzucht, nämlich die Anpaarung von verwandten Tieren. Durch Inzucht werden sowohl die positiven als auch die negativen Erbanlagen bei den Nachkommen gefestigt. Aus diesem Grunde sollte Inzucht nur gezielt mit positiven Vererbern betrieben und die Nachkommen einer besonders strengen Selektion unterzogen werden.

In der Ziegenhaltung wird oft ungewollt Inzucht betrieben, da durch den schnellen Generationswechsel für die Lämmer nicht jedes Jahr ein anderer Bock zur Verfügung steht. Der Vater wird dann zum Belegen der eigenen Töchter benutzt. Diese Inzuchtprodukte werden vorwiegend geschlachtet. Einzelne Ziegenhalter behaupten, daß bei einer einmaligen Inzucht noch keine Schäden auftreten. Es ist jedoch bekannt, daß durch die Inzucht wichtige Eigenschaften wie Fruchtbarkeit und Widerstandskraft beeinträchtigt werden. In Betrieben mit Inzucht wurde eine häufigere Zwitterbildung beobachtet.

Gebrauchskreuzung

Eine Gebrauchskreuzung setzt zwei Rassen mit verschiedenen Merkmalen voraus, die gezielt zur Verbesserung der Endprodukte genutzt werden.

In der Ziegenhaltung ist eine sinnvolle Gebrauchskreuzung die Anpaarung von Fleischziegenböcken mit Milchziegen. Dabei können die guten Muttereigenschaften der Milchziegen wie Fruchtbarkeit und Milchleistung sowie die bessere Bemuskelung der Fleischböcke ausgenutzt werden. Die Kreuzungslämmer sind besser bemuskelt, was beim Schlachten einen wirtschaftlichen Vorteil bringt.

Immer wieder trifft man Kreuzungstiere der Rassen Bunte Deutsche Edelziege und Weiße Deutsche Edelziege an, weil kein Bock der gleichen Rasse zur Verfügung stand. Dies ist keine Gebrauchskreuzung im eigentlichen Sinne, denn diese Produkte haben einen geringen Marktwert.

Verdrängungskreuzung

Stehen zum Aufbau einer neuen Population zu wenig Reinzuchttiere zur Verfügung, wird die Verdrängungskreuzung angewandt. Zur Durchführung der Verdrängungskreuzung müssen möglichst mehrere reinrassige Vatertiere zur Verfügung stehen. Damit werden weibliche Tiere einer anderen Rasse angepaart. Die weiblichen Kreuzungslämmer müssen wieder mit einem reinen Bock gedeckt werden. Dieser Vorgang wird so lange wiederholt, bis der gewünschte Genanteil erreicht ist. Erst dann können männliche Tiere aus der Verdrängungskreuzung eingesetzt werden, wie bei der Fleischziege ausführlich dargestellt wurde.

Zuchtauswahl

Die erste Selektion des Zuchtmaterials sollte der Ziegenhalter bereits im Alter von drei bis vier Wochen vornehmen, da-

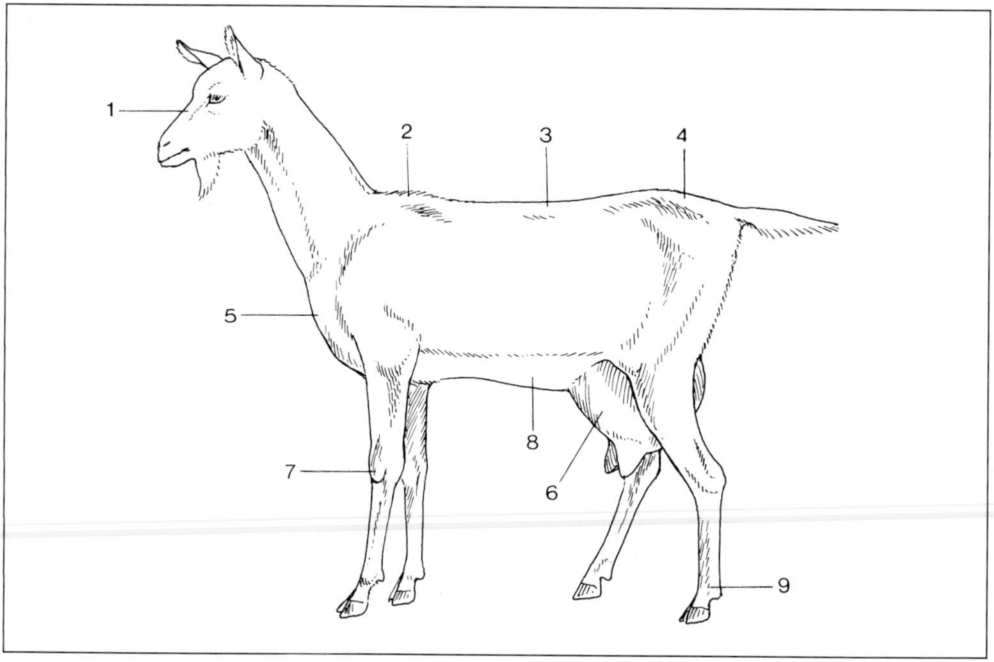

Angestrebte Körperform bei der Bunten und Weißen Deutschen Edelziege:

1 ausdrucksvoller Kopf
2 geschlossener Widerrist
3 fester, langer Rücken und breite Lende
4 breites, nur leicht abfallendes Becken
5 tiefe, breite Brust
6 geräumiges, drüsiges, weit nach vorn reichendes Euter
7 korrekte Beinstellung
8 tiefer, flankiger Rumpf
9 kurze, kräftige Fessel

mit die nicht zur Zucht geeigneten Tiere aussortiert und zur Mast aufgestellt werden können. Zu diesem Zeitpunkt sind oft schon körperliche Mängel und fehlender Wuchs zu erkennen. Eine große Rolle spielt bei der Auswahl der Zuchtlämmer die Abstammung. Die Eltern sollten in den wichtigsten Merkmalen überwiegend positive Eigenschaften aufweisen:

bei Milchziegen
- hohe Milchleistung
- hohe Fruchtbarkeit
- gute Euterform
- leichte Melkbarkeit
- korrekten Körperbau

bei Fleischziegen
- gute Bemuskelung
- hohe Fruchtbarkeit
- gute Säugeleistung
- nicht zu dicke Striche
- korrekten Körperbau

Im Alter von 10 bis 12 Wochen werden die Zuchtlämmer dann nochmals auf Entwicklung und Körperform überprüft. Daneben ist eine genaue Untersuchung auf Zwitterbildung notwendig, um keine zuchtuntauglichen Lämmer aufzuziehen. Nicht zur Zucht geeignete Tiere könnten dann noch als Schlachtkitze Verwendung finden.

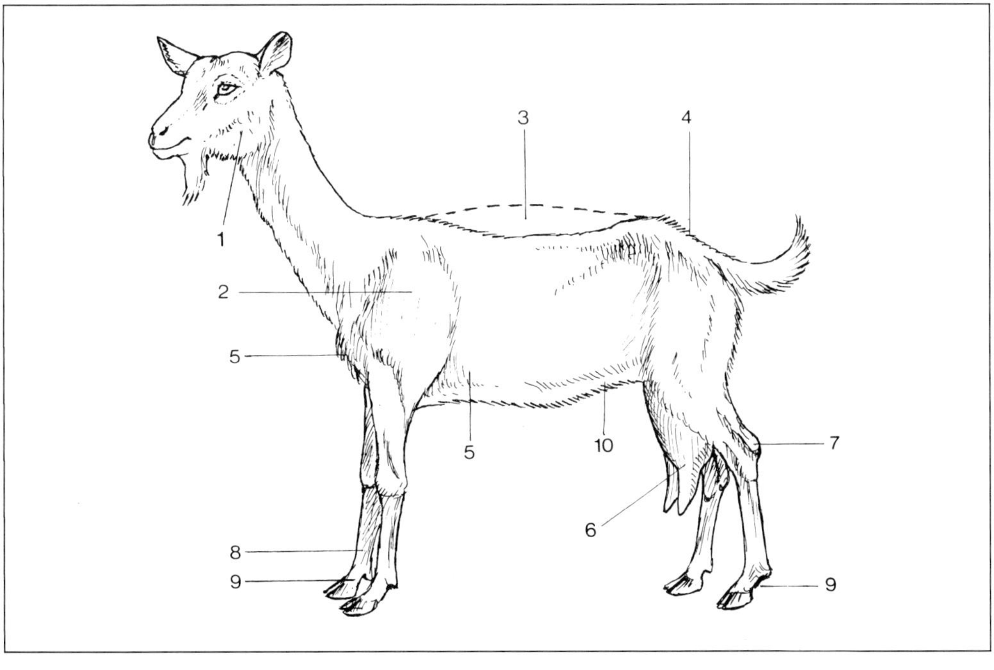

Fehler im Körperbau:

1 grober Kopf
2 lose Schulter
3 Senkrücken bzw. Karpfenrücken
4 stark abfallendes Becken
5 schmale Brust
6 Hängeeuter
7 verdrehte Beinstellung
8 lange, zu dünne Röhre
9 Fuß durchtrittig
10 aufgezogene Flanke

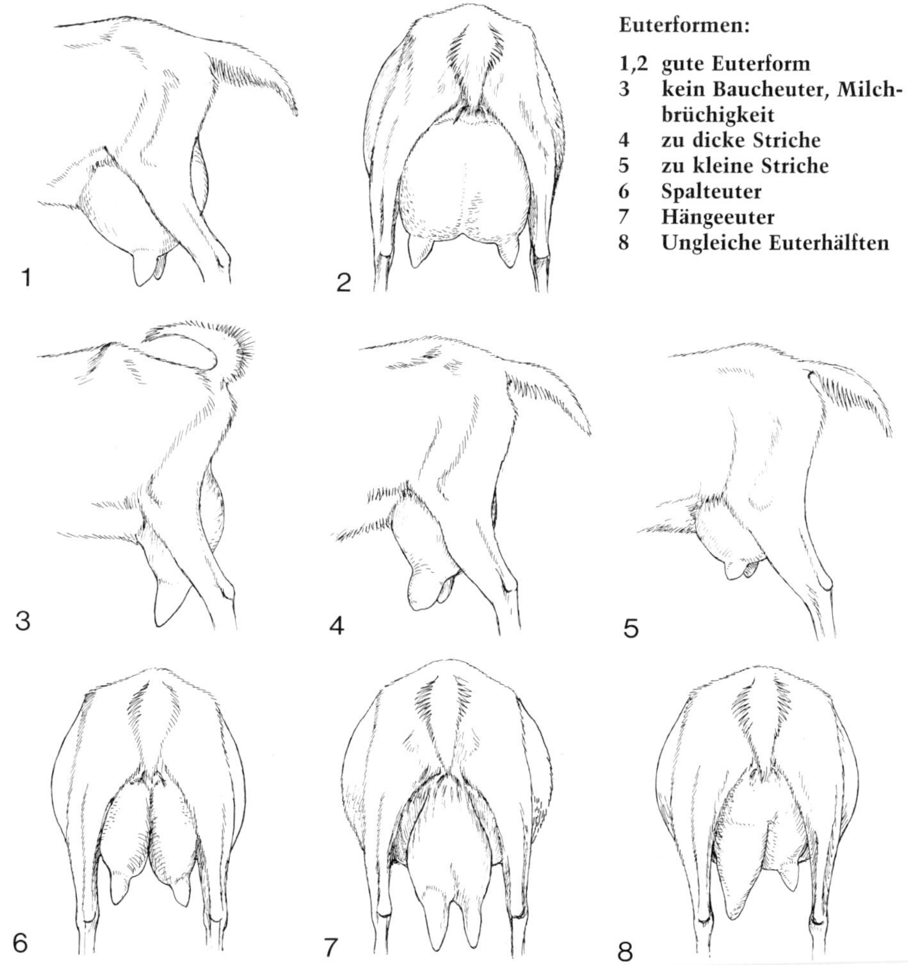

Euterformen:

1,2 gute Euterform
3 kein Baucheuter, Milchbrüchigkeit
4 zu dicke Striche
5 zu kleine Striche
6 Spalteuter
7 Hängeeuter
8 Ungleiche Euterhälften

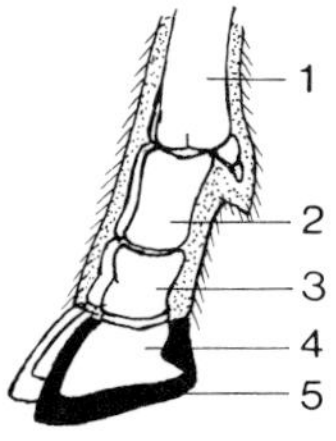

Richtige Fußstellung:

1 Mittelfußknochen
2 Fesselbein
3 Kronenbein
4 Hufbein
5 Klauenschuh

Bei den weiblichen Tieren ist bei der Untersuchung auf Zwitterbildung besonders auf Veränderungen an der Scheide zu achten. Schon die geringste Vergrößerung der Klitoris deutet auf eine Zwitterbildung hin, die sich mit fortschreitender Entwicklung weiter ausprägen kann. Ein verdächtiges Zeichen ist, wenn die Lämmer zum Harnen nicht in Hockstellung gehen und der Harn herausspritzt oder an den Beinen herunterläuft. Nach Erreichung der Geschlechtsreife können Zwitterlämmer noch andere Merkmale zeigen:

- bockähnliches Meckern, besonders wenn ein anderes Tier brünstig ist
- Aufspringen auf brünstige Tiere
- lange grobe Haare an der Scheide
- stärkere Sekretausscheidung, was zu einem Verkleben des Schwanzes führt
- vermehrter Haarwuchs an Kopf, Brust und Schwanz
- kräftige Körperentwicklung
- unregelmäßiger Brunstzyklus
- hodenartiges Gebilde im Euteransatz

Es kommt immer wieder vor, daß Zwitter äußerlich nicht zu erkennen sind. Deshalb muß man bei Lämmern, die mehrmals erfolglos gedeckt wurden (Umbokker), auch an eine Zwitterbildung denken. Beim Schlachten weisen Zwitter meist nicht voll ausgebildete Geschlechtsorgane auf. Es gibt Zwitter, die an den inneren Geschlechtsorganen außer den Eierstöcken noch einen oder zwei Hoden haben. Das männliche Gewebe kann auch

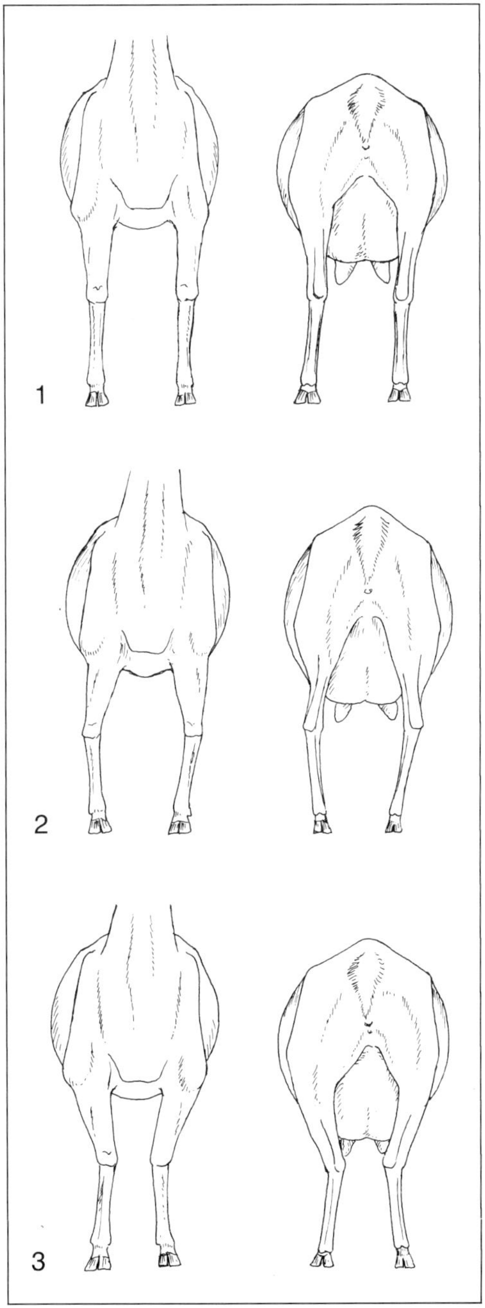

Beinstellung der Ziege (Vorderhand und Hinterbein):

1 korrekt
2 knieweit, o-beinig
3 knieeng, x-beinig

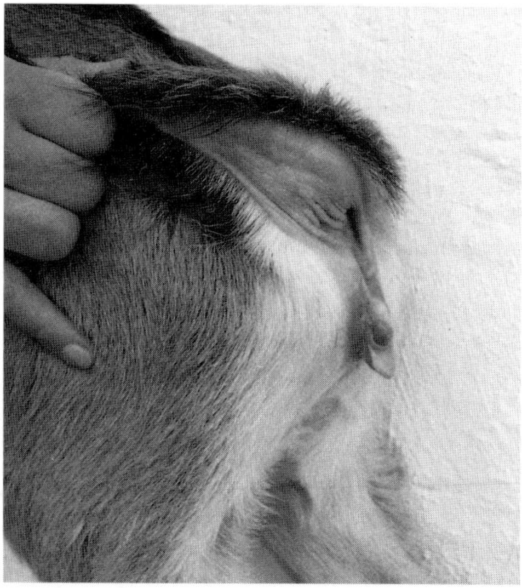

Zwitterlamm mit vergrößerter Klitoris: Diese Tiere können eine normale Brunst zeigen, werden aber nicht tragend.

direkt am Eierstock liegen und nur sehr schwer zu erkennen sein. Die Gebärmutter kann vollständig oder unvollständig ausgebildet sein, und die Hoden können sich auch in der Bauchhöhle befinden.

Bei den männlichen Zuchtlämmern sind die äußerlichen Geschlechtsmerkmale gründlich zu überprüfen, damit keine unfruchtbaren Böcke zur Zucht aufgestellt werden. Folgende Veränderungen lassen eine Zwitterbildung erkennen oder sind Anzeichen für eine Zuchtuntauglichkeit:

- ungenügende Öffnung des Harn- und Geschlechtskanals
- Fehlen von einem oder beiden Hoden
- schwammige oder kleine Hoden
- Verschiebung des Rutenausganges nach hinten, was zu einem verkürzten Penis führt

Eine Penisverkürzung ist bereits beim jungen Ziegenlamm zu erkennen. Der Abstand zwischen Nabel und Rutenausgang darf bei einem 8 Wochen alten Lamm nicht größer als 4 cm (zwei bis drei fingerbreit) sein. Mit Erreichung der Geschlechtsreife können noch Kleinhodigkeit und Samenstau auftreten, die im Kapitel Ziegenbockhaltung (Körung) näher beschrieben sind.

Herdbuchzucht

Die Herdbuchzüchter sind in eingetragenen Vereinen, die auch als Verbände bezeichnet werden, zusammengeschlossen. Die Verbände haben folgende Aufgaben:

- Förderung und Verbesserung der Ziegenzucht
- Beratung der Mitglieder in Fragen der Ziegenzucht und -haltung
- Durchführung von Zuchtprogrammen
- Kennzeichnung der Zuchttiere und Führung des Herdbuches
- Leistungsprüfung und Zuchtwertfeststellung
- Organisation des Zuchttierabsatzes
- Ausrichtung und Durchführung von Ziegenschauen

Die Ziegenzuchtverbände und die staatlichen Tierzuchtverwaltungen arbeiten eng zusammen mit dem Ziel, die Zucht und Wirtschaftlichkeit in der Ziegenhaltung zu verbessern.

Weiße und Bunte Deutsche Edelziegen sind auf Milchleistung gezüchtet. Großer Wert wird auf geräumige, formschöne Euter gelegt. Beide Rassen eignen sich für die Weide- und Stallhaltung.

Herdbuchaufnahme

Zur Sicherung der Abstammung müssen die Lämmer schon in den ersten Lebenswochen markiert werden. In der Regel werden die Lämmer im rechten Ohr mit der Mutter-Nummer tätowiert. Geburtsdatum, Geschlecht sowie Vater und Mutter der Lämmer werden im Stallbuch und in der Herdbuchkartei registriert. Nach der ersten Ablammung kommen die Jungziegen, sofern sie den Anforderungen entsprechen, ins Herdbuch und erhalten ins linke Ohr die Herdbuchnummer. Unter bestimmten Voraussetzungen ist die Aufnahme von Ziegen ohne Abstammung in das Vorherdbuch möglich.

Die Beurteilung der Ziegen erfolgt in den einzelnen Verbänden nach verschiedenen Kriterien:

Verfahren I
- Typ
- Form
- Euter

Verfahren II
- Rahmen
- Bemuskelung
- Form
- Euter

Beim Verfahren I werden für die einzelnen Kriterien jeweils bis 5 Punkte vergeben, bei Verfahren II bis 9 Punkte. Das Verfahren II eignet sich auch für die Beurteilung von Fleischziegen.

Für Herdbuchtiere stellen die Verbände auf Anforderung der Züchter Abstammungsnachweise aus, auf denen neben der Abstammung auch die Leistungen aufgeführt sind.

Milchleistungsprüfung

Die Milchleistungsprüfungen werden von einer unabhängigen Stelle, dem Verband für Leistungsprüfungen in der Tierzucht, durchgeführt. Von den mit der Durchführung der Kontrolle beauftragten Personen wird an einem Tag im Monat die gemolkene Milchmenge festgestellt und eine Milchprobe zur Fett- und Eiweißuntersuchung entnommen. Aus diesen Monatsergebnissen wird nach Ablauf des Jahres eine Jahresmilchleistung errechnet, die dem Züchter mitgeteilt und in die Herdbuchkartei übernommen wird. Für Ziegen mit mehreren Laktationen läßt sich zugleich die durchschnittliche Lebensleistung für Milch, Fett und Eiweiß ermitteln.

Ausstellungen

Ziegenschauen geben Aufschluß über den Stand der Herdbuchzucht. Die einzelnen Tiere stehen miteinander im Wettstreit, werden bewertet und prämiert. Die Ergebnisse der Ziegenschauen dienen der weiteren Zuchtarbeit. Die Züchter erhalten für die ausgestellten Tiere Preistafeln. Besondere züchterische Leistungen werden mit Ehrenpreisen ausgezeichnet. Neben der Einzeltierbewertung finden Familien- und Bocknachzuchtbewertungen statt.

Sieben Monate alte Böcke der Bunten und Weißen Deutschen Edelziege werden zur Körung vorgestellt. – Ausgewachsene, flankige, tiefe Böcke der Bunten Deutschen Edelziege bei der Ziegenschau in Fronhofen (Kreis Ravensburg).

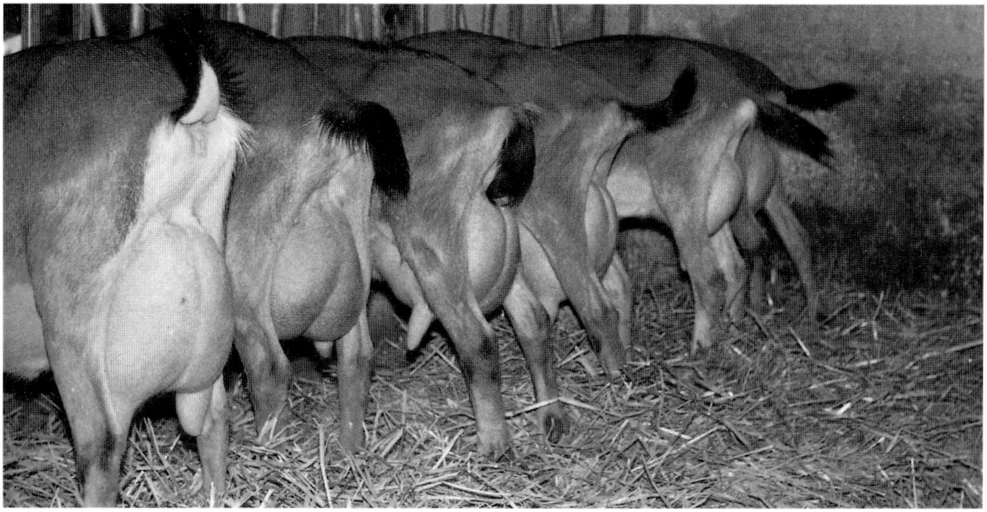

Ein besonders auf Leistung und Euterform gezüchteter Ziegenbestand.

Ziegenbockhaltung

Körung

Nach dem Tierzuchtgesetz vom 20. April 1976 sind die Landesregierungen ermächtigt, Rechtsverordnungen zur Körung von Ziegenböcken zu erlassen. Von dieser Möglichkeit haben die Länder Baden-Württemberg und Bayern Gebrauch gemacht. Nach den erlassenen Bestimmungen dürfen in diesen Ländern nur gekörte Ziegenböcke zum Decken benutzt werden.

Ziegenböcke müssen bei der Körung mindestens fünf Monate alt sein. Der Zuchtwert wird mit Hilfe wirtschaftlich wichtiger Leistungsmerkmale unter Berücksichtigung der äußeren Erscheinung festgestellt. Die Anforderung an den Zuchtwert Milchleistung wird erfüllt, wenn die Bockmutter eine Laktations- oder Jahresleistung von mindestens 28 kg Milchfett aufweist. In der äußeren Erscheinung und in der Fleischleistung müssen die Böcke mindestens die Note vier erreichen.

Notensystem für die Bewertung von Böcken und Ziegen

Note	Bewertung
9	ausgezeichnet
8	sehr gut
7	gut
6	befriedigend
5	durchschnittlich
4	ausreichend
3	mangelhaft
2	schlecht
1	sehr schlecht

Bei Ziegenböcken treten häufig Fruchtbarkeitsstörungen infolge von Samenstau und Kleinhodigkeit auf. Deshalb werden vor den Körungen Hodenuntersuchungen durchgeführt. Die Veränderungen am Hoden treten meist mit Beginn der Geschlechtsreife auf. Samenstauungen lassen sich mit den Fingern als erbsen- bis walnußgroße Verhärtungen am Nebenhodenkopf und -schwanz ertasten. Die Knoten verhindern den Spermadurchfluß. Oft weisen die Böcke zunächst nur an einem Hoden Verhärtungen auf. Diese Tiere können mit dem anderen Hoden noch Sperma produzieren, sind aber aus züchterischen Gründen von der Zucht auszuschließen. Außerdem besteht die Gefahr, daß auch in dem anderen Hoden Knoten auftreten. Böcke mit kleinen Hoden können einen normalen Decktrieb zeigen, haben aber keine Spermien in der Samenflüssigkeit. Die Hoden sind klein, weich oder schwammig.

Jungböcke, links mit normal entwickelten, rechts mit unterentwickelten Hoden.

Bockmärkte

Die Ziegenbockmärkte finden vor der Decksaison im August und September statt. Im Anschluß an die Körung werden die Tiere versteigert. Die Käufer können schon während der Körung die Böcke aussuchen. Abstammung, Leistung und sonstige Bewertungen sind im Verkaufskatalog verzeichnet.

Ziegenböcke sind empfindsam und gewöhnen sich nach dem Stallwechsel oft nur langsam an die neue Umwelt. Es kann vorkommen, daß ein Bock einige Tage kein Futter aufnimmt, besonders wenn er allein in einem Stall untergebracht wird. Das Einstellen von anderen Tieren, auch artfremden, hat schon geholfen, die Eingewöhnung zu beschleunigen. Der Käufer sollte in diesen Fällen Geduld aufbringen und sich mit dem Tier beschäftigen.

Ziegenbockgeruch

Die Haltung von Ziegenböcken wird durch den Bockgeruch erschwert. Früher glaubte man, daß der Bockgeruch vorwiegend durch Urin hervorgerufen wird, welchen sich die Böcke, besonders in der Brunstzeit, an Vorderbeine, Brust und Bart spritzen. Ein häufiges Abwaschen der Böcke und Reinigen des Stalles kann den Bockgeruch mindern, aber nicht beseitigen. Als Hauptursache für den Bockgeruch gelten heute die Horndrüsen, eine Ansammlung großer Haarbalg-Talgdrüsen hinter dem Hornansatz. Diese wulstartigen Erhebungen scheiden das übelriechende Sekret aus. Vermutet wird, daß auch noch weitere Hautdrüsen an der Geruchsproduktion beteiligt sind.

Die Horndrüsen können mit einem Ätzkalistift, Brenneisen oder durch eine Operation beseitigt werden. Beim Abätzen werden zunächst die Haare um die Horndrüsen abgeschnitten. Die zu behandelnde Fläche liegt hinter dem Hornansatz und ist bei ausgewachsenen Böcken ein bis zu 3 cm breiter, quer verlaufender Streifen.

Nach dem Anfeuchten mit Wasser wird die Fläche mit einem Ätzkalistift gut eingerieben. Dabei ist zu beachten, daß keine Feuchtigkeit seitlich abläuft und in die Augen gelangt. Zuviel Flüssigkeit muß abgetupft werden. Nach der Behandlung wird die Haut rot und trocknet langsam ein. Nach zwei bis drei Wochen löst sich dann die harte Hautschicht ab. Vorteilhaft ist es, die Ätzstelle nach einigen Tagen mit Melkfett oder einer Wundsalbe wiederholt einzureiben, damit die Haut elastischer bleibt und sich leichter löst. Zur Behandlung ist das Tragen von Gummihandschuhen zu empfehlen.

Die Horndrüsen wurden in den letzten Jahren bei etwa 40 Böcken in Baden-Württemberg abgeätzt. Etwa 60% verloren den Bockgeruch ganz, bei den restlichen Tieren war nur eine Geruchsminderung oder keine Veränderung festzustellen. Gründe für die erfolglose Behandlung sind möglicherweise, daß zu wenig Ätzkali aufgetragen wurde, die behandelte Fläche zu klein war oder andere Hautdrüsen den Geruch ausscheiden. Da die Altböcke stärkere Hautfalten haben, ist die Behandlung bei diesen Tieren auch schwieriger durchzuführen. Vorteilhaft ist es, die Horndrüsen bei den Bocklämmern schon in den ersten Lebensmonaten abzuätzen. Die Decklust und die Befruchtung wurden durch das Abätzen bei keinem Bock beeinträchtigt.

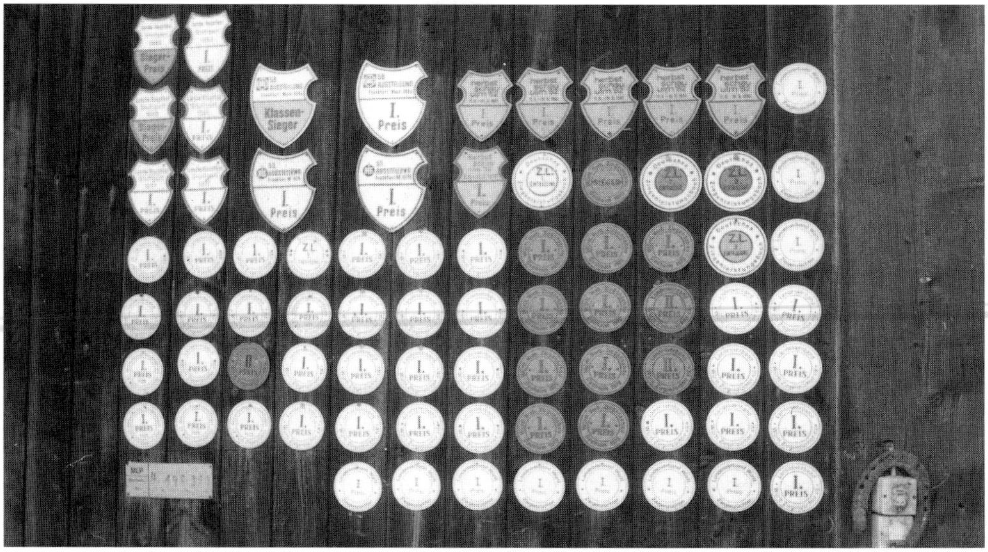

Die vielen Auszeichnungen weisen auf einen guten Zuchtbestand hin.

Leistungen der Ziege

Fruchtbarkeit

In der Ziegenhaltung ist die Fruchtbarkeit von großer Bedeutung. Sie ist eine wichtige Voraussetzung für die Zucht- und Fleischleistung.
Die Produktivitätszahl ist stärker auf die Wirtschaftlichkeit ausgerichtet und geht von den gedeckten Ziegen und aufgezogenen Lämmern aus. Wenn von 12 gedeckten Ziegen 20 Lämmer aufgezogen werden, dann ist die Produktivitätszahl 20 : 12 × 100 = 167%.

Bei den Leistungsprüfungen der Milchziegen in Bayern und Baden-Württemberg wurde eine durchschnittliche Fruchtbarkeit von 2,1 Lämmern pro Ziege und Jahr festgestellt. Eine hohe Fruchtbarkeit ist nur zu erreichen, wenn die Ziegen regelmäßig ablammen und einen hohen Anteil von Mehrlingsgeburten haben.
Schon Columnella bemerkt um 30 n. Chr. in seinen zwölf Büchern über die Landwirtschaft zur Fruchtbarkeit: »Gute Ziegen gebären zwei, häufig auch drei Junge. Von den Zwillingen behält man das stärkste zur Zucht und die anderen verkauft man.«

Die Fruchtbarkeit der Muttertiere sollte bei der Auswahl der männlichen

Maßstäbe für die Fruchtbarkeit

$$\text{Fruchtbarkeit (Einzeltier)} = \frac{\text{Zahl der geborenen Lämmer}}{\text{Zuchtjahre}}$$

$$\text{Fruchtbarkeitszahl (Bestand)} = \frac{\text{Zahl der geborenen Lämmer}}{\text{gedeckte Ziegen}} \times 100$$

$$\text{Produktivitätszahl (Bestand)} = \frac{\text{Zahl der aufgezogenen Lämmer}}{\text{gedeckte Ziegen}} \times 100$$

Prozentuale Verteilung der Einlings- und Mehrlingsgeburten bei der Bunten Deutschen Edelziege

	1. Ablammung (11–15 Monate)	im mehrjährigen Durchschnitt
Einlinge %	29	23
Zwillinge %	64	57
Drillinge %	7	18
Vierlinge %	selten	2
Fünflinge %	—	selten

und weiblichen Nachzucht mit berücksichtigt werden, obwohl diese auch stark von der Umwelt beeinflußt wird. Die Ziegenhalter können die Zahl der geborenen Lämmer leichter durch eine optimale Fütterung und Haltung erhöhen als durch züchterische Maßnahmen. Die genetische Verbesserung der Fruchtbarkeit erfordert eine strenge Selektion über mehrere Generationen.

In der Fleischziegenhaltung hat die Zahl der aufgezogenen Lämmer pro Ziege und Jahr eine noch größere Bedeutung als in der Milchziegenhaltung, denn die gesamten Einnahmen kommen aus dem Fleischverkauf. Aus diesem Grunde ist in der Fleischziegenhaltung eine dreimalige Ablammung in zwei Jahren anzustreben. Die Anzahl der Fleischziegen im Bundesgebiet ist noch zu gering, um über die Fruchtbarkeit Aussagen zu machen.

Milchleistung

Die Bunte und Weiße Deutsche Edelziege sind auf eine hohe Milchleistung gezüchtet worden. Bei den kontrollierten Ziegen des Landesverbandes Württembergischer Ziegenzüchter wurden schon bald nach Gründung der Ziegenzuchtvereine hohe Leistungen festgestellt.

Durchschnittsleistungen der kontrollierten Ziegen in Württemberg von 1912 bis 1916

	WDE	BDE
geprüfte Ziegen	68	212
Milch	669 kg	651 kg
Fett	3,4 %	3,5 %
Fett	23 kg	23 kg

Die erzielten Milchleistungen im Bundesgebiet für 1984

	WDE	BDE
Zahl der Ziegen	293	731
Milch	912 kg	879 kg
Fett	3,65 %	3,56 %
Fett	33,3 kg	31,3 kg
Eiweiß	2,69 kg	2,84 %

Die Milchziegen erbringen im Durchschnitt jährlich über 900 kg Milch, das 15fache ihres Körpergewichtes. Leistungen von über 1500 kg Milch im Jahr werden immer wieder festgestellt. Dies bedeutet, daß die Ziegen über mehrere Monate eine tägliche Milchmenge von mindestens 6 kg erreichen müssen. Hohe Leistungen können nur Ziegen erbringen, die in der Lage sind, größere Futtermengen aufzunehmen. Dies sind vor allem größere und flankige Tiere. Die kleineren und leichteren Ziegen können bei mittlerer Leistung wirtschaftlicher sein, da sie einen geringen Erhaltungsbedarf haben. Von der Eutergröße können gute Rückschlüsse auf die Milchleistung gezogen werden, denn beide stehen in enger Beziehung. Ziegen erreichen von der dritten Laktation an ihre höchste Leistung und von der ersten bis zur dritten Laktation kann mit einer Leistungssteigerung von rund 30% gerechnet werden.

In der Regel werden die Tiere pro Tag zweimal gemolken. Durch dreimaliges Melken läßt sich die tägliche Milchmenge steigern. Neben der genetischen Veranlagung hat die Fütterung einen großen Einfluß auf die Milchleistung. Die Höhe der Milchmenge hängt von der Energie- und Eiweißzufuhr ab. Der Fettgehalt wird von der Energie und vom Rohfaseranteil in der Futterration beeinflußt. Bei leistungsgerechter Fütterung fällt die Milchleistung in der Laktation nur langsam ab.

Fleischleistung

Die Nachfrage nach Ziegenlammfleisch ist in den letzten Jahren gestiegen. Am besten bezahlt werden junge Lämmer im Schlachtgewicht von etwa 10 kg. Viele Abnehmer gehen davon aus, daß leichte Lämmer im Geschmack besser sind. Das Gaststättengewerbe bevorzugt aber etwas schwerere Lämmer mit einer besseren Fleischfülle. Infolge der guten Bezahlung werden alle zur Schlachtung vorgesehenen Tiere bis zum Lebendgewicht von 25 kg verkauft. Für schwerere Lämmer sind die Preise bedeutend niedriger.

Als Maßstab für die Fleischleistung gelten:

- tägliche Zunahme
- Fleischfülle
- Schlachtkörperzusammensetzung
- Schlachtgewicht
- Schlachtausbeute

Männliche Lämmer können bis zum Alter von 3 Monaten bei optimaler Fütterung tägliche Zunahmen von 280 g erreichen. Weibliche Tiere liegen 10 bis 15% niedriger. Gut ausgemästete Lämmer haben ein Ausschlachtungsergebnis von 54 bis 57% mit Kopf und von 50 bis 53% ohne Kopf, schlecht ausgemästete Lämmer liegen bis zu 5% niedriger. Tiere, die höhere Mengen an Kraft- und Rauhfutter erhalten, haben durch die starke Entwicklung der Vormägen einen höheren Schlachtverlust.

Fortpflanzung und Aufzucht

Brunst und Belegen

Die Ziegen haben in unseren Breiten eine saisonale Brunst, die vorwiegend von September bis Dezember auftritt, vereinzelt auch zwei Monate früher oder später. Die Brunst wird durch Hormone gesteuert und durch die abnehmende Tageslichtlänge ausgelöst. Beeinflußt wird das Auftreten der ersten Brunst in der Saison noch von weiteren Faktoren wie Fütterung, Haltung und Anwesenheit eines Bockes.

Brunstzeichen

Die Brunst zeigt sich nicht bei allen Tieren gleich und ist bei manchen Ziegen nur schwer zu erkennen. Deshalb sollte auf alle Brunstzeichen geachtet werden:
- Veränderung im Verhalten, z. B. größere Unruhe, häufiges Meckern und Harnen
- öfteres Wedeln mit dem Schwanz
- leichte Schwellung der Scham und Rötung der Schleimhaut
- Aufspringen auf andere Ziegen oder bespringen lassen
- Drängen zum Bock
- Anzeigen der Duldungsbereitschaft durch Drücken auf die Kreuz- und Lendengegend bzw. Reiben an den Schamlippen

Brunstdauer und -zyklus

Ziegen sind etwa 30 Stunden brünstig mit einer Schwankungsbreite von 6 Stunden bis zu 3 Tagen. Die Brunsterscheinungen sind bei den einzelnen Ziegen charakteristisch und wiederholen sich in jedem Zyklus in Dauer und Stärke. Auf Ziegen mit einer kurzen und schwachen Brunst ist besonders zu achten, damit sie nicht übersehen wird. Tritt nach der Bedeckung keine Trächtigkeit ein oder wurde die Ziege nicht gedeckt, wiederholt sich die Brunst nach 21 Tagen (±2 Tage). Bei Jungziegen treten häufig kürzere Zyklen auf. Unregelmäßigkeiten im Brunstzyklus beruhen vorwiegend auf Störungen des Hormonhaushaltes, aber auch auf Fütterungsfehlern, Vitamin- und Mineralstoffmangel. Solange diese Störungen bestehen, werden die Tiere selten trächtig. In bestimmten Fällen ist eine medikamentöse Behandlung notwendig.

Einzelne Ziegen zeigen schon in den ersten zwei Wochen nach dem Ablammen wieder eine Brunst, die aber nur sehr schwach ist und daher oftmals nicht bemerkt wird. Tragend werden diese Tiere jedoch kaum, da die Gebärmutter noch nicht genügend zurückgebildet und gereinigt ist. Diese Tiere sollten erst beim Auftreten der nächsten Brunst, 3 Wochen später, gedeckt werden. Tritt die erste Brunst drei bis vier Wochen nach dem Ablammen ein, dann können die Ziegen aufnehmen. Ziegen, die im Spätsommer oder Herbst ablammen, können bei guter Fütterung noch in der laufenden Brunstsaison trächtig werden. Werden bei Fleischziegen die Lämmer nach einer Säugezeit von ungefähr 8 Wochen abgesetzt, so kann eine Brunst eintreten. Es ist günstig,

Ein deutliches Brunstzeichen: Der Bock hält sich bei der Ziege auf, die das sichtlich genießt.

wenn der Bock erst ab diesem Zeitpunkt in die Herde kommt, damit die Ziegen stimuliert werden. Es kann auch vorkommen, daß bei einer trächtigen Ziege nochmals Brunsterscheinungen auftreten und der Bock geduldet wird.

Brunstbeeinflussung

Einzelne Ziegenhalter klagen immer wieder über einen zu späten Brunsteintritt. Eine Auslösung der Brunst in der Brunstsaison ist durch folgende Maßnahmen möglich:

- zusätzliche Kraftfuttergabe
- Verfüttern von angekeimtem Getreide (Vitaminstoß)
- Einstellen eines Ziegenbockes
- Einbringen von Bockmist in den Ziegenstall bzw. Festbinden eines nach Bock riechenden Sackes auf der Ziege
- Verbringen der Ziege in den Bockstall
- Trockenstellen der Ziege
- Verabreichung von Brunstpulver

Eine Auslösung der Brunst außerhalb der Saison ist interessant für Milchziegenhalter, die einen ständigen Milchabsatz haben und daher auch auf Herbstablammungen angewiesen sind, bzw. für Ziegenhalter, die in zwei Jahren drei Lammungen anstreben.

Eine wirksame Möglichkeit der Brunstauslösung bietet das Lichtprogramm. Es ist bekannt, daß bei den Ziegen die Brunstsaison durch eine Veränderung des Licht-Dunkel-Verhältnisses ausgelöst wird. Am 22. Juni ist der längste Tag, danach werden die Tage kürzer und die

Nächte länger. Etwa 8 Wochen später beginnt dann die Brunstzeit. Durch eine Veränderung des Verhältnisses von Tag und Nacht (Vortäuschen des Herbstes) kann die Brunst vorverlegt werden. Dies ist zu erreichen, wenn die Tiere aufgestallt werden und abends der Tag um 3 bis 4 Stunden verkürzt und morgens die Nacht um 3 bis 4 Stunden durch Verdunkeln verlängert wird. Beachtet werden sollte, daß die Dunkelheit nicht durch eindringende Lichtstrahlen abgeschwächt wird. Zusätzlich könnte noch 3 bis 4 Wochen vor Beginn der Verdunkelungsphase der Tag durch Einschalten des Lichtes verlängert werden. Damit wird eine noch stärkere Verschiebung des Tag/Nachtverhältnisses erreicht. Es ist auch möglich, die Tiere etwa acht Wochen einem Dauerlicht auszusetzen.

In der Schweiz wurden nur mit zusätzlichem Licht gute Erfolge erzielt. Die Ziegen wurden Ende Mai aufgestallt und drei Wochen lang mindestens 18 Stunden Licht pro Tag ausgesetzt. Als Lichtquellen dienten zwei Neonröhren von je 40 Watt für einen Stall von 100 m^2. Nach dem Abschalten der Lampen trat Anfang Juli innerhalb von zwei bis drei Wochen eine Brunst ein. Da die Böcke außerhalb der Saison sexuell inaktiver sind, sollten auch sie das Lichtprogramm mitmachen.

Mit der Schwämmchenmethode kann die Brunst innerhalb und außerhalb der Saison ausgelöst werden. Ein mit dem Hormon Progesteron getränktes Schwämmchen wird in die Scheide der Ziege eingelegt. Es bewirkt die Stillegung des Geschlechtszyklus. Nach 14 bis 18 Tagen wird das Schwämmchen herausgezogen und zusätzlich erhält die Ziege eine intramuskuläre Injektion des brunstfördernden Hormons PMSG. Die Brunst tritt in der Regel 24 bis 48 Stunden später ein. Bei einer verlängerten Brunstdauer ist es günstig, die Ziegen zweimal zu decken. Die Hormonbehandlung sollten nur Tiere erhalten, die richtig ernährt sind und bei denen die Geburt mindestens acht Wochen zurückliegt. Diese Methode wird in der Schweiz und Frankreich angewandt.

Innerhalb der Brunstsaison besteht die Möglichkeit der Brunststeuerung durch Injektion von Prostaglandinen. Durch diese Substanz werden die Gelbkörper am Eierstock zurückgebildet, so daß es zwei Tage nach der Behandlung zu einer Brunst kommt. Außerhalb der Brunstsaison zeigen die Tiere keine Reaktion. Bei trächtigen Tieren bewirkt eine Injektion von Prostaglandinen einen Abort. Verfettete Tiere haben oft einen inaktiven Eierstock. Damit brunstauslösende Mittel besser ansprechen, sollten diese vorher abspecken.

Zuchtreife

Bei den Ziegenlämmern kann schon im Alter von drei bis vier Monaten eine Brunst auftreten. Die ersten Brunstzyklen sind meist unregelmäßig. Die Lämmer sollten aber erst gedeckt werden, wenn sie zuchtreif sind und etwa 35 kg wiegen. Dieses Gewicht erreichen normal gefütterte Lämmer im Alter von sieben bis neun Monaten. Die schwachen Lämmer sollten etwas später gedeckt werden. Sie sind gut zu füttern, damit sie noch vor Ende der Brunstsaison deckreif sind. Besser ist es, wenn der Ziegenhalter die intensive Fütterung rechtzeitig beginnt, damit für die Belegung nicht das Ende der Decksaison abgewartet werden muß. Wird die Belegung zu lange hinausgeschoben, besteht die Gefahr, daß die Lämmer vor dem Belegen den Brunstzyklus einstellen.

Bei Lämmern, die bei der Bedeckung noch ungenügend entwickelt sind, ist mit folgenden Nachteilen zu rechnen:
- Schwierigkeiten bei der Geburt
- geringe Milchleistung
- unbefriedigende Weiterentwicklung

Bis vor zwei Jahrzehnten wurde ein Teil der Lämmer nicht so intensiv aufgezogen und erst im zweiten Lebensjahr als sogenannte Überläufer gedeckt, was heute als unwirtschaftlich angesehen wird.

Decken

Die günstigste Zeit für das Decken der Ziegen ist etwa 12 Stunden nach Eintritt der Brunst. Da der Brunstbeginn nur selten genau feststeht und die Brunstdauer kurz sein kann, sollten die Tiere nach Erreichung der vollen Brunst gedeckt werden. Bei längerem Abwarten kann es vorkommen, daß die Brunst beendet ist und die Ziege den Bock nicht mehr duldet. Ist eine Ziege 10 bis 12 Stunden nach dem Deckakt noch voll brünstig, sollte eine weitere Belegung erfolgen. Dadurch lassen sich die Befruchtungsergebnisse verbessern, denn das Sperma hat nur eine begrenzte Lebensdauer. Zwei kurz hintereinander durchgeführte Sprünge bringen keine sicherere Befruchtung oder mehr Lämmer. Die Böcke werden nur unnötig belastet und bei stark beanspruchten Tieren leidet die Samenqualität. Wenn aber infolge des schnellen Deckaktes nicht feststeht, ob die Ziege einwandfrei gedeckt wurde, ist ein zweiter Sprung angebracht. Ein sicheres Zeichen für die richtige Bedeckung ist das Nachstoßen des Bockes, welches mit der Samenabgabe verbunden ist.

Die sexuelle Belastungsfähigkeit der Ziegenböcke ist groß. Zwischen den Böcken gibt es aber erhebliche Unterschiede in der Libido. In guter Zuchtkondition können Ziegenböcke an einem Tag 4 bis 6 Ziegen decken. Diese hohe sexuelle Belastung sollte allerdings die Ausnahme sein, da sonst die Spermareserven erschöpft und die Befruchtungsergebnisse schlechter werden. Überlastete Böcke bespringen selbst gut brünstige Ziegen schlecht. Es gibt auch Böcke, die nur Ziegen in voller Brunst decken und Tiere zu Beginn und am Ende der Brunstzeit ablehnen.

Eine Stimulierung der männlichen und weiblichen Tiere vor dem Deckakt wirkt sich auf das Befruchtungsergebnis positiv aus. Aus diesem Grunde ist mit einer höheren Fruchtbarkeit zu rechnen, wenn der Ziegenbock frei in der Herde läuft und die Ziegen zum optimalen Belegungszeitpunkt decken kann. Vor der Ausführung des Deckaktes reibt das männliche Tier mit dem Kopf am Körper der Ziege. Wird die Ziege zum Bock gefahren, dann ist der Zeitpunkt des Deckens vorgegeben. In der Regel deckt der Bock dann ohne ein entsprechendes sexuelles Vorspiel. Es ist jedoch besser, wenn der Bock die Ziege erst nach einer entsprechenden Stimulierung deckt. Wichtig ist eine ruhige Behandlung der Ziege vor und nach dem Deckakt, damit der Samentransport durch die Gebärmutter nicht gestört wird.

Besamung

Im Bundesgebiet hat sich die Ziegenbesamung mit Tiefgefriersperma noch nicht

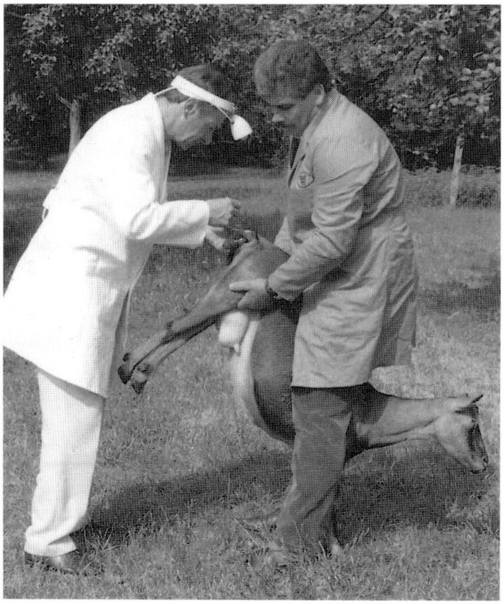

Besamung einer Ziege.

durchgesetzt. Dies ist vorwiegend darauf zurückzuführen, daß bisher bei der Besamung nur geringe Befruchtungsergebnisse erzielt wurden. Die Ziege muß beim Besamen hinten hoch gehängt oder gehalten werden, damit der Besamer die Scheide mit einem Spekulum öffnen und das Sperma in den Gebärmuttermund einführen kann. Durch die Weiterentwicklung bei der Aufbereitung und Verdünnung von Ziegensperma sind bessere Besamungserfolge zu erwarten. In Frankreich und in der Schweiz werden schon seit längerer Zeit zufriedenstellende Befruchtungsergebnisse erzielt. Die Erstbesamungserfolge sollen bei 60% liegen. Ein großer Vorteil der Besamung ist, daß Böcke mit gutem Zuchtwert besser ausgenutzt und stärker eingesetzt werden können, was zu einem schnelleren Zuchtfortschritt führt. Bei der Absamung gibt ein Ziegenbock 1 bis 1,5 ml Samenflüssigkeit ab mit etwa 2,5 Milliarden Spermien. Für eine Besamung sollten 200 Millionen Samenzellen eingesetzt werden, so daß von einem Sprung 10 bis 15 Besamungsdosen eingefroren werden können. Ziegenhalter, die ihre Tiere besamen wollen, sollten sich vor Beginn der Brunstsaison mit dem zuständigen Besamer in Verbindung setzen, damit das gewünschte Sperma zur Verfügung steht. Nur in einigen Gebieten der Bundesrepublik werden zur Zeit regelmäßig Ziegenbesamungen durchgeführt.

Trächtigkeit

Die Trächtigkeit beginnt mit dem Eindringen des Samenfadens in die Eizelle und der Verschmelzung der Zellkerne. Die befruchteten Eizellen bleiben zwei bis vier Tage im Eileiter und wandern dann in die Gebärmutter.

Trächtigkeitsdauer

Die Trächtigkeit der Ziege dauert 152 Tage (5 Monate) mit einer Schwankungsbreite von 140 bis 162 Tagen. Bei Mehrlingsgeburten ist die Trächtigkeitsdauer gegenüber den Einlingsgeburten kürzer, und Erstlingsziegen tragen meist zwei Tage länger. Bei Zwergziegen dauert die Trächtigkeit nur 143 Tage.

Trächtigkeitsfeststellung

Bei der Ziege ist infolge der engen Beckenverhältnisse eine rektale Trächtigkeitsuntersuchung wie beim Rind nicht möglich. Die Ziegenhalter sind deshalb auf folgende Beobachtungen und Untersuchungen angewiesen:

- Rückgang der Milchleistung
- Zunahme des Bauchumfanges
- Ertasten der Lämmer durch die Bauchwand
- Beobachten von Lämmerbewegungen
- Zunahme des Gewichtes
- Ultraschalluntersuchungen
- Untersuchung der Milch oder des Blutes auf Progesteron

Die ersten fünf Punkte beruhen auf den Erfahrungen und dem Fingerspitzengefühl des Ziegenhalters. Die Ultraschallmessung ist bei Ziegen noch nicht praxisreif. Das Meßgerät ist auch relativ teuer und kommt für Kleinziegenhaltungen nicht in Frage. Die Untersuchung auf Progesteron muß in einem speziellen Labor erfolgen. Die dabei entstehenden Kosten sind angemessen. Der Ziegenhalter sollte sich rechtzeitig vor dem Belegen der Tiere mit dem Labor in Verbindung setzen, um die Untersuchungsröhrchen und genaue Anweisungen über die Probenahme zu erhalten. In der Regel sind die Proben um den 20. Tag nach dem Belegen, bei Problemtieren auch am Tage der Brunst und 7 Tage danach zu nehmen.

Trockenstellen

Ziegen sollten vor dem Ablammen etwa acht Wochen trockenstehen. Diese Zeit ist notwendig, damit sich das Euter zurückbilden und regenerieren kann. Bei einer zu kurzen Trockenzeit ist die Milchleistung in der folgenden Laktation geringer. Außerdem können Euterentzündungen auftreten, wenn vor dem erneuten Einsetzen des Euterwachstums und der Milchbildung sich das Euter noch nicht regeneriert hat. Bei Tieren mit geringer Milchleistung gibt es mit dem Trockenstellen keine Probleme, da die Milchbildung schon bald nach dem Decken abbricht. Bei guten Milchziegen ist dagegen das Trockenstellen oft mit Schwierigkeiten verbunden. Durch eine starke Reduzierung der Futter- und Wasserration läßt sich aber auch bei diesen Tieren die Milchbildung zurückdrängen. Die Ziegen sollten innerhalb kurzer Zeit trockengestellt werden. Zunächst melkt man an 5 bis 7 Tagen nur noch einmal täglich, danach nicht mehr. Es gibt Ziegenhalter, die dann noch im Abstand von zwei Tagen melken. Die Wirkung ist allerdings umstritten. Beim Trockenstellen der Ziegen sollte man nicht zu ängstlich sein, denn die nach dem letzten Melken im Euter gebildete Milch wird vom Körper resorbiert.

Werden Euterentzündungen befürchtet, sind nach dem letzten Ausmelken Antibiotika (Trockensteller) in die Strichkanäle einzuführen. Diese Vorsichtsmaßnahme ist bei allen Ziegen, die mit Euterentzündungen behaftet sind, anzuwenden. Während der Trockenzeit heilen die Euterentzündungen unter Antibiotikaschutz am besten aus.

Laktationslänge

Im Ziegenzuchtverband Baden-Württemberg wurde bei den kontrollierten Ziegen eine durchschnittliche Laktationslänge von 304 Tagen ermittelt. Je nach Ziegenrasse, Fütterung und nachfolgender Trächtigkeit kann die Laktation kürzer oder länger sein. Vereinzelt werden Ziegen zwei bis drei Jahre laufend gemolken, weil sie nicht trächtig wurden oder weil kein Bock zur Verfügung stand. Bei Ziegen oder Lämmern kann man eine Laktation einleiten, ohne daß eine Geburt erfolgt ist, indem man mit dem Melken beginnt.

Geburt

Bei der Ziege wird die Geburt auch als Lammen, Werfen oder Zickeln bezeichnet. Gegen Ende der Trächtigkeit treten eine Reihe von Veränderungen auf, die eine baldige Geburt ankündigen:

- starke Vergrößerung des Euters
- Vergrößerung und Rötung der Schamlippen
- Einfallen der Beckenbänder
- Austritt von Schleim
- unruhiges Verhalten, öfteres Hinlegen, Scharren und Meckern
- häufiges Koten und Harnen
- verminderte Futteraufnahme
- Absonderung von der Herde

Geburtsvorgang

Mit dem Einsetzen der Wehen, die durch ein Zusammenziehen der Gebärmutter entstehen, werden die gefüllten Fruchtblasen in die Geburtswege gedrückt. Sie erweitern den Muttermund und die Scheide. Das Fruchtwasser hat die Aufgabe, die Geburtswege schlüpfrig zu machen. Deshalb sollte der Abstand zwischen dem Platzen der Fruchtblase und der Geburt nicht zu groß sein. Bei längerer Geburtsdauer kann es vorkommen, daß Ersatzgleitmittel benötigt werden. Durch die gesteigerte Intensität und Häufigkeit der Wehen wird die Frucht in den Geburtsweg gepreßt. Starke Preßwehen sind bei Ziegen oft mit lauten Schmerzäußerungen verbunden. Das Öffnen der Fruchtblase und eine Geburtshilfe sollte erst dann erfolgen, wenn die Geburt stockt. Vor einem zu frühen Eingreifen und Herausziehen des Lammes ist abzuraten, um den normalen Geburtsvorgang nicht zu stören. Solange regelmäßige Wehen auftreten und die Wasserblasen noch nicht geplatzt sind, kann man abwarten. Die Öffnung der Geburtswege dauert bei einzelnen Ziegen länger. Der Ziegenhalter sollte sich immer vor Augen halten, daß die Tiere vorwiegend ohne fremde Hilfe ablammen. Nach dem Lammen kümmert sich die Ziege um das neugeborene Lamm und beleckt es. Werden mehrere Lämmer geboren, wiederholt sich der Geburtsvorgang nach 10 bis 20 Minuten.

Geburtshilfe

Die Geburtshilfe ist langsam und vorsichtig vorzunehmen, damit keine Verletzungen entstehen. Infolge der engen Geburtswege bei der Ziege sind Personen mit schmalen Händen besser geeignet. Sind die Fruchtblasen noch nicht geplatzt, müssen sie geöffnet werden, um Geburtshilfe leisten zu können. Vor dem Eingriff die Hände gründlich mit Seife säubern, mit einem Desinfektionsmittel behan-

Geburtslagen:

1 Einlingsgeburt, Normallage
1 Mastdarm 5 Nabel
2 Harnblase 6 Eihaut
3 Niere 7 Gebärmutter
4 Leber 8 Frucht

2 Einlingsgeburt, Steißlage
3 Zwillingsgeburt, Normallage
4 Einseitige Karpalgelenkbeugehaltung
5 Kopfseitenhaltung
6 Beidseitige Hüftgelenkbeugehaltung.

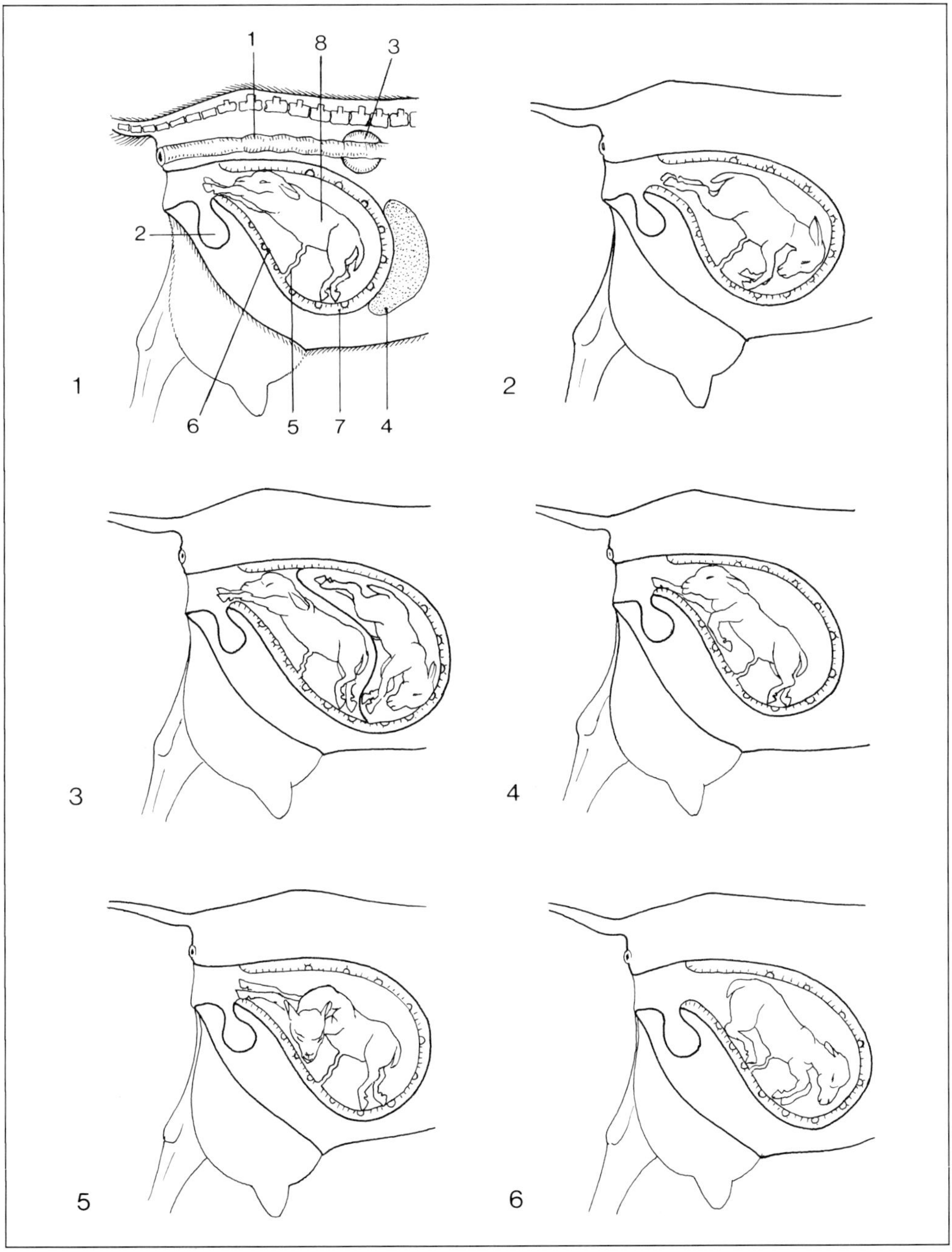
1
8
3
2
1
6
5
7
4
2
3
4
5
6

deln und mit einem Gleitmittel bzw. Salatöl schlüpfrig machen. Verschmutzte Scheiden sind mit warmem Seifenwasser abzuwaschen. Zunächst ist zu prüfen, in welcher Lage sich das Lamm befindet. Bei den meisten Geburten können zuerst die Vorderbeine und dann der darauf liegende Kopf ertastet werden, d. h. die Lämmer werden in Vorderendlage geboren. Ein Teil der Lämmer kommt aber auch in Hinterendlage auf die Welt. Die Geburtslage ist an den nach oben oder unten weisenden Laufflächen der Klauen zu erkennen.

Das Eingreifen in die Scheide kann oft nur mit ein bis zwei Fingern erfolgen, weil durch das austretende Lamm alles stark angespannt ist. Ein wiederholtes Gleiten der Finger vorwiegend über den Kopf des Lammes bewirkt eine Anregung der Wehentätigkeit und eine Erweiterung der Scheide.

Wird festgestellt, daß die Lage des Lammes normal, die Geburtswege aber noch eng sind, dann sollte noch keine Zughilfe erfolgen. Auch bei einer länger andauernden Geburt erleidet das Lamm in der Regel keinen Schaden, weil es noch über den Nabelstrang versorgt wird. Bei einer Hinterendlage sollte die Geburt nicht zu lange dauern, damit das Lamm kein Fruchtwasser in die Lunge bekommt und erstickt. Ist das Fruchtwasser schon längere Zeit abgegangen, kann es vorkommen, daß der Geburtsweg zu trocken geworden ist und mit Fruchtwasserersatz, Gleitmittel oder Salatöl schlüpfrig gemacht werden muß. Bei Wehenschwäche und wenn die Geburt stockt, ist ein leichtes Ziehen an den Beinen angebracht.

Bei großen Lämmern muß oft Zughilfe geleistet werden. Das richtige Fingerspitzengefühl ist dabei besonders wichtig. Durch ein zu frühes und zu kräftiges Ziehen können bei der Ziege Verletzungen entstehen. Wichtig ist, daß der Zug schräg nach unten und während der Wehentätigkeit erfolgt. Geburtsstockungen lassen sich häufig durch ein leichtes Drehen des Lammes beheben.

Fehlerhafte Lagen sind zu korrigieren. Das Lamm muß zurückgeschoben und der falsch liegende Kopf oder Fuß in die richtige Lage gebracht werden. Es kommt auch vor, daß Füße von zwei Lämmern im Geburtsweg sind. Bei Korrekturen müssen die Lämmer während einer Wehenpause in die Gebärmuttermitte zurückgeschoben werden, da an der dünnen Gebärmutterwand sehr leicht ernsthafte Verletzungen entstehen. Durch die ständigen Wehen werden diese Arbeiten erschwert. Der Geburtshelfer sollte nur solche Maßnahmen in Angriff nehmen, die er erfolgreich zu Ende führen kann, anderenfalls ist gleich der Tierarzt zu verständigen.

Abgestorbene Früchte oder Mißbildungen können sowohl zuerst als auch zuletzt austreten. Oftmals versperren sie den Geburtsweg und müssen herausgezogen werden.

Nach Problemgeburten ist die Gebärmutter zu kontrollieren, damit kein Lamm zurückbleibt. Bei Schwergeburten ist es ratsam, nach Austritt des letzten Lammes einen antibiotikahaltigen Ute-

Ein Ziegenlamm wird geboren. Deutlich erkennbar die Vorderendlage, oben erscheint das Köpfchen, darunter die beiden Vorderbeine. Kurz darauf ist das Lamm geboren. Die Mutter leckt es sorgsam trocken, ein wichtiger Vorgang für die Bindung zwischen Ziege und Lamm.

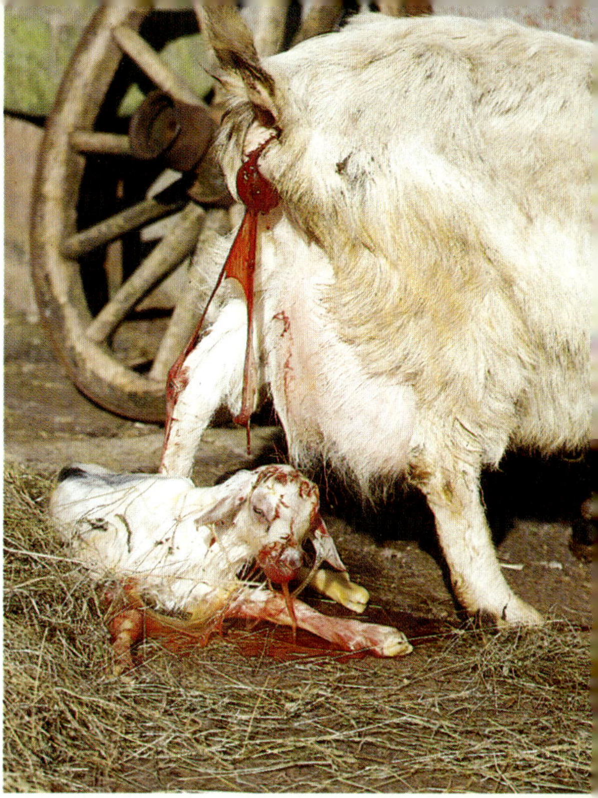

russtab tief in die Gebärmutter einzulegen, um eine Entzündung zu verhindern.

Trockene Zicklein sind unempfindlicher gegen Kälte, deshalb müssen sie bei ungenügendem Ablecken trockengerieben werden, was zugleich belebend wirkt. Schwache Lämmer haben gern Untertemperatur und sind für zusätzliche Wärme, z. B. durch eine Infrarotlampe, dankbar. Nach der Geburt zeigen einzelne Lämmer kein Leben. Bei diesen Tieren muß die Atmung durch kaltes Wasser, das über den Kopf geschüttet wird, Entfernen des Schleimes aus dem Mund und Massieren bzw. Drücken des Brustkorbes angeregt werden. Das Lamm wird an den hinteren Füßen gehalten und in kreisender Bewegung geschleudert, damit eingedrungenes Fruchtwasser entweicht. Auf keinen Fall sollte der Ziegenhalter leblose Lämmer gleich aufgeben, sondern immer versuchen, mit solchen Maßnahmen das Leben zu erhalten.

Nach der Geburt nimmt die Ziege zum Lamm Kontakt durch Beschnuppern und Belecken auf. Kommen noch weitere Lämmer, setzen nach einiger Zeit die Wehen erneut ein, und das Belecken wird unterbrochen. Ist das zweite bzw. dritte oder vierte Lamm geboren, kümmert sich die Mutter um alle. Es kann allerdings auch vorkommen, daß ein Lamm von der Ziege nicht beleckt und angenommen wird, vor allem wenn die Lämmer an verschiedenen Stellen geboren werden. Manchmal wird ein Lamm von anderen Tieren beschnuppert und dann von der eigenen Mutter nicht mehr angenommen. Die ersten Stunden nach der Geburt sind für die Bindung zwischen Ziege und Lamm wichtig. Schon bald nach der Geburt stehen die Lämmer auf und beginnen mit der Eutersuche. Dabei hilft ihnen die Ziege, indem sie eine günstige Stellung einnimmt. Die jungen Lämmer werden von der Mutter am Geruch und am Meckern erkannt. In den ersten Tagen beendet das Lamm selbst das Saugen, später die Mutter, wenn das Euter leer ist.

Ziegen nehmen fremde Lämmer verhältnismäßig leicht an. Es erfordert allerdings etwas Zeit und Geduld. Mit Hilfe verschiedener Maßnahmen kann man die Abneigung der Ziege gegen das fremde Lamm überwinden:

- Einreiben des Lammes mit der Nachgeburt der Amme;
- Festhalten der Ziege, bis das Saugen von selbst geduldet wird;
- Anbinden der Ziege, bis das Lamm akzeptiert wird;
- Einsperren der Ziege für etwa 3 Tage in einen Zwangsstand (eine Art Absperrgitter), wobei die Ziege sich hinlegen, das Lamm aber nicht beschnuppern kann.

Lämmeraufzucht

Eine große Bedeutung in der Ziegenzucht kommt der Aufzucht der Lämmer zu. Vor allem gilt es, das günstige Jugendwachstum voll auszunutzen und dafür Sorge zu tragen, daß keine Wachstumsstockung auftritt. Das Lamm soll sich ja schnell entwickeln, damit es im Alter von 7 bis 9

Oben: Ein Burenbock bespringt eine brünstige Ziege, s. auch Text Seite 23.
Unten: Ist das Decken unerwünscht, wird dem Bock ein Deckschurz umgebunden.

Glück im Ziegenstall.

Monaten gedeckt werden kann. Es gibt verschiedene Möglichkeiten, die Lämmer aufzuziehen.

Säugen

Das Saugen an der Mutter ist die natürlichste und einfachste Aufzuchtmethode. Dabei erhält das Lamm die Milch immer mit einer gleichbleibenden Temperatur. Diese Methode läßt sich durchführen

- in kleinen Laufställen bis zu 10 Ziegen und in Einzelboxen,
- im Anbindestall, wobei die Lämmer zwei- bis dreimal am Tage von der Lämmerbucht zur Mutter gebracht werden.

Ziegenhaltern, die mit dem Tränken der Lämmer, etwa aus Zeitgründen, nicht zurechtkommen, bringt das Aufziehen am Euter mehr Erfolg. Bei einer Ziege mit hoher Milchleistung können die täglichen Zunahmen höher als beim Tränken sein. Saugen die Lämmer das Euter nicht ganz leer oder nur an einem Strich, muß das Euter ausgemolken werden. Probleme beim Säugen entstehen aber, wenn die Milchleistung der Ziege nicht ausreicht, z. B. bei Drillingen. Bei diesen wird in der Regel ein Lamm abgedrängt und verkümmert. Ist die Milchleistung einer Ziege ungenügend, gedeihen die Lämmer nur langsam. Sie werden struppig, krankheitsanfällig und bleiben in der Entwicklung zurück. In einem solchen Fall ist rechtzeitig mit der Zufütterung von Milchaustauscher und Kraftfutter zu beginnen. In der Regel reicht es aus, wenn die Lämmer einmal täglich zusätzlich getränkt werden.

Neben dem Saugen nehmen junge Lämmer ungern Milch aus einem Gefäß auf, so daß das Tränken aus der Flasche mit Nuckel erfolgen muß. Müssen mehrere Tiere mit der Flasche aufgezogen werden, lohnt sich die Anschaffung eines Tränkeautomaten. Mit 8 bis 10 Tagen ist dem Lamm Kraftfutter anzubieten. Werden die Lämmer bei den Ziegen gehalten, muß das Lamm gesondert Kraftfutter bekommen, da bei gemeinsamer Fütterung die Ziegen alles fressen. Die Lämmerfütterung kann in einem kleinen vom Laufstall abgegrenzten Raum erfolgen, den nur die Lämmer durch einen Schlupf erreichen. Sie können dann ungestört Kraftfutter aufnehmen. Zur schnelleren Gewöhnung an das Kraftfutter sperrt man die Lämmer kurze Zeit in den Lämmerschlupf.

Tränken

Das Tränken der Lämmer bringt zunächst etwas mehr Arbeit, denn die Milch muß vorher gemolken werden. Diese unbedeutende Mehrarbeit ermöglicht aber eine intensive Aufzucht. Aus diesem Grunde wird das Tränken der Lämmer immer mehr praktiziert, da es sowohl für das Lamm als auch für die Ziege Vorteile bringt:

- Jedes Lamm erhält die erforderliche Milchmenge zugeteilt.
- Milchaustauscher kann frühzeitiger zugefüttert werden.
- Das sofortige Tränken erspart eine spätere Umgewöhnung, die meistens mit Problemen verbunden ist.
- Das Melken ist für das Euter schonender als das Saugen, da die Lämmer oft sehr hart stoßen und die Striche verbeißen.
- Beim Melken werden die Euter formschön und gleichmäßig, während sie beim Saugen durch das Bevorzugen eines Striches schnell ungleich werden.

Etwa 2 bis 3 Stunden nach dem Ablammen bekommt das Lamm Hunger und verlangt stark nach Nahrung. Dieses starke Hungergefühl erleichtert das Gewöhnen an die Tränke. Dabei geht man langsam vor: Man steckt dem Lamm einen Finger, den man vorher in die Milch getaucht hat, in den Mund. Erst wenn es am Finger richtig lutscht, bewegt man den Kopf des Lammes mit dem eingesteckten Finger langsam zum Milchnapf hin. Das Maul wird in die Milch getaucht, die Nase muß aber frei bleiben. Oft lutscht das Lamm nicht weiter, so daß der Ziegenhalter etwas Geduld aufbringen und den Vorgang wiederholen muß. Wenn das Lamm die Milch richtig einzieht, nimmt man den Finger langsam und vorsichtig zurück. Die Hand bleibt zunächst noch vor dem Mund liegen, bis das Lamm ruhig weitersäuft. Die Gewöhnung an das Trinken beginnt bei der ersten Nahrungsaufnahme. Läßt man das Lamm zuerst ans Euter, hat es schon die Kopfhaltung nach oben angenommen, und es ist sehr schwierig, den Kopf nach unten in den Napf zu bekommen. Junge Ziegenlämmer gewöhnen sich sehr schnell an das Tränken. Sie nehmen die Milch langsam und gleichmäßig auf, so daß es nicht zu einem Übersaufen kommt. Beim Tränken ist darauf zu achten, daß die Milch mit einer Temperatur von 38 bis 40 °C verabreicht wird. Zum Erwärmen erkalteter Milch sollte deshalb immer heißes Wasser bereitstehen. Auch Saugnäpfe und Milchtröge sind vorher mit heißem Wasser zu erwärmen.

Das neugeborene Lamm bringt nur einen begrenzten Energievorrat mit; des-

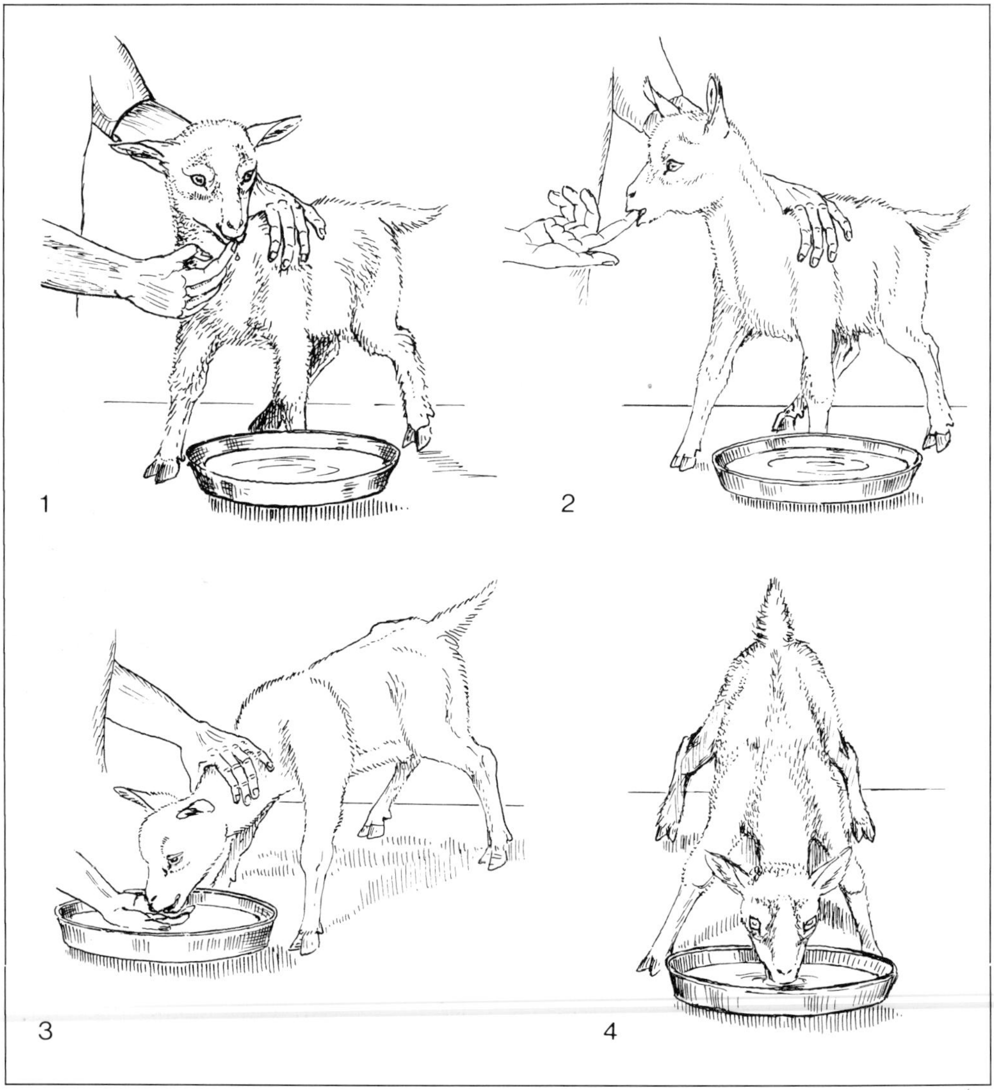

Das Lamm muß das Trinken erst lernen.

1. **Man taucht einen Finger in die Milch und steckt ihn dem Lamm in den Mund.**
2. **Wenn das Lamm am Finger saugt, bewegt man den Kopf des Lammes mit dem Finger zum Milchtopf.**
3. **Das Maul wird in die Milch getaucht, es muß darauf geachtet werden, daß die Nase frei bleibt.**
4. **Wenn das Lamm die Milch richtig einsaugt, zieht man die Hand vorsichtig zurück.**

halb ist ein baldiges Tränken notwendig. Das heißt aber nicht, daß es sofort nach der Geburt Milch bekommen muß. Bei den Ziegenhaltern wird die Meinung vertreten, die Lämmer erst zu tränken, wenn der Ablammvorgang beendet und die Nachgeburt abgegangen ist. Im Normalfall löst sich die Nachgeburt ein bis drei Stunden nach der Geburt. Diese Wartezeit schadet dem Lamm nicht, es bekommt Hunger und nimmt mehr Kolostralmilch auf. Von dieser wertvollen Milch sollte das Lamm möglichst viel bekommen, da sie neben hochwertigen Nährstoffen auch lebensnotwendige Abwehrstoffe enthält. Ein Überladen des Magens ist beim ersten Tränken weniger zu befürchten, da die Kolostralmilch noch ungehindert in den Darm abfließen kann. Sie wird dort wegen ihrer leichten Verdaulichkeit auch verwertet. Außerdem regt sie den Darm an und reinigt ihn vom Darmpech. Spätestens nach fünf Stunden muß das Lamm jedoch Nahrung erhalten, da sonst schwach geborene Lämmer Schaden erleiden. Außerdem wird die Nährstoffkonzentration der Kolostralmilch durch die Neubildung von Milch schwächer.

Nimmt ein Lamm beim ersten Tränken oder Saugen keine Milch auf, kann es zu Komplikationen kommen. Das Kolostrum sollte einige Stunden später auf 40 °C erwärmt und nochmals angeboten werden. Notfalls ist die Verabreichung mit der Magensonde vorzunehmen. Der Schlauch der Magensonde wird vorsichtig über das Maul in den Magen geführt. Das Einschütten von Milch mit der Flasche ist bei jungen Lämmern nicht zu empfehlen, da die Milch leicht in die Lunge gelangt, was den Tod des Lammes bedeutet. Aufbau- und Abwehrstoffe (Gammaglobuline) können auch durch eine Injektion zugeführt werden. Es kann vorkommen, daß nach dem Lammen das Ziegenkolostrum ausfällt, daher sollte der Ziegenhalter für Notfälle stets einige Becher Kolostrum von einer Ziege oder Kuh in der Gefriertruhe bereithalten.

Einfache Saugvorrichtung, bei der die Lämmer den Milchtrank über die angebrachten Nuckel aufnehmen.

In der ersten Woche erhalten die Lämmer täglich dreimal Milch, danach können sie mit zwei Mahlzeiten auskommen. Wird jedoch weiterhin dreimal getränkt, nehmen die Lämmer mehr Milch pro Tag auf. In vielen Betrieben wird das zweimalige Tränken aus arbeitstechnischen Gründen bei Zucht- und bei Mast-

lämmern mit gutem Erfolg durchgeführt. Eine frühzeitige Reduzierung auf zwei Mahlzeiten führt zu einer schnelleren Heu- und Kraftfutteraufnahme. Für die tägliche Milchaufnahme in den ersten Lebenswochen ist das Geburtsgewicht, das weitgehend von der Zahl der geborenen Lämmer abhängt, ausschlaggebend.
Durchschnittliche Geburtsgewichte:

Einlinge	3,8–5,0 kg
Zwillinge	3,4–4,5 kg
Drillinge	2,6–4,2 kg
Vierlinge	2,3–3,9 kg

Für die tägliche Milchaufnahme spielt auch die Vitalität der Lämmer eine Rolle. Einzelne Lämmer nehmen beim ersten Tränken bereits 0,4 kg, andere dagegen mit viel Mühe nur 0,1 kg auf. Tägliche Milchaufnahme:

1. Woche	0,6–1,5 kg
2. Woche	1,0–2,0 kg
3. Woche	1,6–2,5 kg
4. Woche	2,0–2,8 kg

Im Alter von einer Woche wird mit der Vorlage von Kraftfutter und Heu begonnen. Mit vier Wochen nehmen die Lämmer neben der Milchtränke täglich 100 bis 200 g Kraftfutter auf. Gutes Wiesenheu vom ersten Schnitt darf im Futterangebot nicht fehlen. Heu und Kraftfutter müssen zweimal täglich frisch verabreicht werden. Als Kraftfutter haben sich Kälberkörner sehr gut bewährt. Eine selbst gefertigte Futtermischung kann folgende Zusammensetzung haben:

25%	Hafer
25%	Gerste oder Mais
25%	Leinkuchenmehl
22%	Weizenkleie
3%	Mineralfutter

Die Futtermittel sollten grob geschrotet oder gequetscht verabreicht werden, da junge Lämmer Mehl nicht gerne aufnehmen. Vom 4. Monat an erhalten die Lämmer das gleiche Kraftfuttergemisch wie die Ziegen.

Aufzucht mit Milchaustauscher

Ziegenlämmer können dieselben Milchaustauscher wie Kälber bekommen. Im Alter von einer Woche kann mit der Umstellung begonnen werden, die auf etwa zehn Tage auszudehnen ist. Eine kleine Menge Ziegenmilch neben dem Milchaustauscher, auch in den folgenden Tagen, bewirkt eine bessere Entwicklung. Treten Verdauungsstörungen oder Durchfall auf, müssen sowohl die Menge als auch die Konzentration des Milchaustauschers verringert werden. Bei stärkerem Durchfall sollte man bis 2 Mahlzeiten aussetzen und Kamillen- und Fencheltee verabreichen.

Bei der Verwendung von Milchaustauschern sind folgende Punkte zu beachten:
- Ziegenlämmer vertragen fettarme Milchaustauscher besser, daher sind Milchpulver mit geringem Fettanteil zu bevorzugen.
- Nur auf Magermilchbasis aufgebaute Milchaustauscher verwenden.
- Die Konzentration ist auf 130 g Milchpulver je kg Tränke zu begrenzen.
- Die Tränkemenge kann bis auf 2,8 kg je Tag gesteigert werden.
- Die Temperatur des Milchaustauschers muß beim Tränken unbedingt 40 bis 42 °C betragen.

Kraftfutter und Getreideschrote gehören nicht in die Tränke, da leicht Verdauungsstörungen entstehen. Bei der Trockenfütterung wird die Pansentätigkeit angeregt und das Lamm gewöhnt sich schneller an die Aufnahme von festen Futterstoffen.

Fütterungsversuche haben gezeigt, daß schon im Alter von 30 Tagen eine rasche Umstellung von Milchtränke auf Kraftfutter möglich ist. Die täglichen Zunahmen sind allerdings zunächst gering, weshalb eine frühe Umstellung bei Ziegenlämmern nicht empfohlen wird.

Hörnerziegen und hornlose Tiere

Die Ziege ist von Natur aus ein Hörnertier. Zu welcher Zeit die ersten hornlosen Tiere aufgetreten sind, ist nicht bekannt, aber Hinweise auf hornlose Tiere gibt es schon im Altertum durch den Ackerbauschriftsteller Columnella: »Zur Belegzeit gibt man stilles Wetter, um Ziegen ohne Hörner zu bekommen.«

Mit Gründung der Ziegenzuchtvereine um die Jahrhundertwende wurde mit der systematischen Zucht der hornlosen Ziegen begonnen. Als Gründe für diese Entscheidung wurden genannt, daß die ungehörnten Tiere milchergiebiger und infolge ihrer Waffenlosigkeit auch ruhiger und friedlicher seien. In der über acht Jahrzehnte bestehenden Herdbuchzucht werden trotz laufender Anpaarung von hornlosen Tieren immer wieder Hornlämmer geboren. Eine Untersuchung ergab, daß bei der Anpaarung von hornlosen Tieren 8% gehörnte Lämmer geboren werden. Erhebungen in Bayern zeigten, daß in der Herdbuchzucht der hornlosen Bunten Deutschen Edelziege rund 15% Hörnerlämmer fallen. Nach wissenschaftlichen Untersuchungen sind alle für das Merkmal Hornlosigkeit reinerbigen weiblichen Tiere unfruchtbar. Dies bedeutet, daß alle fruchtbaren Ziegen für das Merkmal Hornlosigkeit mischerbig oder gehörnt sind. Somit können von jeder hornlosen Ziege gehörnte Lämmer fallen. Bei den Böcken soll es einzelne Tiere geben, die für das Merkmal Hornlosigkeit reinerbig sind, die anderen sind mischerbig oder gehörnt. In der Nachzucht von reinerbigen hornlosen Böcken dürfen, auch bei einer Anpaarung mit Hörnerziegen, keine Hörnerlämmer auftreten, denn

Verteilung des Geschlechtsverhältnisses bei verschiedenen Rassen

		männlich	weiblich	Zwitter
Deutsche Rassen				
BDE hornlos, Baden-Württemberg		59,1	38,1	2,8
BDE hornlos, Bayern		53,7	41,5	4,8
Schweizer Rassen				
Saanenziege	hornlos	65,8	34,2	—
Toggenburger	hornlos	66,1	33,9	—
Oberhasli-Brienzer	hornlos	58,3	39,3	1,8
Bündner Strahlenziege	gehörnt	57,3	42,7	—
Gemsfarbige Gebirgsziege	gehörnt	60,0	39,5	0,5
Verzascaziege	gehörnt	53,4	46,5	0,1

das Allel für Hornlosigkeit ist dominant. Werden diese Böcke aber mit hornlosen Ziegen angepaart, dann fallen im Durchschnitt 25% der Nachkommen als Zwitter. Für den praktischen Ziegenzüchter ist es sehr schwierig, alle Zwitter zu erkennen. Sie werden häufig als männliche Lämmer eingestuft, was bei einer Auswertung der Herdbuchunterlagen in der Schweiz, in Bayern und Baden-Württemberg bestätigt werden konnte. Aus der Tabelle zur Verteilung des Geschlechtsverhältnisses (Seite 61) ist zu ersehen, daß in beiden Zuchtrichtungen, hornlos und gehörnt, das theoretisch erwartete Geschlechtsverhältnis von männlichen zu weiblichen Lämmern von 50:50 nicht eintritt. Dies ist ein Nachteil in der Ziegenhaltung, denn dadurch wird die Selektionsbasis auf der weiblichen Seite eingeschränkt. Infolge der sehr guten Fruchtbarkeit bei den Ziegen werden aber noch genügend weibliche Lämmer geboren, um die Bestandsergänzungen und Aufstokkungen durchführen zu können. Bei einer durchschnittlichen Fruchtbarkeit von zwei Lämmern werden z. B. von 6 Ziegen 12 Lämmer geboren. Wenn davon ein Lamm pro Jahr tot geboren wird und eines während der Aufzucht eingeht, bleiben noch 10 aufgezogene Lämmer. Nach dem festgestellten Geschlechtsverhältnis stehen dann noch 4 weibliche Lämmer für die Aufzucht zur Verfügung.

Kastrieren

Bis zum Alter von drei Monaten sind am Fleisch von Ziegenbocklämmern keine Geschmacksveränderungen festzustellen. Später kann ein leichter Bockgeschmack eintreten, der mit zunehmendem Alter stärker wird. Nach Erreichung der Geschlechtsreife im Alter von etwa drei Monaten werden die Bocklämmer unruhiger und springen häufig auf. Dadurch wird die tägliche Gewichtszunahme negativ beeinflußt. Aus diesen Gründen sind männliche Lämmer, die ein höheres Mastendgewicht erreichen sollen, rechtzeitig zu kastrieren.

Nach dem Tierschutzgesetz dürfen Bocklämmer ohne Betäubung nur bis zur Erreichung der Geschlechtsreife kastriert werden. Die Kastration erfolgt in der Regel unblutig und wird durch ein Abquetschen der Samenstränge mit der Burdizzo-Zange vorgenommen. Dabei ist folgendes zu beachten:

- Hodensack im oberen Drittel mit Jodtinktur betupfen
- Hoden in den Hodensack drücken

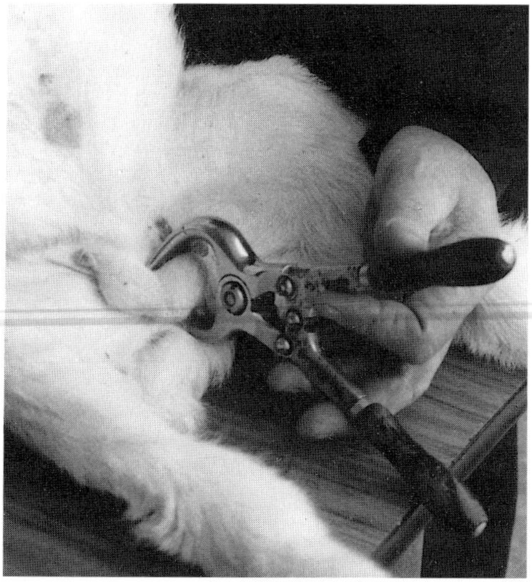

Ansetzen der Kastrierzange beim jungen Bocklamm.

- Zange zwischen Hoden und Bauch, unterhalb der Zitzen, ansetzen
- jede Hodenhälfte einzeln etwas höhenversetzt abdrücken
- sicherstellen, daß der Samenstrang auch erfaßt wird
- die Zange 20 Sekunden geschlossen halten

Eine weitere Methode der Kastration ist das Anbringen eines Gummiringes in den ersten Lebenswochen.

Dieser wird mit einer Spezialzange gespreizt, über den Hodensack geschoben und an der Bauchwand aufgesetzt. Nach etwa 14 Tagen fällt der Hodensack ab.

Die Handgriffe beim Kastrieren sollte man sich von einem erfahrenen Ziegenhalter genau zeigen lassen.

Bei geschlechtsreifen Böcken darf eine Kastration nur nach einer Betäubung erfolgen und ist daher vom Tierarzt auszuführen. Die blutige Kastration, bei der die Hoden herausgeschnitten werden, wird nur noch selten vorgenommen.

Enthornen

Bei der Haltung von Hörnerziegen treten vor allem im Laufstall immer wieder Probleme auf. Einzelne gehörnte Ziegen unterdrücken die hornlosen Tiere. Außerdem können durch das Stoßen mit den Hörnern ernsthafte Verletzungen auftreten. Um dies zu vermeiden, werden Enthornungen vorgenommen.

Bei jungen Ziegenlämmern können die Hornansätze mit Laugen (Ätzkalistift) oder Säuren (Salpetersäure, Schwefelsäure) abgeätzt werden. In der Praxis wird nur mit dem Ätzkalistift gearbeitet. Dabei sind verschiedene Punkte zu beachten:

- möglichst frühzeitig abätzen, sobald die Hornansätze zu spüren sind und durch die Haut stoßen,
- die Haare um die Hornanlage entfernen,
- eine Fläche in der Größe eines Zwei-Mark-Stückes mit 1 bis 2 Tropfen Wasser anfeuchten,
- Hornspitzen und Hornrand mit dem Ätzkalistift in kreisender Bewegung etwa eine Minute intensiv einreiben, harte Hornansätze etwas länger,
- keine Ätzflüssigkeit ablaufen lassen, um unerwünschte Verätzungen, insbesondere an den Augen, zu vermeiden,
- die Ätzfläche kann mit Vaseline abgegrenzt werden,
- zuviel Flüssigkeit ist abzutupfen.

Das Abbrennen der Hornansätze erfolgt zum gleichen Zeitpunkt wie das Abätzen, wenn das Horn gut sichtbar ist. Man verwendet das gleiche Gerät wie zur Kälberenthornung, nur mit dem kleineren Brennkopf. Vor dem Brennen ist der Kolben auf den richtigen Hitzegrad zu überprüfen. Er darf nicht glühen, aber ein Stück Holz muß zu kohlen anfangen. Der Brennkolben wird kurz mit der Öffnung auf das Horn gedrückt bei gleichzeitigem Drehen. Nicht nur das Horn, sondern auch die seitlichen Hornansatzstellen sind mit einzubeziehen. Diese Enthornungsmethode erfordert Gefühl und Geschick, um unnötige Verbrennungen und Schmerzen zu vermeiden. Der Anfänger sollte nur unter Anleitung enthornen.

Bei älteren Tieren erfolgt die Enthornung durch Absägen der Hörner. Dies erfordert eine Betäubung und ist deshalb nur vom Tierarzt durchzuführen. Eine

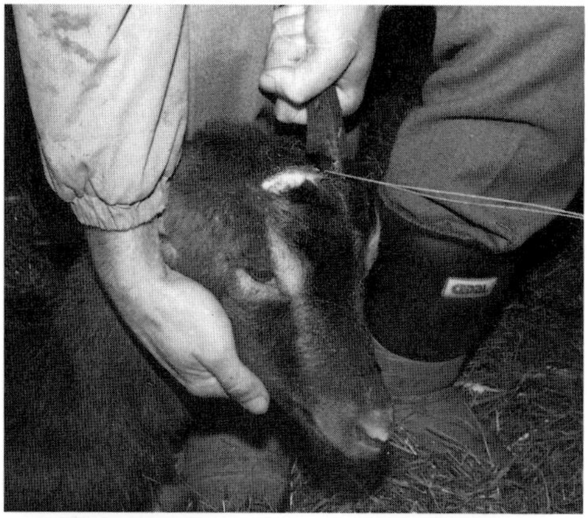

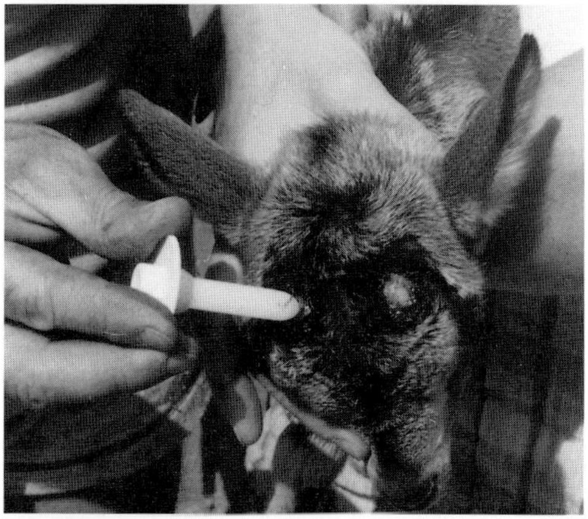

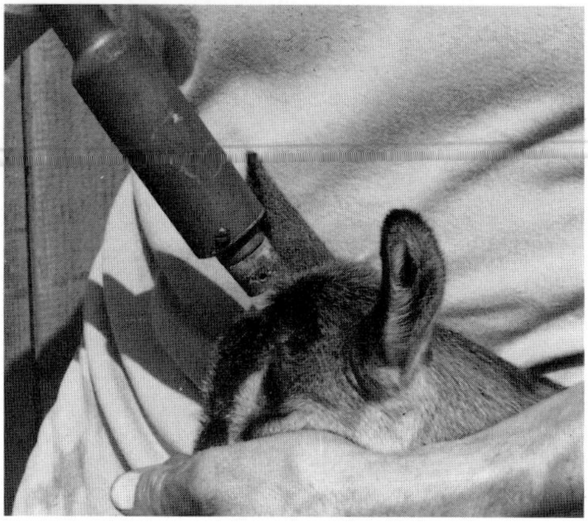

Enthornen der Ziegen.
Oben: Absägen der Hörner unter Betäubung der Ziege.
Mitte: Bei einem Lamm werden die Hörner mit dem Ätzkalistift abgeätzt.
Unten: Abbrennen der Hörner mit Hilfe eines Brennkolbens.

gründliche Versorgung und Nachbehandlung der Wunden ist erforderlich. Die enthornten Ziegen sind längere Zeit sehr empfindlich. Deshalb sollten sie nicht mit anderen Ziegen gemeinsam in einem Stallabteil gehalten werden. Es kann sogar sehr lange Zeit dauern, bis sich die enthornten Ziegen an die neue Situation gewöhnt haben. Durch die Enthornung fallen sie in der Rangordnung sehr tief. Infolge der Schmerzen können sich die Tiere längere Zeit nicht wehren und beim Fressen nicht durchsetzen, was einen starken Leistungsabfall zur Folge hat. Günstiger ist es deshalb, die Tiere bereits in den ersten Lebenswochen zu enthornen. Die Wunde ist dann kleiner, verheilt besser, und eine Umstellung auf die neue Situation wird von jungen Tieren besser verkraftet. Das Stoßen der Hörnerziegen kann schon dadurch abgeschwächt werden, daß man die Hornspitzen um etwa 5 cm kürzt.

Altersbestimmung und Kennzeichnung

Das Alter von Ziegen läßt sich in den ersten Lebensjahren an den Zähnen feststellen. Ziegen haben im Oberkiefer nur eine Kauplatte und im Unterkiefer 8 Schneidezähne. Die zwei mittleren Schneidezähne werden als Zangen bezeichnet. Nach außen hin folgen die inneren Mittelzähne, die äußeren Mittelzähne und die Eckzähne. Von den Milchschneidezähnen sind bei der Geburt bereits die Zangen und zum Teil auch die inneren und äußeren Schneidezähne vorhanden. Die Eckschneidezähne brechen mit etwa drei Wochen durch.

Wechsel der Milchschneidezähne:
14–16 Monate Zangen
19–22 Monate innere Mittelzähne
21–28 Monate äußere Mittelzähne
30–38 Monate Eckschneidezähne

Die weitere Altersbestimmung beruht auf der Abnützung der Zähne. Sie ist aber nur schwer zu erkennen und nicht zuverlässig, da der Abnutzungsgrad von der Zahnhärte und der Beschaffenheit des Futters abhängt.

In größeren Beständen reicht die Namensgebung zur sicheren Erkennung der Tiere nicht aus, deshalb ist ein Kennzeichnen angebracht. Dazu gibt es verschiedene Möglichkeiten:
- Numerierte Halsbänder
- beschriftete Halsbänder
- Ohrkerbung
- Ohrmarken
- Tätowierung im Ohr
- Tätowierung an der Schwanzunterseite

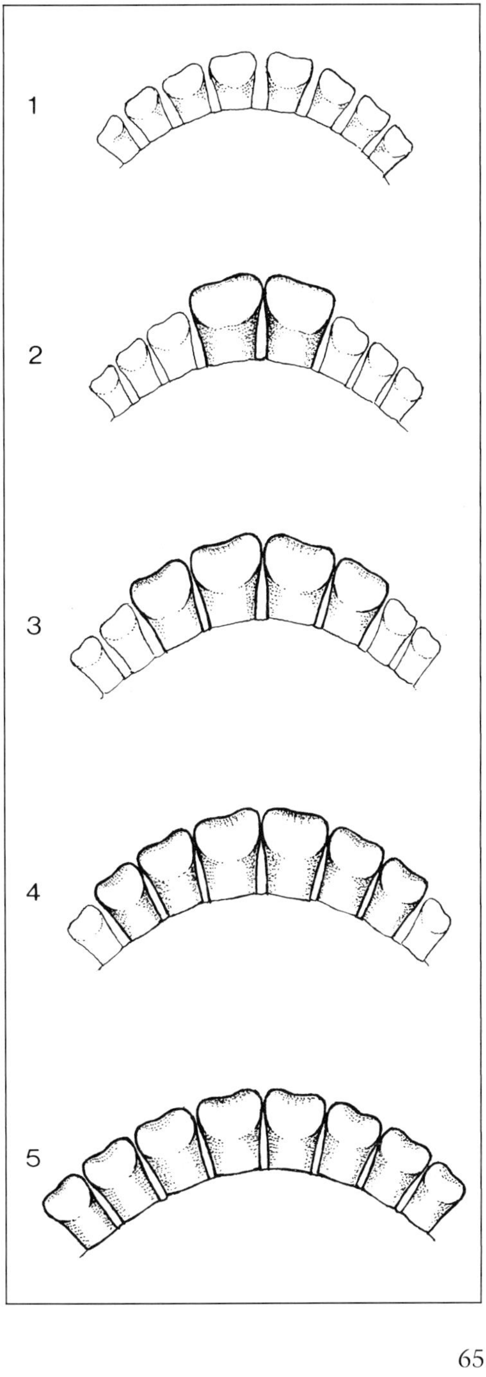

Beurteilung des Alters einer Ziege nach den Schneidezähnen:

1 3–12 Monate
Milchschneidezähne
2 14–16 Monate
1 Paar Schneidezähne gewechselt
3 19–22 Monate
2 Paar Schneidezähne gewechselt
4 21–28 Monate
3 Paar Schneidezähne gewechselt
5 30–38 Monate
alle Schneidezähne gewechselt.

Klauenpflege

Bei Tieren mit ausreichender Bewegung auf hartem Boden entspricht die Abnützung der Klauen dem Wachstum. Bei dauernder Stallhaltung und beim Weidegang werden die Klauen nur wenig abgenützt. Die Folge davon ist, daß die Hornwand Mißformen annimmt. Das Horn der Seitenwände wächst über die Sohle hinaus und biegt sich nach innen oder außen um. Dadurch wird das Körpergewicht auf die Sohlen oder Ballen verlagert, die Gliedmaßenstellung wird verändert, es kommt zu Zerrungen und Dehnungen an den Sehnen. Dem Tier entstehen Schmerzen, es fühlt sich nicht wohl und läßt in der Leistung nach. Zur Vermeidung dieser Schäden sind die Klauen regelmäßig zu pflegen.

Um die Klauen der Tiere gesund und hart zu erhalten, sollten die Tiere nicht lange naß stehen, da sonst die Hornmasse der Klauen angegriffen wird. Bei der Ziege kommen im Vergleich zu anderen Tierarten nur selten ernste Klauenentzündungen vor. Dagegen treten Veränderungen der Gliedmaßen sehr schnell auf. Die Klauen sind bei den Ziegen verhältnismäßig einfach und schnell zu schneiden. Sind die Klauen vernachlässigt, erfordert es mehr Zeit und Mühe. Die Aufgabe des Klauenschneiders ist es, die normale Form der Klaue zu erhalten bzw. wieder herzustellen.

Bei den Ziegen sollten die Klauen regelmäßig mindestens alle 3 bis 4 Monate und bei den Lämmern alle 8 bis 10 Wochen geschnitten werden. Zum Schneiden nimmt man eine Gartenschere und ein Messer. Mit dem Messer wird das zu lang gewachsene Horn der Seitenwände und der Klauensohle vom Ballen zur Spitze hin zurückgeschnitten. Benützt man eine Schere, kann der Schnitt auch von der Spitze aus erfolgen. Die Ballen selbst müssen vorsichtig geschnitten werden, da hier das Leben sehr unterschiedlich verborgen liegt. Tragrand, Sohle und Ballen sollen eine glatte Fläche bilden. Die Hornwand oder Tragwand bleibt kaum merkbar höher. Ist die Tragwand der Klaue aufgrund einer krankhaften Veränderung kürzer als die übrige Sohle, so muß diese trotzdem angeschnitten werden, da durch das Schneiden ein schnelleres Wachstum angeregt wird. Zwischen den Klauen ist das tote und abstehende Horn

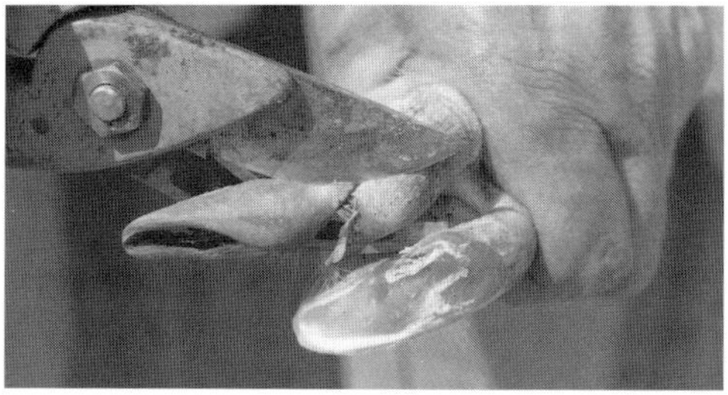

Lange, ungepflegte Klauen werden am leichtesten zuerst mit einer Schere Schicht um Schicht gekürzt.

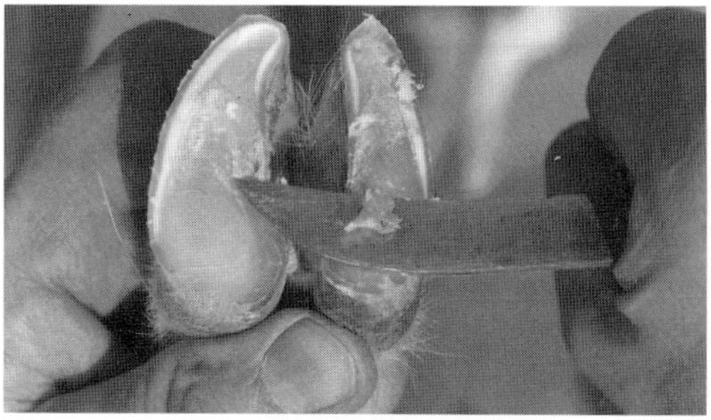

Der feine Schnitt erfolgt dann mit einem Messer.

zu entfernen. Das Schneiden der Klauen muß mit Vorsicht erfolgen. Lange Klauen sind schichtweise abzutragen, da von außen nicht zu erkennen ist, wie weit das Leben in der Klaue nachgewachsen ist. Sie können zunächst mit der Schere geschnitten werden, der letzte feine Schnitt erfolgt jedoch besser mit dem Messer. Eine leichte Blutung, die schnell auftreten kann, ist harmlos. Die Schnittstelle muß jedoch desinfiziert werden. Bei einer schweren Schnittverletzung ist zusätzlich ein Verband anzulegen.

Hautpflege

Für das Wohlbefinden der Tiere ist ein weiches, trockenes und warmes Lager von Bedeutung. Dadurch wird die Verunreinigung der Haut verhindert, so daß regelmäßiges Putzen der Ziege nicht notwendig ist. Gelegentliches Bürsten und Striegeln regt die Hauttätigkeit an und trägt zu einer besseren Durchblutung der Haut bei. Durch Bürsten während des Haarwechsels wird eine Verfilzung vermieden, ein schneller Haarausgleich gefördert sowie Schuppenbildung und Ungezieferbefall eingeschränkt. Liegen der Schuppenbildung jedoch Stoffwechselstörungen, Parasiten- und Pilzbefall zugrunde, kann sie durch Bürsten nicht beseitigt werden (s. auch Seite 120).

Tierkörperbeseitigung

In der Tierhaltung läßt es sich auch bei größter Sorgfalt nicht vermeiden, daß Tierverluste eintreten. Nach dem Tierkörperbeseitigungsgesetz sind verendete, totgeborene, getötete Tiere und Tierteile, die nicht zum menschlichen Verzehr kommen, so zu beseitigen, daß Mensch und Tier nicht gefährdet werden. Der Besitzer ist verpflichtet, die genannten Tierkörper bei der zuständigen Tierkörperbeseitigungsanstalt oder bei der Ortspolizeibehörde zur Beseitigung anzumelden. Ausgenommen davon sind einzelne Tierkörper von Lämmern unter 4 Wochen. Diese können auch auf einem geeigneten Gelände – jedoch nicht in Wasserschutzgebieten – mindestens 50 cm tief vergraben werden.

Haltungsformen

In der Ziegenhaltung sind infolge der guten Anpassungsfähigkeit der Tiere verschiedene Haltungsformen anzutreffen. Diese werden von den Betriebsverhältnissen, Unterbringungsmöglichkeiten und Vorstellungen des Ziegenhalters beeinflußt. Unter mitteleuropäischen Klimaverhältnissen ist bei allen Haltungsformen im Winter ein Stall erforderlich, der in der Regel mit Stroh, aber auch mit minderwertigem Heu und Sägemehl, eingestreut wird. Alle Stallhaltungsformen mit Einstreu sind arbeitsaufwendig, denn das Streumaterial muß geborgen, eingestreut und als Mist wieder ausgefahren werden. Einstreuställe haben aber den Vorteil, daß die Tiere wärmer liegen und die Euter geschützter sind.

Die Haltung von Ziegen auf Spaltenböden ist nur selten anzutreffen. Die Ziegenhalter befürchten, daß die Tiere nicht warm genug liegen, Zug bekommen, in die Spalten treten und sich dadurch verletzen. Vorteile des Spaltenbodens sind:
- kein Einstreubedarf
- geringer Arbeitsaufwand
- höhere Besatzdichte
- verminderter Parasitenbefall

Stallhaltung

Die meisten Milchziegen des Bundesgebietes werden während des ganzen Jahres im Stall gehalten. Diese Haltungsform wird überall dort praktiziert, wo keine Weideflächen vorhanden sind. Aber auch bei Futterflächen, die zu weit vom Stall entfernt liegen, ist aus arbeitswirtschaftlichen Gründen ein täglicher Weidegang nicht durchführbar.

Die ganzjährige Stallhaltung von Ziegen hat folgende Vorteile:
- geringer Arbeitsaufwand, da das tägliche Aus- und Eintreiben entfällt
- gleichmäßige Futterversorgung der Tiere, auch bei ungünstigen Witterungsbedingungen
- weniger Probleme mit Parasiten

Anbindestall

Die am weitesten verbreitete Stallform in der Ziegenhaltung ist der Anbindestall. Zum Einstreuen werden 0.5 kg Stroh pro Tier und Tag benötigt. Die Tiere werden mit einer Anbindekette festgebunden. Viele Ziegenhalter bevorzugen ein Lederhalsband. Der Anbindering wird an der Futterkrippe, etwa 30 cm vom Boden entfernt, angebracht. Die Ziegen müssen so angebunden werden, daß sie das vorgelegte Futter und die Selbsttränke erreichen können. Die Länge der Anbindekette sollte verstellbar sein, damit ein Stoßen unterbunden werden kann. Vorteile des Anbindestalles sind:
- geringer Flächenbedarf pro Tier
- gezielte Fütterung
- geringer Parasitenbefall, da das Maul der Tiere kaum mit dem Kot in Berührung kommt

Die eingeschränkte Bewegungsfreiheit der Tiere und das Melken am Standplatz

sind wesentliche Nachteile des Anbindestalles.

Ziegen im Anbindestall mit Abtrennung: Die Fütterung erfolgt über einen breiten Futtergang. Rechts sind Lämmerbuchten.

Einzelboxenlaufstall

Für kleinere Ziegenbestände mit genügend Stallfläche ist die Haltung der Tiere in Einzelboxen aus vielen Gründen vorteilhaft:

- kein Stoßen der Tiere untereinander
- individuelle Fütterung
- mehr Bewegungsfreiheit
- einfache Aufzucht von Lämmern an der Mutter
- Ausmisten in längeren Zeitabschnitten von 1 bis 4 Wochen

Die Einzelboxen können aus Holz, Metall oder Stein gebaut werden. Bei festen Trennwänden muß das Ausmisten manuell erfolgen.

Laufstall

Für größere Ziegenhaltungen hat der Laufstall viele Vorteile, vor allem arbeitswirtschaftliche:

- das tägliche Entmisten entfällt
- maschinelles Entmisten in größeren Zeitabständen
- Fütterung von außen
- die Ziegen sind nicht angebunden und können deshalb allein zum Melkstand gehen
- mehr Bewegungsfreiheit für die Tiere

Auch in kleineren Ziegenhaltungen ist diese Haltungsform zunehmend anzutreffen. Der Bedarf an Streumaterial ist höher als im Anbindestall und liegt bei 0,6 kg pro Tier und Tag. Das Füttern der Tiere erfolgt im Laufstall von außen, und das Melken wird aus arbeitswirtschaftlichen Gründen meistens in einem separaten Melkstand vorgenommen. Größere Bestände sollten in Gruppen von 20 bis 40 Tieren getrennt werden. So besteht eine bessere Übersicht, und die Tiere können individueller versorgt werden.

Im Laufstall kann die Temperatur niedriger sein als in einem Anbindestall, da sich die Tiere frei bewegen können. Selbst eine Temperatur unter 0 °C schadet den Ziegen nicht.

Eine spezielle Form des Laufstalles ist der Offenstall, den man in der Ziegenhaltung aber nur sehr selten antrifft. Der Grund dafür ist, daß die Ziegen vorwiegend in der kältesten Jahreszeit ablammen. Frisch abgelammte Ziegen und vor allem die neugeborenen Lämmer vertragen tiefe Temperaturen schlecht. Krankheiten und Verluste sind die Folge.

Offenställe eignen sich zur Aufzucht von Jungtieren in den Sommermonaten. Die Bauweise dieser Ställe ist einfach und billig. Die Südseite ist in der Regel offen, die anderen drei Seiten sind geschlossen. Die Tiere werden auf diese Weise vor Regen und Wind geschützt.

Weidehaltung

Ziegen gewöhnen sich sehr schnell an das Weiden. Sie sind allerdings bei der Futteraufnahme bei aller ihnen nachgesagten Anspruchslosigkeit und Genügsamkeit wählerisch und bevorzugen die schmackhaften Klee- und Kräuterpflanzen. Aus diesem Grunde sind die Tiere mehr in Bewegung und vertreten viel Futter, das bei nasser Witterung dann nicht mehr gern aufgenommen wird.

Die Ziegen sind sehr lebhafte Tiere, deshalb ist eine sichere Einzäunung notwendig. Alle schwachen Stellen im Zaun werden zum Durchschlüpfen genutzt.

Bei der festen Einzäunung werden im Abstand von 3 m Holzpfähle 30–40 cm tief in den Boden geschlagen. Die Zaunhöhe sollte etwa 1,20 m betragen. Bei einem 1,00 m hohen Drahtgeflecht ist es aus Sicherheitsgründen angebracht, 15–20 cm höher noch einen Stacheldraht zu spannen. Zur Festigung und längeren Haltbarkeit des Zaunes sollte am Boden, in der Mitte und oben noch ein starker Draht gezogen und gespannt werden. Am besten eignet sich für die Einzäunung ein Drahtgeflecht mit nicht zu weiten Maschen, z. B. 7×7 cm. Das in der Koppelschafhaltung vielfach benützte Knotengitter ist preisgünstiger und leicht anzubringen, hat allerdings den Nachteil, daß die Tiere den Kopf durch die weiten Maschen stecken und beim Zurückgehen oft hängenbleiben. Dies trifft besonders auf die Hörnertiere zu.

Eine weitere Möglichkeit der Einzäunung bietet das Elektroknotengitter. Diese variable Einzäunung läßt sich schnell aufstellen und leicht versetzen. Damit lassen sich relativ einfach Portionsweiden einrichten, die aus Gründen des Weidewechsels vorteilhaft sind. Beim Elektroknotengitter sind in der Regel alle Drähte, mit Ausnahme der untersten, stromführend. Der Strom wird aus einer Trockenbatterie, einer Autobatterie, einem Solargerät oder aus dem Stromnetz entnommen und über ein entsprechendes Spezialgerät mit 6 bis 12 Volt abgegeben. Damit die erforderliche Spannung erhalten bleibt, ist darauf zu achten, daß die

Bunte Deutsche Edelziegen mit Kreuzungslämmern (50% Fleischziegenanteil). – Fahrbarer Weideunterstand: Schafe bewohnen das Erdgeschoß, die Ziegen nehmen das Obergeschoß für sich in Anspruch.

stromführenden Drähte nicht mit dem Boden, den Gräsern oder Sträuchern in Berührung kommen. Langes Gras sollte vor der Aufstellung des Zaunes abgemäht werden. Bei einer Spannung von 12 Volt (Autobatterie) erübrigt sich diese Arbeit, denn das Gras wird durch die Berührung mit dem Strom schnell welk und leitet nicht mehr. Anstelle des Elektroknotengitters kann man auch drei oder vier Einzeldrähte spannen. Diese werden mit Isolatoren an Holz- oder Metallpfosten befestigt. Der untere Draht sollte nicht höher als 25 cm vom Boden entfernt sein, damit die Tiere gleich am Kopf einen Elektroschlag erhalten, bevor sie versuchen, durchzuschlüpfen. Die weiteren Drähte werden jeweils im Abstand von etwa 30 cm angebracht.

Im Durchschnitt benötigt eine Ziege bei mittlerer Bodenqualität 0,15 ha Futterfläche im Jahr. Die Hälfte sollte als Grünfutter oder Weide zur Verfügung stehen und der Rest zur Winterfutterbereitung. Die Weidefläche ist möglichst in 6 bis 8 Koppeln zu unterteilen, damit die Tiere immer nur kurze Zeit auf der gleichen Fläche bleiben müssen. Durch einen häufigen Umtrieb wird der Futterwuchs verbessert und die Gefahr des Parasitenbefalls verringert. Zur besseren Nutzung der Grünlandflächen sollten diese im Wechsel gemäht und abgeweidet werden, was zu einem vielseitigeren Pflanzenbestand führt. Mähweiden bringen höhere Erträge an Rohprotein. Ein kurzes Abhüten der Wiesen bei Vegetationsbeginn verhindert ein Verholzen der Gräser, falls sich der erste Schnitt witterungsbedingt verzögert. Durch den Tritt der Tiere werden vor allem die feineren Untergräser und der Weißklee begünstigt. Auf Flächen, die auch abgemäht werden, fressen die Tiere besser als auf Dauerweiden mit den sich bildenden Geilstellen. Vorteilhaft ist es, wenn die Tiere nachts in einen Stall oder eine Weidehütte kommen. Erst nach dem Abtrocknen des Grases sollten die Ziegen wieder auf die Weide gelassen werden, um die Aufnahme von Wurmparasiten möglichst niedrig zu halten. Die sich im Boden entwickelnden Larven kriechen bei genügend Feuchtigkeit (Tau) an den Grashalmen hoch und werden dann von den Tieren aufgenommen. Auf der Weide sollte für eine ausreichende Wasserversorgung und bei intensiver Sonnenbestrahlung auch für genügend Schatten (Weideschuppen, Bäume) gesorgt werden.

Kräftige, gut entwickelte Lämmer auf der Ziegenweide in Pfullingen. Man sieht es den Tieren an, daß sie sich wohl fühlen. – Bei gutem Futterwuchs läßt sich die Milchleistung bei Ziegen steigern.

Tüdern

Unter Tüdern oder Anpfählen versteht man das Anbinden von Ziegen zur Futteraufnahme mit einer längeren Kette an eine in den Boden geschlagene Verankerung. Früher wurden die Ziegen zur Futterversorgung und als Ausgleich für die beengte Stallhaltung vor allem an Wegrändern und Bahndämmen getüdert. Heute ist diese Haltungsform vor allem für einzelne Tiere auf Grundstücken, die nicht zu weit vom Stall und Haus entfernt sind, geeignet. Sobald das Gras abgewei-

Tüdern:

1 Die Kette ist an einem Pflock befestigt. Ein Kettenwirbel verhindert das Zusammendrehen der Kettenglieder.
2 Die Kette läuft an einem Drahtseil zwischen zwei Pflöcken.

det ist, wird die Verankerung versetzt. Am Abend und bei schlechter Witterung kommen die Tiere in den Stall. Da das Tüdern arbeitsaufwendig ist, wird es heute nur noch selten praktiziert. Getüderte Ziegen sind durch frei laufende Hunde gefährdet, deshalb ist diese Form der Ziegenhaltung nur bei guter Überwachung zu empfehlen.

Hütehaltung

Im Bundesgebiet wird die Hütehaltung von Ziegen nur noch selten betrieben. Die letzte gehütete Ziegenherde wurde in Goslar (Harz) gehalten und in den zwanziger Jahren aufgelöst. Das Hüten von Ziegenherden ist heute noch in der Schweiz, in Frankreich und in den Mittelmeerländern anzutreffen. Die Ziegen werden morgens von den einzelnen Betrieben gesammelt und ziehen dann mit dem Ziegenhirten auf die höheren Bergweiden. Die Tiere tragen kleine Glocken am Hals, damit sie leichter zu finden sind. Am Abend kehrt der Ziegenhirte mit der Herde wieder in das Dorf zurück.

Ziegen mit anderen Tieren

Ziegen lassen sich ohne Probleme zusammen mit anderen Tieren halten. Die gemeinsame Haltung von Ziegen und Schafen ist sowohl in der Koppel- als auch in der Herdenschafhaltung anzutreffen. Die Ziegenmilch wird zur Aufzucht von Schaflämmern und für den Hütehund verwendet. In der Schafhaltung kommt es immer wieder vor, daß die Schafmilch zur Aufzucht der Lämmer nicht ausreicht, und dann ist der Schäfer froh, wenn er auf einfache Art Ersatz bekommt. Es gibt Ziegen, die nach kurzer Angewöhnzeit Schaflämmer saugen lassen. Sonst muß der Tierbesitzer die Ziegen während des Saugens festhalten. Sind die Schaflämmer 6 bis 8 Wochen alt, können sie ohne Milch auskommen und der Ziege werden wieder andere junge Schaflämmer untergeschoben. Auf diese Weise können an einer Ziege nach der Aufzucht der eigenen Ziegenlämmer noch bis zu sechs Schaflämmer aufgezogen werden.

Auch in Pferde- und Rinderställen trifft man heute noch Ziegen an. Die Pferdebesitzer halten eine Ziege, damit ihr Pferd Gesellschaft hat. Bei den Rinderhaltern spielt diese Überlegung keine Rolle, denn nur sehr selten wird ein einzelnes Tier gehalten. Früher wurden auch Ziegen, vor allem Ziegenböcke, wegen eines alten Aberglaubens gehalten: sie sollten die Krankheiten von anderen Tieren fernhalten.

Ziege und Katze sind Freunde.

Ziegenstall

Viele Ziegen müssen einen großen Teil ihres Lebens im Stall verbringen. Daher ist der Ziegenstall so zu gestalten, daß die Tiere optimale Bedingungen vorfinden. Das trifft sowohl auf den Neubau als auch auf den Einbau in bereits vorhandene Gebäude zu. Besonders wichtig ist dabei die Luftzirkulation, d. h. die verbrauchte Luft muß durch ausreichend frische, sauerstoffreiche Luft ersetzt werden. Sauerstoff ist für die Gesunderhaltung der Tiere notwendig. Genügend Licht und Sonne müssen in den Stall eindringen können. Dies wird durch eine ausreichende Fensterfläche ermöglicht.

Für den Bau eines Ziegenstalles ist wie bei anderen Bauvorhaben eine ausführliche Planung erforderlich. Dem Ziegenhalter wird empfohlen, sich vorher bei den Ziegenzuchtverbänden zu informieren und verschiedene praktische Ziegenställe zu besichtigen. In ländlichen Gemeinden bieten sich manchmal leerstehende Gebäude, wie Viehställe, Garagen oder Schuppen an, so daß ein Neubau nicht unbedingt erforderlich ist. Obwohl die Außenmaße beim Altbau vorgegeben sind, kann die Inneneinrichtung dennoch zweckmäßig gestaltet werden.

Raumbedarf und Planung

Vor der Planung des Stalles ist zu entscheiden, wie viele Ziegen gehalten werden sollen und welche Haltungsform in Frage kommt. Außerdem ist zu bedenken, daß die täglichen Stallarbeiten schnell und ohne große Mühe erledigt werden können. Folgende arbeitserleichternde Punkte sind dabei zu berücksichtigen:

- Mist- und Futtergänge müssen breit genug sein, damit auch Schubkarre und Futterwagen verwendet werden können.
- Das Heu soll in der Nähe der Futterkrippe, z. B. über dem Stall oder in einem angrenzenden Raum, lagern.
- Größere Laufställe müssen ausreichend hoch und breit sein, damit das Entmisten mit dem Schlepper erfolgen kann.
- Für die jungen Lämmer ist ein heller Platz vorzusehen. Sie sollten nicht in irgendeine Ecke geschoben werden.

Neubau

Muß ein Neubau erstellt werden, läßt sich der Stall individuell gestalten. Die Bauvorschriften, die gebietsweise sehr streng sind, müssen sowohl innerhalb als auch außerhalb der Ortschaft beachtet werden. Es ist deshalb ratsam, sich bei Neubauten rechtzeitig mit der zuständigen Baubehörde in Verbindung zu setzen. Ideal ist es, wenn in der Nähe des vorgesehenen Bauplatzes genügend Fläche für den Weidegang zur Verfügung steht. Die Entfernung vom Wohnhaus zum Ziegenstall sollte sich in Grenzen halten, da die Wegstrecke das ganze Jahr über mindestens zweimal täglich zu bewältigen ist.

Daten und Maße für den Stallbau

Luftraum	je Ziege 2,50–4,50 m^3	
Fensterfläche	1/10–1/20 der Bodenfläche	
Relative Luftfeuchtigkeit	60–70%	
Anbindestall		
Stallhöhe		2,00–2,50 m
Standlänge	Langstand	1,20–1,30 m
	Kurzstand	0,90–1,05 m
Standbreite		0,45–0,60 m
Futter- und Mistgangbreite	bei Handarbeit	0,70–1,20 m
	bei Schleppereinsatz	2,20–3,00 m
Temperatur		10–18°C
Laufstall		
Stallhöhe		2,40–3,00 m
Stallfläche	Ziege	1,10–1,40 m^2
	Jungziege	0,70–1,00 m^2
	Lamm (Kitz)	0,20–0,50 m^2
Einzelbucht	Ziege	1,30–1,80 m^2
	Jungziege	1,00–1,20 m^2
	Lamm (Kitz)	0,40–0,70 m^2
Troglänge	Ziege	0,25–0,32 m
	Jungziege	0,20–0,25 m
Sprossenabstand bei der Futterraufe	Ziege	5– 6 cm
	Lamm	4– 5 cm
Temperatur		5–14°C

Weitere Maße sind aus den Abbildungen ersichtlich.

Einrichtung in einem Altbau

Häufig besteht die Möglichkeit, den Ziegenstall in einem bereits vorhandenen Gebäude einzurichten. Damit daraus ein praktischer Ziegenstall wird, gilt es, genau zu planen, Vor- und Nachteile abzuwägen. Besonders ist auf eine ausreichende Fensterfläche zu achten, damit genügend Licht und Luft in den Stall gelangen. Der Luftaustausch muß im ganzen Stall sichergestellt sein. Er wird durch kippbare Fenster, eingebaute Entlüftungsschächte oder notfalls durch einen elektrischen Entlüfter erreicht. Eventuell ist der Stall zu isolieren, damit sich im Winter kein Schwitzwasser bilden kann und die Stalluft warm und trocken bleibt, denn in feuchten Ställen finden Krankheitskeime und Pilze ideale Lebensbedingungen.

Baumaterial

Zum Bau eines Ziegenstalles eignet sich das gleiche Material, das auch für andere

Stallbauten Verwendung findet. Holz ist zu bevorzugen, da es besonders wärmeregulierend wirkt. Es eignet sich gut für Stalldecken, vor allem, wenn über dem Stall Futter gelagert werden soll. Ziegenställe lassen sich auch ganz aus Holz erstellen. Je nach Klima wird ein- oder doppelwandig geschalt. Zwischen die Bretter kann zusätzlich eine Isolierschicht aus einfacher Dachpappe, Glaswolle oder aus Styropor eingelegt werden. Für eine massive Bauweise eignen sich isolierende Waben- und Hohlblocksteine besonders gut. Bei dünnem Mauerwerk und Beton ist eine zusätzliche Isolierung vorteilhaft, die an den Innenseiten des Stalles angebracht wird. Dazu eignen sich Leichtbauplatten mit oder ohne Styroporschicht. Für das Fundament und den Sockel wird wegen seiner guten Haltbarkeit Beton verwendet, denn dieser kommt mit dem Erdreich und dem Stallmist in Berührung. Damit die Tiere vor der aus dem Erdreich aufsteigenden Kälte und Feuchtigkeit geschützt sind, muß der Standplatz im Anbindestall eine Isolierung erhalten. In der Regel kommt die Isolierschicht zwischen Beton und Stallbodenbelag. Sie besteht aus Dachpappe, Ölpapier und Styropor. Darauf werden wärmedämmende Stallbodenplatten oder Estrich verlegt. Der Laufstall erfordert keine Bodenisolierung, da durch den verbleibenden Mist schnell ein ausreichender Schutz entsteht.

Anbindestall

In den Kleinziegenhaltungen ist der Anbindestall am weitesten verbreitet. Die Ziegen werden an die Futterkrippen angebunden und stehen vorwiegend mit dem Kopf zur Wand. Über den Futterkrippen sind zum Teil noch Futterraufen angebracht. Das Futter wird vom Stallgang aus in die Futterkrippe gelegt (s. auch Seite 85).

Bei der Anbindehaltung wurden in den letzten Jahren von der Rinderhaltung verschiedene Verbesserungen übernommen, z. B. gesonderte Futter- und Mistgänge, Futtertische, absperrbare Futterraufen, Kurz- und Langstände.

Spaltenböden aus Holz- oder Metallrosten finden in der Ziegenhaltung ebenfalls Verwendung. Der Spaltenboden kann sich über den gesamten Standplatz erstrecken oder auf das hintere Drittel begrenzt sein. Bei Spaltenböden aus Holzrosten sollten die Latten 7 cm breit sein und einen Abstand von 1,5 cm haben. Die Lattenroste sind so anzulegen, daß sie beim Ausmisten abgenommen werden können. Wird die darunter liegende Kotgrube ausbetoniert, so ist das Ausmisten einfacher. Bei einer Kotgrubentiefe von 1,5 m muß nur einmal im Jahr ausgemistet werden.

Bei Heu- und Strohfütterung besteht die Gefahr, daß sich die Spalten verstopfen, wenn die Futterreste nicht regelmäßig entfernt werden.

Zum Ablammen ist eine separate Bucht mit Stroheinstreu vorteilhaft, da die kleinen Lämmer leicht zwischen die Spalten treten und sich die Füße brechen können.

Schnitt durch einen Anbindestall

1 Gang
2 Jaucherinne und Kotplatte
3 Liegeplatz
4 Krippe
5 Raufe
6 Futtertisch
7 Freßgitter
8 Isolierung

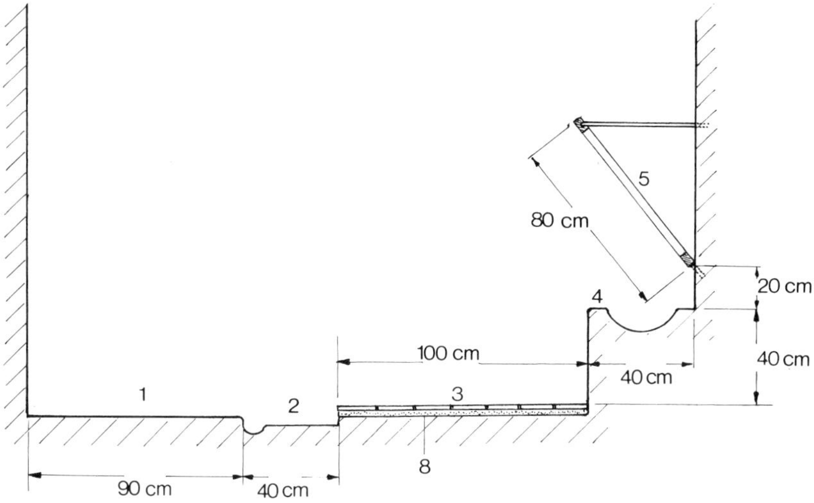

Anbindestall mit Futterraufe und Krippe

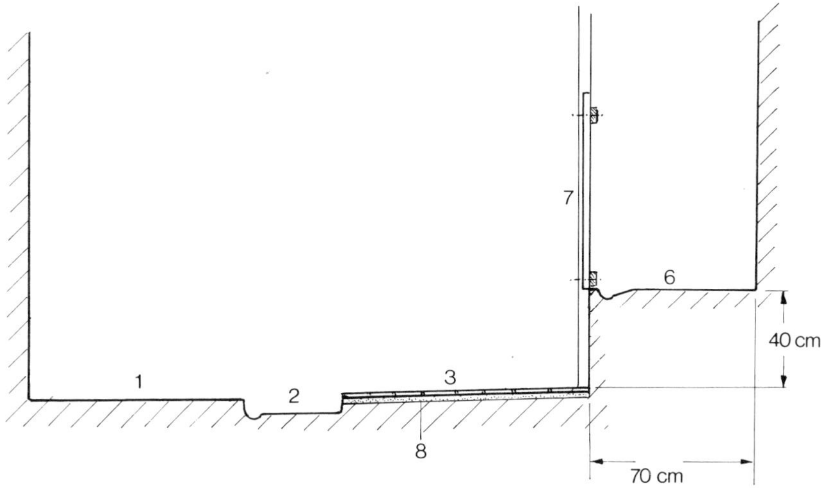

Anbindestall mit Freßgitter und Futtertisch

Laufstall

Der Laufstall bringt in Klein- und Großbetrieben arbeitstechnische Erleichterungen. So entfällt das tägliche Ausmisten, das in kürzeren oder längeren Zeitabständen – auch maschinell – vorgenommen werden kann. Deshalb ist schon bei der Planung darauf zu achten, daß ein ungehindertes Befahren mit dem Schlepper möglich ist. Das Einfahrttor muß genügend breit und hoch, die Stalldecke möglichst freitragend sein. Auch die Fütterung läßt sich im Laufstall praktischer ge-

Geräumiger Ziegenstall (Laufstall) mit Lämmerbuchten, Melkstand, Milchraum und einem Raum für Geräte. Unter dem Dach ist Lagerraum für Heu. Die Lämmerbuchten sind durch lose eingesetzte Trennwände variabel.

1 Laufstall
2 Futtertisch mit Freßgitter
3 Gang
4 Box für Ziegenbock
5 Lämmerbuchten
6 Melkstand
7 Milchraum
8 Geräte und Futtermittel

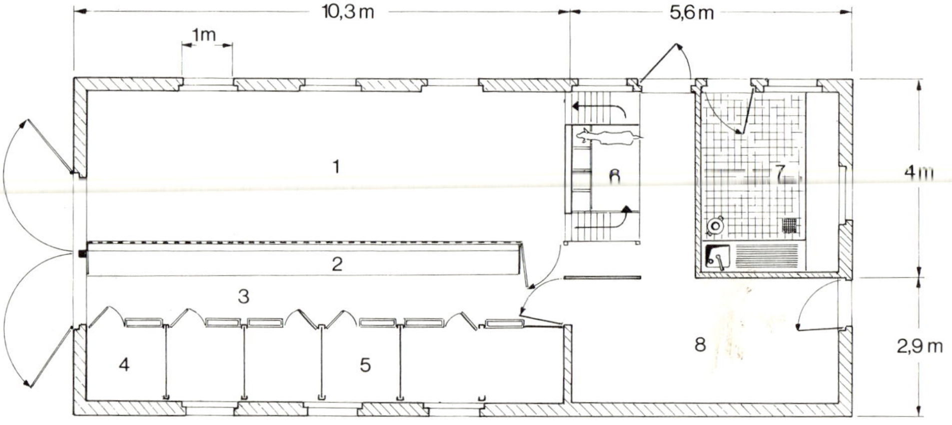

stalten. Da die Ziegen den Freßplatz nach Belieben wechseln können, nehmen sie mehr Rauhfutter auf und fressen auch die Futterreste besser. Die Futtertröge bzw. -raufen werden an den Seiten angebracht. Eine Fütterung von außen erleichtert das Arbeiten, da man nicht durch die Tiere behindert wird. Noch praktischer ist jedoch ein Futtertisch (Doppelraufe), der in der Mitte des Stalles steht. Dadurch ergeben sich mehr Freßplätze und die Fütterung ist einfacher. Beim maschinellen Misten wird die Doppelraufe versetzt. Dazu muß sie aus tragbaren Teilen von maximal 5 m Länge bestehen.

Der Stallboden kann aus Lehm bestehen. Ein Boden aus Beton erleichtert allerdings das Ausmisten. Da beim Laufstall der Urin im Mist verbleibt, sind keine Vorkehrungen für den Jaucheabfluß notwendig.

Im Laufstall haben die Ziegen mehr Bewegung, daher kann die Lufttemperatur auch im Winter niedriger als im Anbindestall sein. Ein gut eingestreuter, trockener Liegeplatz ist allerdings Voraussetzung.

Auslauf

Bietet sich im Anschluß an den Stall oder in der Nähe die Möglichkeit eines Auslaufes an, sollte sie genutzt werden. Günstig ist es, wenn der Auslauf mit dem Stall verbunden ist, denn dann können die Tiere bei ungünstiger Witterung selbst in den Stall gehen. Andernfalls sollte eine Überdachung angebracht werden, die den Tieren Schutz bei Regen und praller Sonne bietet. Die Umzäunung des Auslaufs muß stabil sein, da Ziegen sich viel am Zaun aufhalten und ihn stark beanspruchen. Zur Einzäunung eignen sich am besten kräftige Stangen. Bei kleineren Ausläufen sollte die Stelle, an der sich die Tiere bevorzugt aufhalten, einen festen

Ein fahrbarer Weideunterstand bietet den Ziegen Schutz vor Regen und Sonne.

Boden (Beton oder Pflaster) erhalten, damit sich bei nasser Witterung kein Morast bildet.

Fenster

Da die Fenster in den Ziegenställen eine vielfältige Aufgabe haben, darf die Fensterfläche nicht zu klein sein. Über sie soll Licht und Sonne in den Stall gelangen. Sonne ist für die Bildung von Vitamin D notwendig, das besonders für den Calciumstoffwechsel erforderlich ist. Deshalb eignen sich für die Fensterfront besonders die Süd- und Westseite des Stalles. Die Fenster übernehmen in vielen Ziegenställen auch die Be- und Entlüftung. Dazu müssen sie kippbar und mehrstufig verstellbar sein. Durch solche Fenster läßt sich auch der Frischlufteinfall regeln, so daß sich die Kaltluft gleichmäßig über den ganzen Stall verteilt. Bei Stallfenstern, bei denen sowohl die untere als auch die obere Hälfte verstellbar ist, findet eine bessere Luftumwälzung statt. Für Ziegenställe reichen in der Regel einfach verglaste Fenster, doppelt verglaste sind nur in extrem kalten Lagen notwendig.

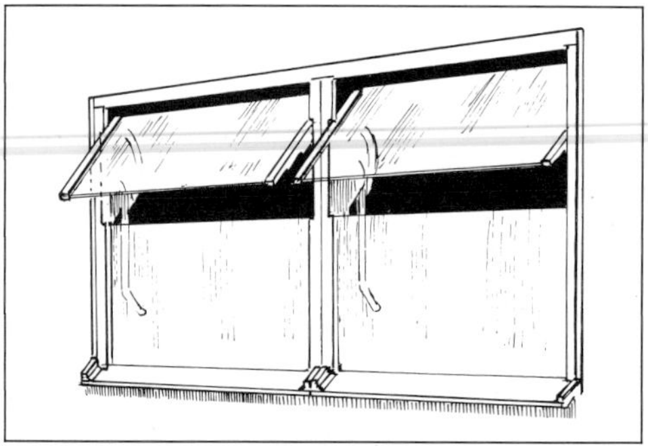

Gut regulierbare Lüftung bei einem Fenster mit schwenkbarem Oberteil.

Lüftung

Die Entlüftung erfolgt, wie schon erwähnt, vorwiegend über die Fenster. Befriedigt diese Lösung nicht, kann der Einbau eines Abzugschachtes Abhilfe schaffen. Dieser funktioniert aber nur, wenn er mindestens einen Meter über das Dach hinausreicht. Die Luft darf sich im Schacht nicht abkühlen, da sonst der Luftabzug ins Stocken gerät. Deshalb sind solche Schächte aus Holz zu fertigen. Blechrohre eignen sich nur, wenn sie isoliert sind. Oben in der Wand können noch zusätzliche Frischluftöffnungen eingebaut werden.

Wo keine ausreichende Luftumwälzung erreicht wird, kann eine elektrische Entlüftung nötig sein, besonders bei Ställen mit wenig Außenwandfläche. Die Steuerung erfolgt über einen Thermostat, der auf die gewünschte Temperatur (8–18 °C) eingestellt wird.

Für die Ziegen ist sauerstoffreiche Luft wichtig. Hohe Luftfeuchtigkeit und verbrauchte Luft mit hoher Schadgaskonzentration sind gesundheitsschädlich. Ein schlechtes Stallklima entsteht, wenn versucht wird, durch Schließen der Lüftungen die Stalltemperatur hoch zu halten. Eine niedrige Stalltemperatur schadet den Tieren selbst bei 0 °C nicht, wenn sie einen trockenen Lagerplatz haben. Allerdings sollte die Temperatur nicht von einem Tag auf den anderen stark absinken. Die relative Luftfeuchtigkeit darf nicht mehr als 80% betragen. Bei der Be- und Entlüftung sollte keine Zugluft entstehen. Dabei ist zu bedenken, daß die Luft im Sommer langsam und in der kalten Jahreszeit schneller einströmt und auf die Tiere abfällt. Deshalb muß beim Stallbau

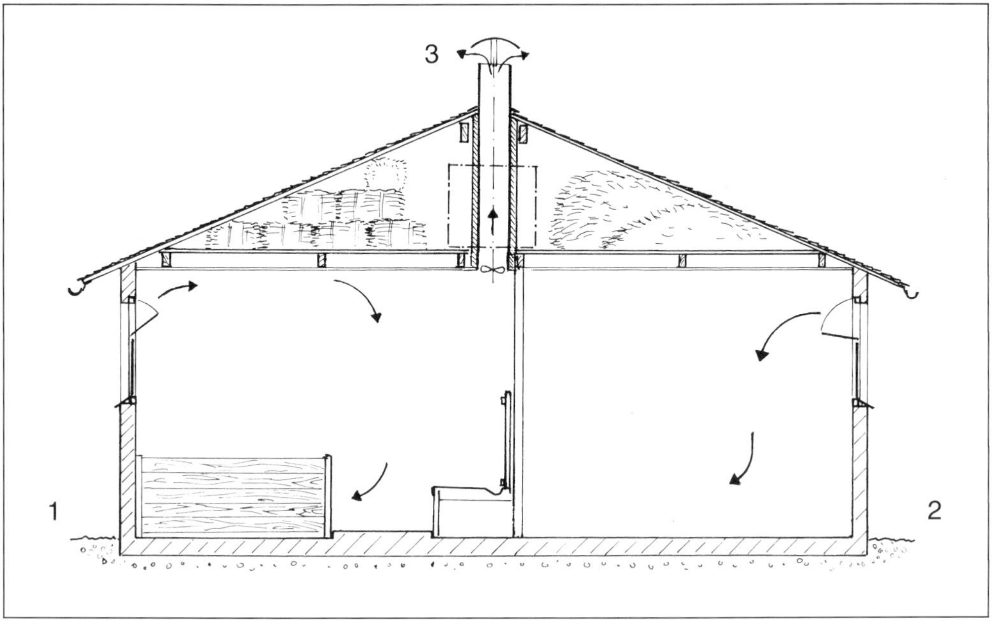

Luftführung im Stall.

1 gleichmäßige Luftverteilung bei wenig geöffneten Fenstern.
2 weitgeöffnetes Fenster. Die Kaltluft fällt nach unten.
3 Verbrauchte Luft entweicht durch den Abzugschacht.

berücksichtigt werden, daß die Lüftungen mehrstufig zu verstellen sind, damit bei warmer Witterung eine ausreichende Stalldurchlüftung stattfindet und im Winter eine entsprechende Reduzierung möglich ist.

Eine zusätzliche Lüftung erreicht man durch eine geteilte Stalltür, bei der die obere Hälfte im Sommer geöffnet werden kann. Für die Temperaturkontrolle reicht ein übliches Thermometer. Zur Feststellung der Luftfeuchtigkeit muß ein besseres Gerät verwendet werden, da einfache Hygrometer sehr bald ungenau werden.

Futterraufen, Krippen, Tröge

Zur Fütterung der Ziegen werden Futterraufen, Futtertröge oder ein Futtertisch verwendet. In kleinen Ställen hat sich die Futterraufe bis heute behaupten können. Sie wird an der Wand angebracht und dient zur Grün- und Heufütterung. Unter der Raufe befindet sich zusätzlich eine Futterkrippe zur Verabreichung von Rüben und Kraftfutter. Ziegen gehen während des Fressens mit dem Kopf immer wieder zurück und verlieren dabei viel Futter. Dies läßt sich durch ein Freßgitter, das auf die Futterkrippe aufgesetzt wird, verhindern. Folgende Freßgitter sind bekannt:

– die einfache Leiterraufe, bei welcher der Sprossenabstand eng gehalten ist, so daß die Ziegen nur mit dem Kopf durchkommen

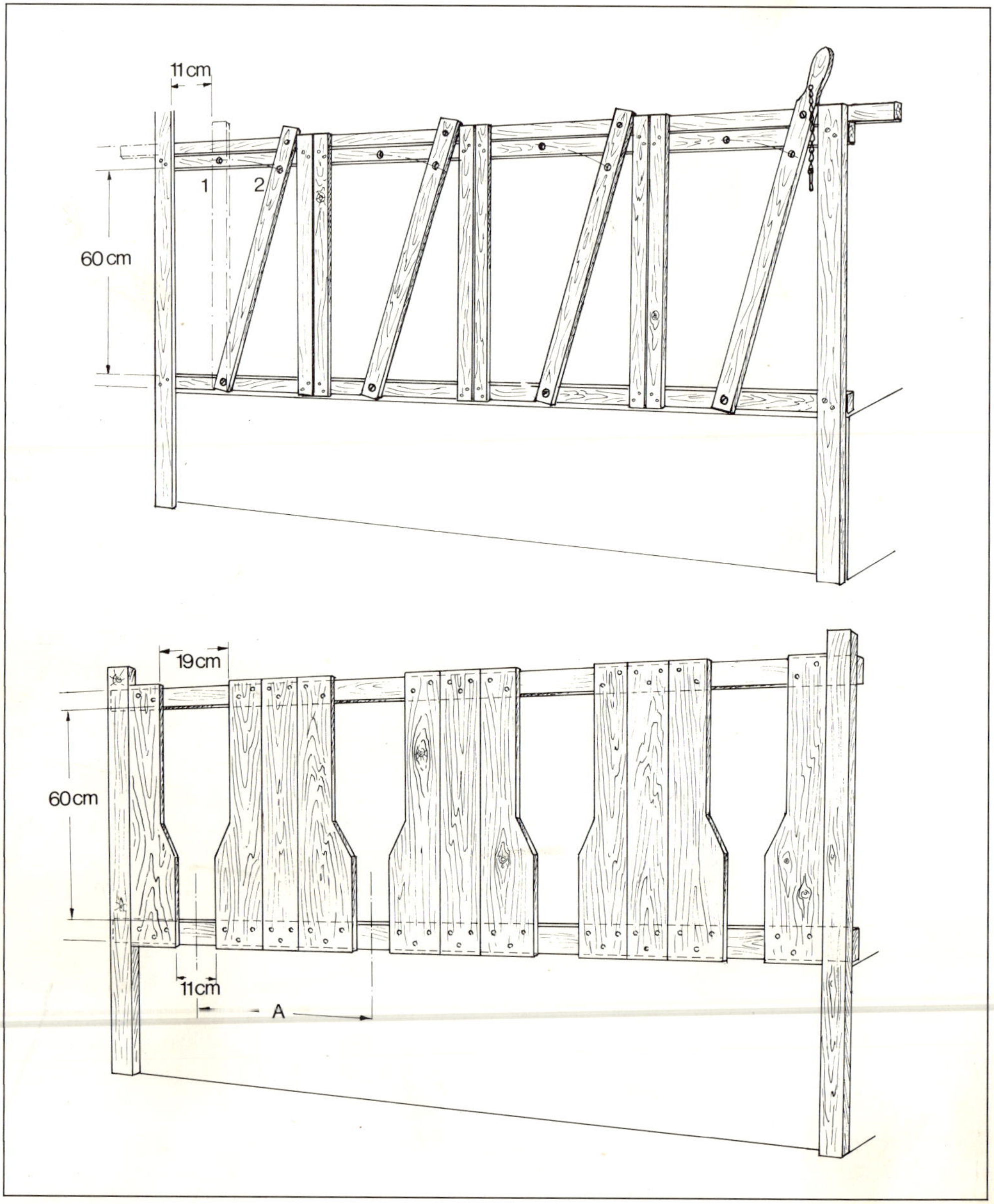

Oben: Auf einfache Weise verschließbares Freßgitter.

1 geschlossen 2 offen

Unten: Freßgitter zum Einfädeln.

Maß A: im Laufstall 25–32 cm
im Anbindestall 45–60 cm

Lämmerbucht in einem kleinen Betrieb mit abgeteilten Freßlücken.

- das Absperrgitter, bei dem einzelne Sprossen verschiebbar sind und die Ziegen während des Fressens eingeschlossen bleiben
- ein Freßgitter, das sich von oben nach unten verengt. Die Ziegen können nur von oben einfädeln, wodurch das Herausgehen während des Fressens weitgehend unterbunden wird.

Beim Anbringen eines Freßgitters auf der Futterkrippe muß der Abstand zur Wand so groß sein, daß die Ziegen beim Fressen nicht mit dem Kopf an der Wand anstoßen und ungehindert fressen können. Steht mehr Platz zur Verfügung, ist es zweckmäßig, die Futterkrippe zu einem Futtertisch zu verbreitern, um mehr Futter auf einmal vorlegen zu können. Außerdem kann man den Futtergang sparen, weil das Futter über den Futtertisch aufgetragen wird.

Die Fütterung der Junglämmer erfolgt am besten in kleinen Schalen, die außerhalb der Bucht angebracht sind. Futterschalen für Milch und Kraftfutter erreichen die Lämmer durch eine Lücke in der Buchtwand. Die Öffnung darf nur so groß sein, daß sie mit dem Kopf hindurch kommen. Eine Unterteilung der Freßlücke verhindert, daß einzelne Tiere, vor allem bei der Milchtränke, andere Stallgefährten verdrängen. Für Heu und Grünfutter sind noch zusätzliche Raufen anzubringen.

Wasserversorgung

Bei der Errichtung eines Stalles ist auch eine Wasserleitung einzuplanen. Wasser muß zum Tränken der Tiere und zum Reinigen des Stalles zur Verfügung stehen. Die Wasserversorgung der Ziegen kann über Selbsttränkebecken erfolgen, wobei die Tiere das Wasser nach Bedarf aufnehmen können. Im Anbindestall wird ein Tränkebecken für zwei Ziegen

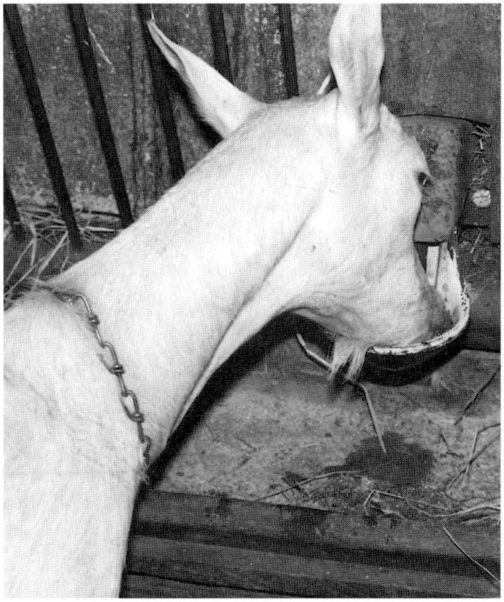

Die Ziege bedient sich am Selbsttränkebecken.

benötigt, im Laufstall reicht eine Selbsttränke für 20 Tiere. Beim Kauf von Tränkebecken ist darauf zu achten, daß sie leicht zu drücken sind, denn bei starkem Widerstand bedienen manche Ziegen die Selbsttränke nicht.

Melkstand

Der Melkstand erleichtert das Melken der Ziegen von Hand oder mit der Maschine. Die Tiere stehen im Melkstand in einer für den Melker günstigen Höhe, wodurch ein bequemes Melken und eine saubere Milchgewinnung erreicht wird. Zu einem Laufstall gehört immer ein Melkstand, denn hier kommen die Ziegen von selbst zum Melker. Das Gewöhnen der Tiere an den Melkstand bringt keine Probleme. Wird den Ziegen während des Melkens noch ein schmackhaftes Kraftfutter angeboten, stellen sie sich schon nach wenigen Tagen allein zum Melken an. Im Anbindestall müssen die Tiere jedesmal los- und auch wieder angebunden werden, was viele Ziegenhalter von der Melkstandbenutzung abhält. Insgesamt gesehen wird diese Mehrarbeit aber durch das leichtere und schnellere Melken aufgewogen.

Die Höhe des Melkstandes richtet sich nach der Melkmethode – sitzend oder stehend. Den Melkstand müssen die Ziegen über einen nicht zu steilen Aufgang erreichen und auch wieder verlassen können. Maße des Melkstandes:

Stehender Melker	
Höhe	75 cm
Auf- und Abgangslänge	1,30 m
Sitzender Melker	
Höhe	45 cm
Auf- und Abgangslänge	70 cm

Der Melkstand kann auch so gebaut werden, daß der Standplatz des Melkers vertieft wird und die Ziegen ebenerdig stehen (vgl. Abbildung Seite 142).

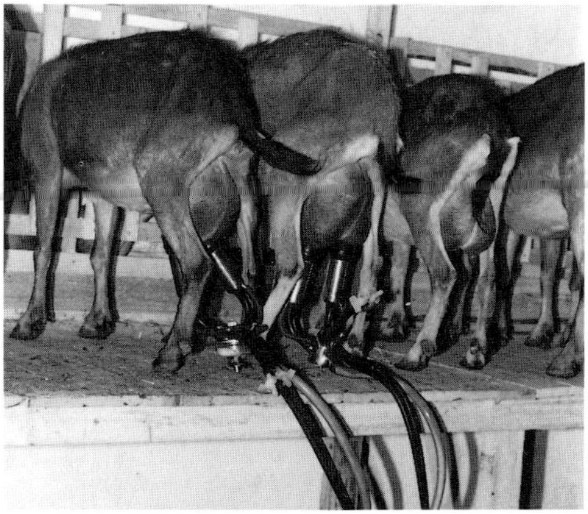

Einfacher Melkstand.

Ablamm- und Lämmerbuchten

Im Anbindestall lammen die Ziegen in der Regel am Standplatz ab. Für die Ablammung im Laufstall hat sich eine besondere Bucht bewährt. In diese kommt die Ziege, sobald Anzeichen für die Geburt erkennbar sind. In der Ablammbucht wird sie während des Lammens nicht von anderen Tieren gestört, und die kleinen Lämmer sind besser geschützt. Werden die Lämmer an der Ziege aufgezogen, bleiben die Tiere noch einige Tage in der Ablammbucht, damit sie eine engere Beziehung zueinander bekommen. Erfolgt eine mutterlose Aufzucht, können Ziege und Lämmer nach Beendigung des Ablammvorganges den Ablammplatz wieder verlassen. Hat man eine größere Zahl von Lämmern zu erwarten, müssen mehrere Buchten bereitstehen, da nur Lämmer zusammen gehalten werden sollten, bei denen der Altersunterschied nicht größer als sieben Tage ist. Mit zunehmendem Alter kann der Unterschied auch größer sein. Die Lämmerbuchten sind so anzuordnen, daß sie nach Bedarf erweitert werden können und später auch für die Jungziegenaufzucht verwendbar sind.

Für die Erstellung der Buchten verwendet man Bretter von 2,5–3,0 cm Stärke, die in U-Eisen eingeschoben werden. Wird die Buchtgröße nicht verändert, sind die U-Eisen fest zu verankern, andernfalls müssen zum Einstecken der Pfosten Hülsen im Boden vorhanden sein.

Mist- und Jauchelagerung

Pro Ziege fallen täglich etwa 4 kg Mist und 3 kg Jauche an. Diese Stoffe darf der Ziegenhalter nicht als Abfallprodukte betrachten, denn sie sind für die Erhaltung der Bodenfruchtbarkeit von Weide- oder Ackerland von großem Wert.

Der Mist wird auf einer betonierten Platte mit drei bis vier Seitenwänden gestapelt und festgetreten. Strohreicher Mist ist zusätzlich zu befeuchten, damit er gut verrottet und sich nicht zu stark erhitzt. Bockmist sollte sofort mit Ziegenmist abgedeckt werden, weil sich sonst sein unangenehmer Geruch ausbreitet. In größeren Beständen sind Vorkehrungen für den Einsatz des Frontladers zu treffen. Im Anbindestall ist die anfallende Jauche zu erfassen; sie muß von den Standplätzen der Ziegen in einer offenen oder verdeckten Rinne zügig abfließen und durch ein Rohr in die Jauchegrube gelangen.

Das Gefälle sollte bei offener Rinne mindestens 2% und bei verdeckter 1,5% betragen. Für zügigen Abfluß ist zu sorgen, da sonst Ammoniak in die Stalluft gelangt. Auf keinen Fall darf Jauche, die aus dem Stall oder von der Dunglege kommt, umherfließen.

Beim Bau der Dunglege ist nach Möglichkeit ein Fassungsvermögen für 6 Monate einzuplanen, d. h. pro Ziege wird eine Mistlagerfläche von 0,4 m^2 benötigt und eine Jauchegrube mit einem Fassungsvermögen von 0,5 m^2.

Futtergewinnung

Futterbau

Das wirtschaftseigene Futter bildet die Grundlage der Fütterung. Für den Ziegenhalter ist es daher wichtig, daß er über genügend wirtschaftseigenes Grundfutter von bester Qualität verfügt. Es soll viele Nährstoffe, Mineralstoffe und Vitamine enthalten. Futterwahl, Düngung und Heuwerbung müssen auf dieses Ziel ausgerichtet werden. Im Jahresablauf stehen verschiedene Futtermittel zur Verfügung. Im *Sommer* bildet das Grünfutter von Wiesen, Weiden und Äckern die Grundlage der Fütterung. Grünfutter ist durch seine gute Verdaulichkeit und den hohen Nährstoff- und Vitamingehalt besonders wertvoll. Deshalb sollte den Tieren möglichst lange Grünfutter zur Verfügung stehen. Die Grünfutterperiode kann durch den Anbau von Zwischenfrüchten bedeutend verlängert werden. Die *Winterfütterung* besteht vorwiegend aus Heu, Rüben, Silage und Futtergetreide.

Grünfutter von Wiesen und Weiden

Das Dauergrünland ist Hauptlieferant für die Sommer- und Winterfütterung. Die verschiedenen Gräser, Klee- und Kräuterarten ergeben ein Futter, das neben den wertvollen Nährstoffen ein breites Angebot an Mineralstoffen, Spurenelementen und Vitaminen enthält. Dieses vielseitige Wiesenfutter ist für die Gesundheit und die Fruchtbarkeit der Ziegen von großer Bedeutung.

Ackerfutter

Das **Ackerfutter** mit einem hohen Kleeanteil ist nährstoffreicher als Wiesenfutter. Klee enthält viel Stickstoff, der ein wichtiger Rohstoff für die Proteinbildung ist. Das gut verträgliche Ackerfutter wird von der Ziege gerne aufgenommen.

Rotklee, früh geschnitten, enthält sehr viel Eiweiß. Überständiger Rotklee hat einen höheren Rohfasergehalt und wird von den Ziegen nicht mehr gerne aufgenommen. Daher sollte der Rotklee bei Beginn der Blüte gemäht werden. Vorsicht ist bei der Lagerung geboten, da er sich sehr schnell erwärmt. Warmer oder welker Klee führt gern zu Blähungen; er muß deshalb vor der Fütterung aufgelockert, gelüftet und notfalls mit Wasser benetzt werden.

Luzerne (Blauklee) ist eine mehrjährige Pflanze, die hohe Erträge bringt und drei Schnitte liefert. Sie enthält wie der Rotklee neben Energie viel Eiweiß. Bei der Lagerung sind dieselben Vorsichtsmaßnahmen wie bei Rotklee zu beachten. Die Heuwerbung bei Luzerne und Rotklee muß auf Reutern erfolgen, da sonst viele wertvolle Blätter verlorengehen. Luzerne wird auch gerne zur Grünmehlherstellung verwendet.

Ziegen haben eine große Vorliebe für Laub, Sträucher und Zweige. Bei Verbuschung der Weiden wird diese von den Ziegen zurückgedrängt. Allerdings machen sie auch vor Obstbäumen nicht halt.

Esparsette ist eine sehr gut bekömmliche Futterpflanze. Diese mehrjährige Kleepflanze, die auch auf kargen, sandigen Böden sehr gut gedeiht, wird heute nur noch selten angebaut, da sie geringe Erträge bringt. Wegen ihrer diätetischen Eigenschaften sollte sie mehr beachtet werden.

Kleegrasgemisch besteht aus Rotklee mit schnell wachsenden Grassorten und liefert höhere Erträge als reiner Rotklee.

Sommerklee, z. B. Perser- und Alexandrinerklee, wird erst im Frühjahr ausgesät und kann im gleichen Jahr noch dreimal gemäht werden.

Erbsen und **Wicken** sind ein beliebtes Ziegenfutter, das auch im Gemisch mit Hafer gesät wird. Der Anbau kann als Haupt- oder Zwischenfrucht erfolgen.

Futterrüben liefern für den Großteil der Ziegen das Saftfutter für den Winter. Sie enthalten leicht verdauliche Kohlehydrate, regen den Appetit und die Rauhfutteraufnahme an. Zwischen den einzelnen Rübensorten gibt es kaum Unterschiede im Proteingehalt, im Energiewert weichen sie jedoch stark voneinander ab. Daher kommt auch die Bezeichnung Massen- und Gehaltsrüben. Die Rübenblätter sind ebenfalls ein wertvolles Futtermittel. Durch ihren Gehalt an Oxalsäure wirken sie abführend, weshalb eine Zugabe von Heu notwendig ist. Rübenblätter lassen sich durch den hohen Zuckergehalt sehr leicht silieren.

Die Pinzgauer Ziege ist eine österreichische Gebirgsziegenrasse. – Zwergziegen sind in der ganzen Welt verbreitet und dienen vorwiegend der Fleischerzeugung. Im Bundesgebiet wird diese Rasse seltener gehalten, da größere Tiere bevorzugt werden.

Zwischenfrüchte

Mit dem Zwischenfruchtanbau wird vor oder nach der Hauptfrucht zusätzlich im Herbst oder im Frühjahr Futter gewonnen. Der Ziegenhalter kann auf einer bereits abgeernteten Fläche noch Futter anbauen, wodurch für seine Tiere bis zum Winteranfang saftiges Grünfutter zur Verfügung steht. Der Anbau erfolgt nach früh geernteten Früchten, wie Wintergerste, Sommergerste oder Frühkartoffeln. Die Aussaat sollte sofort nach dem Ernten, solange die günstige Bodenbeschaffenheit besteht, vorgenommen werden. Die Düngung mit einem schnell wirkenden Düngemittel ist angebracht. Für den Zwischenfruchtanbau eignen sich Futterraps, Markstammkohl, Sonnenblumen, Senf, Stoppelrüben, Erbsen, Roggen und Hafer. Dies sind vorwiegend frostunempfindliche Pflanzen, die einzeln oder im Gemisch angebaut werden.

Getreide

Der Anbau von Futtergetreide wird dort empfohlen, wo genügend Nutzfläche zur Verfügung steht. Hafer und Gerste sind bekömmliche Futtermittel mit einem hohen Energiegehalt. Sie sollten in jeder selbst zusammengestellen Futterration enthalten sein. Die Verfütterung kann sowohl ganz als auch in geschroteter oder gequetschter Form erfolgen. Mais, Roggen und Weizen bieten sich ebenfalls zum Anbau an. Die Ackerbohne ist zwar schwerer verdaulich, enthält aber neben Energie viel Eiweiß. Der Anbau erfolgt allein oder im Gemisch mit Getreide.

Beim Getreideanbau fällt Stroh an, das vorwiegend als Einstreu, aber auch als

Futter Verwendung findet. Der Proteingehalt ist gering, der Energiegehalt beträgt etwa die Hälfte von Heu. Stroh ist nur an Tiere mit einer geringen Leistung und als Ausgleich zu rohfaserarmem Futter zu geben. Als Futterstroh eignen sich Ackerbohnen-, Hafer-, Weizen- und Gerstenstroh.

Zweige und Laub

Laub, Sträucher, Rinde, Reisig, Kräuter und Unkräuter werden von der Ziege gesucht und mit Vorliebe aufgenommen. Dieses Futter hat zum Teil nur geringen Nährwert, aber größere Mengen an Mineralsalzen, Spurenelementen, Vitaminen und Gerbsäure. Sie fördern den Stoffwechsel und wirken gegen Durchfall, Magen- und Darmparasiten. Nadelreisig ist im Winter ein guter Vitaminlieferant. Sträucher, Laub, Rinde und Reisig sollten den Ziegen zu jeder Jahreszeit angeboten werden. Laub, das der Winterfütterung dienen soll, ist in den Monaten Juli und August einzubringen. Herbstlaub hat einen geringeren Futterwert. Das Laub folgender Bäume und Sträucher eignet sich:

Ahorn, Eiche, Esche, Kastanie, Haselnuß, Walnuß, Apfel, Pappel, Ulme, Himbeere, sämtliche Nadelhözer mit Ausnahme von Eibe und Thuja, die Giftstoffe enthalten.

Düngung

Durch Düngung kann von Wiesen und Weiden mehr und nährstoffreicheres Futter gewonnen werden. Zugleich werden dem Boden die Stoffe wieder zugeführt, die von den Pflanzen entzogen wurden. Wird nicht gedüngt, dann tritt mit der Zeit im Boden eine Verarmung an Mineralstoffen ein und der Futterertrag wird geringer.

Mit dem Ziegendung erhält der Boden nur einen Teil der entzogenen Mineralstoffe zurück. Deshalb ist es wichtig, durch Mineraldünger einen Ausgleich zu schaffen. Dies wird durch das Ausbringen von Kali und Phosphat erreicht. Diese Mineral- oder Handelsdünger sollten zusammen mit dem Ziegendung die Hauptgrundlage der Düngung bilden. Mit einer gezielten Düngung kann man den Pflanzenbestand wesentlich verbessern. So fördert Phosphor den Klee, und Kali bewirkt einen stärkeren Kräuterbestand. Beide Futterarten enthalten viel Energie, Eiweiß und Mineralstoffe und werden von den Ziegen mit Vorliebe aufgenommen. Deshalb sollte der Ziegenhalter Wiesen und Weiden ausreichend mit Kali und Phosphat versorgen. Von einem Kali-Phosphat-Mischdünger sind jährlich 500–800 kg je ha auszubringen.

Stickstoff, der als Motor im Pflanzenwachstum bezeichnet wird, bringt mehr Masse und fördert den Graswuchs. Bei hohen Stickstoffgaben werden Klee und Kräuter verdrängt. Der rasche Futterwuchs führt aber auch zu einem schnelleren Verholzen der Futterpflanzen. Deshalb muß bei einer starken Stickstoffdüngung früher gemäht werden. Aus diesen Gründen sollte man nur mäßig mit Stickstoff düngen, besonders wenn schon Ziegendung ausgebracht wurde. Für die Weiden trifft dies allerdings nicht zu, da schnell wieder Futter nachwachsen muß. Bei der Wiesendüngung empfiehlt es sich, Stickstoff mehrmals und dafür in kleineren Mengen auszubringen, z. B. nach jedem Abmähen. Bei Weiden ist ähnlich zu verfahren. Als Stickstoffdünger kommt

Salpeter, der schnell wirkt, und das langsam wirkende Ammoniak in Frage. Die Düngermenge beträgt jährlich 100 bis 400 kg je ha.

Die Mineraldüngerversorgung kann auch durch Volldünger erfolgen, der Stickstoff, Kali und Phosphat enthält. Wird nach dem Abweiden Mineraldünger (Stickstoff oder Volldünger) ausgebracht, dürfen die Tiere nicht vor Ablauf von 14 Tagen auf die gedüngten Flächen kommen. Der Ziegenhalter sollte Stickstoff sparsam verwenden, d. h. nur kleinere Mengen auf einmal ausbringen, und zwar nur während der Vegetationszeit. Bei hohen Stickstoffgaben besteht die Gefahr, daß dieser ausgewaschen wird, den Pflanzen verlorengeht und ins Grundwasser gelangt. Ziegendung wird am besten im zeitigen Herbst oder kurz vor Beginn der Vegetation ausgebracht. Mist liefert neben Mineraldünger Humus, der für die Bodenverbesserung von Bedeutung ist. Die beste Wirkung erreicht zu Kompost verarbeiteter Mist.

Saure Böden erfordern zusätzlich eine Kalkdüngung. Kalkmangel wirkt sich ungünstig auf den Pflanzenbestand aus. Saure Gräser sind minderwertig und werden von den Tieren nicht gerne gefressen. Die Düngermenge richtet sich nach dem Säurezustand des Bodens. Bodenuntersuchungen geben darüber Aufschluß.

Heuwerbung

Bei der Konservierung von Grünfutter zu Heu verringert sich die Verdaulichkeit und die Nährstoffkonzentration. Der Nährwert des Heus hängt von der Beschaffenheit des Grünfutters beim Schnitt ab. Heu von jungen blattreichen Pflanzen hat eine hohe Nährstoffkonzentration. Mit fortschreitendem Wachstum ändern sich Verdaulichkeit und Nährstoffgehalt erheblich, d. h. der Rohfaseranteil steigt, während der Energie- und Eiweißgehalt zurückgeht. Der höhere Rohfasergehalt im Heu bewirkt eine geringere Verdaulichkeit. Hinzu kommt noch, daß Ziegen von grobem Heu etwa um die Hälfte weniger aufnehmen. Daher gelten für die Heugewinnung folgende Grundsätze:

Reutertrocknung von Rotklee: Zuerst wird jeweils eine Gabel angewelktes Futter auf die drei Ecken gesetzt, dann wird die Mitte ausgeglichen. Der weitere Aufbau muß so erfolgen, daß die Hauptlast auf den drei Stützen liegt. Den Abschluß bildet eine Kappe, die das Futter vor Regen schützt. Sie darf jedoch nicht zu dick sein, da sich sonst Schimmel bilden kann. Zur Durchlüftung sollte das Futter nicht bis zum Boden reichen und im Inneren des Reuters ein Hohlraum bleiben.

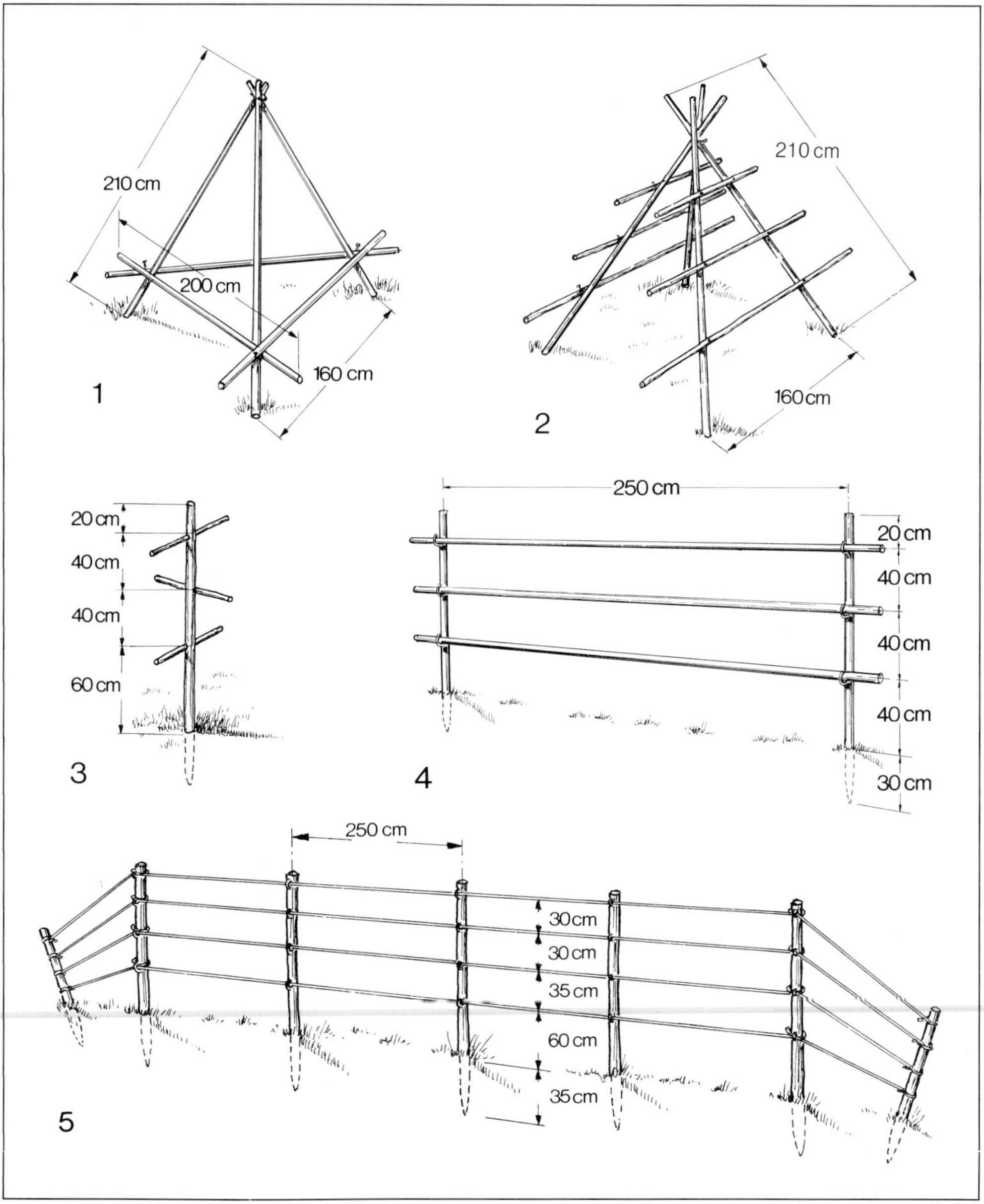

1 Dreibockreuter
2 Heuhütte
3 Allgäuer Heinze
4 Schwedenreuter mit Stangen
5 Schwedenreuter mit Draht

- Mit dem Mähen beginnen, solange das Futter noch jung und nährstoffreich ist.
- Heu vorsichtig bearbeiten, da sonst viele Blätter und Kräuter verlorengehen.
- Heu vorwiegend auf Reutern trocknen.

Die Reutertrocknung hilft dem Ziegenhalter bei der Gewinnung von Heu bester Qualität. Sie erfordert etwas mehr Zeit, ist aber witterungsunabhängiger und bringt mehr Nährstoffe. Dazu werden verschiedene Reuterarten benutzt.

Die Allgäuer Heinze wird 20–30 cm in den Boden geschlagen. Sie besteht aus einem 1,60 m langen Pfahl, an dem im Abstand von 40 cm drei 80 cm lange Querstäbe angebracht sind. Die Querstäbe (Rundhölzer) werden durch im Pfahl vorhandene Löcher geschoben.

Der Dreibockreuter besteht aus drei am oberen Ende zusammengebundenen 2,10 m langen Stangen. In 50 cm Höhe wird je ein starker Nagel eingeschlagen; darauf werden 3 Querstangen gelegt.

Die Heuhütte wird aus zwei oben zusammengesteckten Lattengerüsten gebildet.

In der Schweiz wird ein einfaches Trocknungsgerüst verwendet, das aus zwei Pfählen und drei Querstangen besteht. Die Pfähle sind mit drei Haken versehen und werden im Abstand von 2,50 m in den Boden geschlagen. In die Haken kommen Querstangen mit einer Länge von je 3 m.

Bei der Gerüsttrocknung darf das etwa einen Tag angewelkte Futter nicht zu dick aufgehängt werden, da sich sonst Schimmel bildet. Bei der Allgäuer Heinze kann man das Futter schon nach dem Abtrocknen aufhängen. Nach 10 bis 14 Tagen ist es durchgetrocknet.

Gärfutterbereitung

Eine weitere Möglichkeit der Futterkonservierung ist die Gärfutterbereitung. Gärfutter, das aus jungem Gras gewonnen wird, ist ein nährstoff- und vitaminreiches Winterfutter. Das Silieren kann mit der Sauerkrautbereitung verglichen werden, die auch auf der Milchsäuregärung beruht. Essig- und Buttersäure sollten dabei nicht entstehen. Sie bilden sich allerdings sehr schnell, wenn im Futter viel Wasser und Luft enthalten sind. Deshalb muß darauf geachtet werden, daß das Silagegut nicht zu frisch, sondern in angewelktem Zustand eingebracht wird. Durch Festtreten oder Festfahren und Beschweren soll es sich schnell setzen und die Luft entweichen. Wichtig ist, daß die Silos luftdicht sind und das Sickerwasser aufgefangen wird.

Während Rübenblätter sehr saftig sind, muß der sehr trockene Obsttrester notfalls angefeuchtet werden. Deshalb bietet sich eine gemeinsame Silierung von Rübenblättern und Obsttrester an. Im Handel werden Plastiksäcke angeboten, in denen gut abgewelktes Gras (Halbheuballen) in kleinen Mengen siliert werden kann. Damit bei der Gärfutterentnahme keine Nachgärung entsteht, muß jeden Tag eine Schicht entnommen werden. Dies dürfte der Grund sein, warum in Kleinziegenhaltungen Silagebereitung nur vereinzelt vorkommt.

Futterzukauf

Ziegenhalter, die nicht genügend Futter selbst erzeugen können, müssen zukaufen. Der Zukauf beschränkt sich in der

Regel auf Getreide, Kraftfutter und Lämmeraufzuchtfutter. Der Zukauf von Grundfutter wird notwendig bei

- unzureichender Futterfläche,
- durch ungünstige Witterung verdorbenem Futter,
- arbeitstechnischen Schwierigkeiten
- ungenügender Lagerungsmöglichkeit.

Der Heukauf ist Vertrauenssache, da die Qualität sehr verschieden sein kann. Bei ständigem Heubedarf ist rechtzeitiger Einkauf zu empfehlen, da um die Zeit der Heuernte das Angebot größer ist. Der Ziegenhalter kann auch Landwirten bei der Heuernte helfen und sich dafür mit Heu entschädigen lassen. Weniger Probleme bereitet der Futterrübenkauf, da bei frischer Ware die Qualität immer gleich ist. Bedeutende Unterschiede bestehen jedoch im Nährwert zwischen Gehalts- und Massenrüben.

Futtergetreide kann schon bei der Ernte von einem Landwirt preisgünstig bezogen oder laufend vom Futtermittelhandel gekauft werden. Da Hafer für Ziegen sehr bekömmlich ist, sollte der Kauf dieses Futtermittels an erster Stelle stehen. Hafer, Gerste, Mais und Weizenkleie ergeben ein gutes Kraftfuttergemisch. Zur Aufbesserung des Proteingehaltes können Leinextraktschrote, Leinkuchenmehl, Erdnußkuchenmehl und Sojaschrot zugesetzt werden. Die Futtermittelindustrie bietet für Milchvieh fertige Futtermischungen mit unterschiedlich hohem Energie- und Proteingehalt an, die sich auch für die Fütterung von Ziegen gut eignen. Sie können sowohl allein als auch im Gemisch mit Getreide, Kleie oder Trockenschnitzel verabreicht werden.

Für junge Ziegenlämmer sind Milchaustauscher, Kälberkörner und Lämmermastfutter im Futtermittelhandel erhältlich. Diese Futtermittel haben sich bei der Lämmeraufzucht sehr gut bewährt.

Fütterung

Allgemeine Grundlagen

Die Ziege gehört zu der Gruppe der Wiederkäuer und ist ähnlich zu füttern wie das Rind und das Schaf. In der Futterration müssen genügend Nährstoffe und rohfaserreiche Futterstoffe enthalten sein. Eine rasche Steigerung der Kraftfuttergaben verträgt die Ziege nicht und reagiert sehr schnell mit ernsthaften Verdauungsstörungen. Vorsicht bei Kraftfuttergaben ist auch dann geboten, wenn ein Tier erkrankt war und wenig oder kein Rauhfutter aufgenommen hat. In diesem Fall darf Kraftfutter erst dann wieder gegeben werden, wenn eine ausreichende Rauhfutteraufnahme stattfindet. Ziegen sind dabei empfindlicher als das bereits erwähnte Rind bzw. Schaf. Das ist verständlich, wenn man bedenkt, daß die Ziege gerade rohfaserreiches Futter, wie Laub, Sträucher, Holz und Rinde, sucht und mit Vorliebe aufnimmt. Sie kann mit Hilfe von Mikroorganismen im Pansen schwerverdauliche Rohfasern, wie Cellulose, besser ausnützen als andere Wiederkäuer. Ziegen gelten als anspruchslos, bringen aber mit nährstoffarmen Futtermitteln nur eine geringe Leistung. Hohe Leistungen erfordern eine konzentrierte Futterration.

Verdauung

Die von der Ziege aufgenommene Nahrung muß zuerst eine bestimmte Veränderung erfahren, damit sie in die Blutbahn übertreten und vom Organismus verwertet werden kann. Das Futter wird bei der Aufnahme nur leicht gekaut, eingespeichelt und in den aus mehreren Abschnitten bestehenden Verdauungstrakt abgeschluckt. Das grob gekaute Futter gelangt zuerst in den Pansen und die Haube. Pansen und Haube sind eine Einheit, die das neu aufgenommene Futter mit dem alten mischen und in Bewegung halten. Mit Hilfe von Mikroorganismen, Bakterien und Infusorien werden schwer verdauliche Futterstoffe, wie Rohfaser und Cellulose, aufgeschlossen. Die Vormägen sind regelrechte Gärkammern, in denen Gase entstehen, die über den Rachenbereich durch Rülpsen und beim Wiederkäuen abgeleitet werden. Bei normaler Verdauungstätigkeit sind Geräusche an der Bauchwand und in der linken Hungergrube zu hören.

Die Vormägen bestehen aus
- dem großräumigen Pansen,
- der Haube, aufgrund ihrer inneren netzförmigen Struktur auch Netzmagen genannt,
- dem Blättermagen, der auch als Buchmagen oder Psalter bezeichnet wird, weil er einen aus dichten rauhen Blättern bestehenden Aufbau hat.

Erst hinter dem Blättermagen kommt der eigentliche Labmagen, wie ihn auch Pferd und Schwein haben.

Das Wiederkäuen ist ein Vorgang, den die jungen Lämmer mit der Aufnahme fester Nahrung im ersten Lebensmonat langsam erlernen. Gleichzeitig werden die nur spärlich ausgebildeten Vormägen

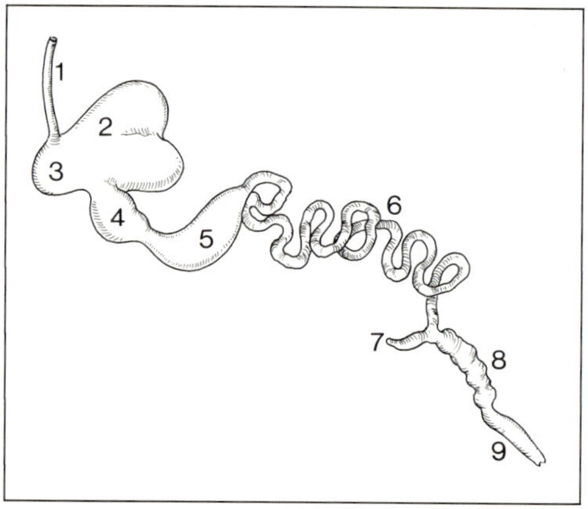

Verdauungstrakt der Ziege:

1 Speiseröhre 6 Dünndarm
2 Pansen 7 Blinddarm
3 Haube 8 Dickdarm
4 Buchmagen 9 Enddarm
5 Labmagen

weiter entwickelt. Durch das Wiederkäuen wird das Futter zerkleinert und mit Speichel vermischt. Etwa eine Viertelstunde nach der Futteraufnahme beginnt die Ziege mit dem Wiederkäuen. Es wird mit einer Einatmung eingeleitet. Durch plötzlichen Verschluß der Stimmritze am Kehlkopf entsteht ein Sog in der Speiseröhre, wodurch ein Teil des Pansen-Hauben-Inhalts in die Mundhöhle gelangt.

Das Kauen eines Futterbissens dauert etwa 40 Sekunden bei 50 bis 60 Kieferbewegungen. Vier bis sechs Sekunden nach dem Abschlucken ist wieder ein neuer Bissen im Maul. Das Wiederkäuen wird in mehreren Perioden vorgenommen und nimmt insgesamt 5 bis 7 Stunden täglich in Anspruch. Der wiedergekäute Futterbrei kommt in den Hauben- und Pansenraum zurück und gelangt, wenn er fein genug ist, schubweise in den Blättermagen, wo er weiter aufgeschlossen wird. Es kann sein, daß wiederholt gekaut werden muß, denn die Öffnung zwischen Hauben- und Blättermagen läßt kein grobes Futter passieren. Die zwischen Pansen und Haube liegende Schlundrinne ist eine Fortsetzung der Speiseröhre, die bis zum Labmagen führt. Dieser flexible Kanal besteht aus zwei Muskelwülsten, die – je nach Beschaffenheit des Futters – sich entweder schließen oder es in den Blätter- bzw. Labmagen weiterleiten. Flüssige Nahrung, wie Milch, kann dadurch sofort in den Labmagen gelangen. Aus diesem Grunde ist die Suppenfütterung (flüssige Verabreichung von Getreideschrot oder Kraftfutter) gefährlich, da die Futterstoffe auch direkt in den Labmagen gelangen können und nicht, wie bei der Trockenfütterung, zuerst in den Vormägen aufgeschlossen werden.

Der Speichel wird hauptsächlich durch mechanische Reize von den in der Mundhöhle sitzenden Speicheldrüsen ausgeschieden. Beim Wiederkäuer dient der Speichel hauptsächlich zur Neutralisierung der im Pansen gebildeten Säuren und hat bei den Fermentationsvorgängen in den Vormägen eine große Bedeutung. Die Menge der Speichelsekretion hängt insbesondere von der Futterstruktur, dem Trockensubstanzgehalt und Rohfaseranteil der Ration ab. Die Speichelabsonderung ist sehr hoch; sie kann bei der Ziege bis zu 12 Liter je Tag betragen. Diese Flüssigkeitsmenge geht dem Tier aber nicht verloren, da sie durch die Darmwand wieder aufgesogen wird.

Die Absonderung des Magensaftes wird durch Reflexe, wie Kauen und Abschlukken der Nahrung, ausgelöst. Die Zusammensetzung des Pansen- und Magensaftes hängt von der Art des Futters ab. Bei Futterwechsel stellen sich Pansenflora und Magendrüsen erst nach und nach auf das neue Futter ein; deshalb muß ein Futterwechsel langsam vorgenommen werden. Plötzlicher Futterwechsel kann erhebliche Verdauungsstörungen hervorrufen. Vor allem bei energiereichen und leicht verdaulichen Futtermitteln kann der pH-Wert im Pansen unter 6 fallen, wodurch es zu Verdauungsstörungen und Pansenazidose kommt. Die mit derber Haut ausgekleideten Vormägen arbeiten mit einem pH-Wert von 6–7,5. Hier soll das Futter gären, Bakterien, Infusorien u. a. sollen sich schnell vermehren und das Futter aufschließen. Die Bakterien und Infusorien benötigen zu ihrem Aufbau Futterprotein und andere Stickstoffverbindungen. In dem mit Schleimhäuten versehenen Labmagen besteht eine saure Reaktion von 2–4 pH. Hier wird die Gärung unterbrochen, die aus Protein bestehenden Bakterien sterben ab, werden verdaut und so dem Körper nutzbar gemacht.

Die Hauptverdauung der Nahrung findet im Dünndarm statt. In ihm herrscht eine schwach saure bis leicht alkalische Reaktion. Außer den Verdauungssekreten der Darmdrüsen fließen hier auch die Säfte aus der Gallenblase und Bauchspeicheldrüse hinzu. Diese Fermente und Bikarbonate dienen der Neutralisierung und der weiteren Aufschließung der Nährstoffe. Gelöste Nährstoffe werden vorwiegend über die zottenreichen Schleimhäute der Därme resorbiert.

Futtermittel und Verzehr

Die Futtermittel werden aufgrund ihrer Nährstoffkonzentration in Grundfutter und Kraftfutter eingeteilt. Als Grundfutter werden im Sommer das Grünfutter und im Winter das Heu, Öhmd, die Silage und Rüben bezeichnet. Als Kraftfutter gelten alle Getreidearten, Grünmehle, Schrote aus der Ölherstellung, Zuckerschnitzel sowie das im Futtermittelhandel erhältliche Mischfutter.

Je mehr Grundfutter eingesetzt werden kann, desto wirtschaftlicher wird die Fütterung. Das setzt allerdings voraus, daß den Ziegen Grundfutter mit einer hohen Verdaulichkeit angeboten wird. Der rechtzeitige Schnitt der Futterpflanzen ist deshalb notwendig. Schmackhaftes Futter, das durch einen vielseitigen Pflanzenbestand und eine sachgemäße Heubereitung gewonnen wird, trägt wesentlich zur höheren Grundfutteraufnahme bei. Sehr empfindlich reagieren Ziegen auf Heu und Kraftfuttermittel, die durch Feuchtigkeit gelitten haben und im Geschmack nicht mehr einwandfrei sind. Auch bei einem Wechsel des Kraftfutters kann es längere Zeit dauern, bis sie sich mit dem neuen Geschmack angefreundet haben.

Auf den Futterverzehr haben verschiedene Faktoren Einfluß:

- Körpergröße des Tieres und Aufnahmevermögen des Pansens
- Futterstruktur, Schmackhaftigkeit, Qualität und Nährstoffgehalt
- Leistung des Tieres
- Trockenmassegehalt
- Rangfolge bei der Verabreichung von Futtermitteln
- Anzahl der Mahlzeiten

Das Sättigungsgefühl erreichen die Tiere erst nach der Aufnahme einer bestimmten Menge an Trockenmasse (TM). Dazu benötigt eine Ziege mit 60 kg Körpergewicht täglich 1,0–1,4 kg TM, kann aber

3 kg Trockenmasse aufnehmen. Ziegen mit einem großen Aufnahmevermögen bzw. einer hohen Milchleistung fressen bis zu 4 kg TM täglich.

Menge der Heuaufnahme entsprechend der Qualität

Heuqualität	tägliche Aufnahme in kg
jung geschnitten – sehr gut	2,2–2,8
vor der Blüte geschnitten – gut	1,8–2,1
in der Blüte geschnitten – gröber	1,5–1,7
Ende der Blüte geschnitten oder durch Regen verminderte Qualität	1,0–1,4

Wasserbedarf

Trinkwasser ist für die Verdauung des Futters und zur Aufrechterhaltung anderer Körperfunktionen sehr wichtig. Der tägliche Bedarf läßt sich nicht genau errechnen, da der Wassergehalt im Futter, Lufttemperatur und -feuchtigkeit dabei eine Rolle spielen. Die Wasseraufnahme kann bei Ziegen unregelmäßig sein. Es kommt vor, daß eine Ziege an einem Tag kein Wasser zu sich nimmt. In der Regel benötigen die Tiere täglich 6–9 kg. Ein ungenügendes Wasserangebot beeinträchtigt die Futteraufnahme. Dies ist besonders bei der Weidehaltung an heißen Tagen der Fall. Die Erwärmung des Wassers ist nur selten notwendig. Im Winter nehmen die Tiere von kaltem Wasser nur kleinere Mengen auf einmal auf, so daß ein mehrmaliges Tränken oder ein leichtes Temperieren angebracht ist. Eine ideale Wasserversorgung wird mit der Selbsttränke erreicht. Der Einbau von Selbsttränkebecken ist sowohl im Lauf- als auch im Anbindestall möglich.

Bewertung der Futtermittel

Um den Erhaltungs- und Leistungsbedarf der Ziege zu decken, muß der Ziegenhalter den Gehalt des Futters an Nährstoffen (Energie und Protein) kennen. Nur so kann eine Futterration, die eine ausreichende Versorgung mit Nährstoffen gewährleistet, zusammengestellt werden. Der Nährstoffgehalt der Futtermittel wird durch eine chemische Analyse (Weender-Analyse) bestimmt. Allgemein bedient man sich jedoch der DLG Futtermittelwerttabellen für Wiederkäuer.
Als Maßstab für die Bewertung der Futterenergie wurde bisher der Begriff Stärke-

Bestandteile der Futtermittel – Weender-Analyse

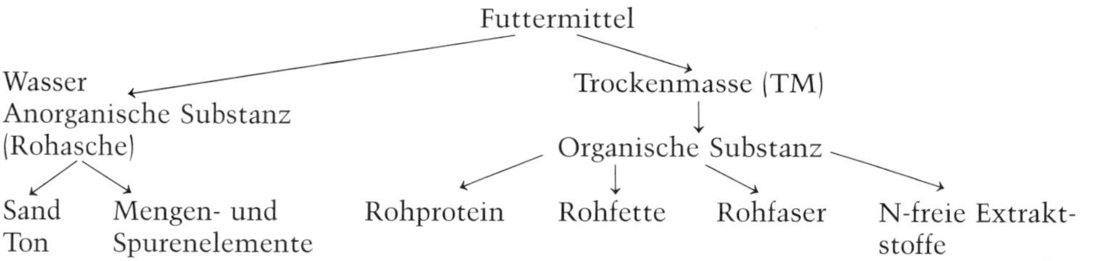

Tagesration einer Ziege.

wert (Stärkeeinheit = STE) verwendet. Dieses Bewertungssystem, das vorwiegend auf dem Fettbildungsvermögen beruht, wurde um die Jahrhundertwende von Oskar Kellner erarbeitet. Neue Erkenntnisse auf dem Gebiet der Tierernährung haben aber gezeigt, daß mit dem Stärkewertsystem der Energiegehalt nicht optimal erfaßt wird, da dabei zum Teil rohfaserarme Futtermittel über- und rohfaserreiche Futtermittel unterschätzt werden. Das neue Futterbewertungssystem, das der umsetzbaren Energie zur Milchbildung mehr Rechnung trägt, wurde in jahrelangen Untersuchungen erarbeitet und stellt eine Weiterentwicklung der bisherigen Futtermittelbewertung dar. Die Bezeichnung lautet:

Netto-Energie-Laktation = NEL gemessen in Mega-Joule (MJ)

In den neuen Futterwerttabellen wird diese Bezeichnung verwendet. Zum Teil werden zusätzlich noch die Werte in STE angegeben. Auch die Futtermittelindustrie gibt für ihre Produkte die Energie in Netto-Energie-Laktation (NEL MJ) an.

Protein enthält als wichtigsten Bestandteil Stickstoff und kann durch keinen anderen Stoff ersetzt werden. Stickstoff wird von der Pflanze aufgenommen und in Rohprotein umgewandelt. Die Ziege verarbeitet das Rohprotein mit Hilfe von Mikroorganismen im Pansen in verdauliches Protein. 100 g Rohprotein ergeben etwa 70 g verdauliches Protein. Die Ziege benötigt Protein zur Fleisch- und Milchbildung. Sojaschrot, Leinmehl und junges Grünfutter, vor allem Klee, enthalten viel Protein. Werden die Pflanzen älter, geht der Proteingehalt zurück.

Mineralstoffe haben eine vielseitige Aufgabe. Sie gelten als unentbehrliches Baumaterial für den Knochen- und Zahnaufbau. Außerdem beeinflussen sie die Aktivierung von Enzymen und die Aufrechterhaltung des osmotischen Druckes (Wasserhaushalt). Mangelerkrankungen treten vorwiegend als Rachitis, Milchfieber,

Weidetetanie und Fruchtbarkeitsstörungen auf. Auch Spurenelemente haben im Stoffwechsel, im Wachstum und in der Fortpflanzung eine große Bedeutung. Setzt sich das Futter aus einem vielseitigen Pflanzenbestand zusammen, ist ein breites Angebot von Mineralstoffen und Spurenelementen vorhanden. Pflanzen, die bei extremen Umweltbedingungen, z. B. wenig Sonne, viel Regen, lange Trokkenheit, gewachsen sind, haben weniger Mineralstoffe. Einen erhöhten Mineralstoffbedarf haben Lämmer sowie Ziegen während der Trächtigkeit und bei hoher Milchleistung.

Damit eine ausreichende Mineralstoffversorgung gesichert ist, sollte den Ziegen täglich je nach Leistung 5–20 g Mineralsalz mit einem Phosphoranteil von mindestens 5% verabreicht werden. Gut eignen sich Mineralsalzleckschalen, an denen die Ziegen sich nach Bedarf bedienen können. Dabei ist das Schafmineral ohne Kupferanteil zu bevorzugen, da befürchtet wird, daß bei Ziegen wie beim Schaf Kupfervergiftungen auftreten können.

Die wichtigsten Mineralstoffe

Mengenelemente	Spurenelemente
Calcium (Ca)	Eisen (Fe)
Phosphor (P)	Jod (J)
Kalium (K)	Mangan (Mn)
Natrium (Na)	Kupfer (Cu)
Magnesium (Mg)	Selen (Se)
Chlor (Cl)	Cobalt (Co)

Salz: Ziegen haben einen hohen Kochsalzbedarf. Bei einer ungenügenden Salzversorgung zeigen sie Lecksucht und eine mangelhafte Futter- und Trinkwasseraufnahme. Durch eine Mineralstoffgabe ist

Bei Weidehaltung ist ein Salzleckstein besonders wichtig.

in der Regel auch der Salzbedarf gedeckt. Wird kein Mineralfutter verabreicht, sollten Salzlecksteine zur beliebigen Aufnahme bereitstehen oder täglich etwa 6 g Viehsalz gegeben werden.

Vitamine sind lebensnotwendige Stoffe. Sie bringen bei Mangelkrankheiten und Konditionsschwäche gute Erfolge. Über die Funktion der wichtigsten Vitamine ist folgendes zu sagen.

Vitamin A gilt als Wachstumsvitamin; es erhöht die Widerstandskraft des Organismus gegen Infektionskrankheiten. Vitamin-A-Mangel führt zu Schleimhautentzündungen, Lidbindehautleiden (Nachtblindheit) und Wachstumsstörungen. Der Vitamin-A-Bedarf wird über Lebertran, Grünfutter, Silage und Möhren gedeckt.

Vitamin B gibt es in verschiedenen Untergruppen. Vitamin B_1 ist durch die Beriberi-Krankheit bekannt geworden. Weitere wichtige Untergruppen sind B_2, B_6, B_{12} und Folsäure. Vitamin B beeinflußt den Zellstoffwechsel, das Wachstum, das Zentralnervensystem, die Magen- und Darmschleimhaut. Vitamin-B- und Eisenmangel beeinträchtigen die Blutbildung (Anämie). Im Grünfutter, Getreide und in den Kartoffeln sind normalerweise genügend B-Vitamine enthalten. Eine Ausnahme stellt das Vitamin B_{12} dar, das vorwiegend im tierischen Eiweiß vorkommt. Im Pansen der Wiederkäuer ist eine Vitamin-B_{12}-Bildung möglich, sofern genügend Kobalt vorhanden ist. Hefe und Lebertran sind reich an Vitamin B_{12}.
Vitamin C nehmen Ziegen über Grünfutter und Silage in größeren Mengen auf. Sie sind zudem in der Lage, Vitamin C selbst zu synthetisieren.
Vitamin D gibt es in verschiedenen Formen. Vitamin-D-Mangel verursacht Störungen im Calcium-Phosphat-Haushalt. Diese Mangelerscheinung kann zu Rachitis und zu Störungen in der Geschlechtsfunktion führen. Vitamin D ist im Futter, vor allem in der Hefe und im Lebertran, enthalten und kann bei Sonnenlicht in der Haut gebildet werden.
Vitamin-E-Mangel verursacht Trächtigkeitsstörungen und führt in Verbindung mit Selenmangel zur Weißmuskelkrankheit. Vitamin E ist im Grünfutter und reichlich in Getreidekeimlingen enthalten.

Im Futtermittelhandel werden Mineralstoffmischungen mit Vitaminzusatz, und zwar vorwiegend mit den Vitaminen A, D und E, angeboten. Da Vitamine nur begrenzt haltbar sind (3 bis 5 Monate), ist beim Kauf auf das Herstellungsdatum zu achten.

Nährstoffgehalt einiger Futtermittel

Futtermittel	1 kg Futtermittel enthält							
	TM g	NEL MJ	StE	Rohprotein g	Ca g	P g	Na g	Mg g
I. Grünfutter								
Wiese grasreich								
1. Schnitt vor dem Ährenschieben	170	1,16	114	33	1,2	0,6	0,10	0,4
1. Schnitt im Ährenschieben	180	1,14	112	31	1,4	0,6	0,11	0,4
1. Schnitt in der Blüte	210	1,17	112	30	1,9	0,6	0,12	0,4
2. Schnitt 4–6 Wochen	200	1,16	113	32	1,8	0,8	0,21	0,5
Alexandrinerklee in der Knospe	150	0,87	86	33	2,5	0,6	—	0,5
Persischer Klee in der Knospe	120	0,76	75	26	2,0	0,4	0,16	0,2
Erbsen in der Knospe	120	0,75	74	31	1,9	0,4	0,04	0,4
Futterrübenblätter verschmutzt	170	0,91	91	25	3,5	0,4	1,04	1,0

Nährstoffgehalt einiger Futtermittel

Futtermittel	1 kg Futtermittel enthält							
	TM g	NEL MJ	StE	Rohprotein g	Ca g	P g	Na g	Mg g
Zuckerrübenblätter sauber	145	1,00	97	21	1,8	0,4	1,42	0,7
Hafer im Rispenschieben	160	1,02	98	17	0,7	0,5	0,16	0,3
Luzerne								
1. Schnitt in der Knospe	190	1,12	109	42	3,6	0,6	0,09	0,6
1. Schnitt Beginn der Blüte	210	1,14	107	39	4,5	0,6	0,21	0,6
2./3. Schnitt in der Knospe	220	1,18	113	48	4,1	0,7	0,10	0,6
Markstammkohl spät geerntet	135	0,79	77	15	2,6	0,4	0,23	0,2
Futterraps Beginn der Blüte	120	0,86	83	24	2,4	0,5	0,31	0,3
Roggen im Ährenschieben	160	1,13	110	28	0,7	0,7	0,20	0,3
Rotklee								
1. Schnitt vor der Knospe	190	1,26	125	42	3,1	0,6	0,08	0,7
1. Schnitt in der Blüte	220	1,24	120	36	3,4	0,6	0,08	0,8
2. Schnitt in der Knospe	200	1,17	115	39	3,4	0,6	0,28	0,7
Rotkleegras								
1. Schnitt in der Knospe	180	1,16	113	32	2,4	0,6	—	0,2
Sonnenblumen, Beginn der Blüte	125	0,71	69	19	1,9	0,3	0,04	0,5
Weidelgras im Ährenschieben	175	1,17	114	29	1,0	0,6	0,21	0,2
II. Silage								
Mais, Ende der Teigreife	320	2,12	204	27	0,9	0,6	0,13	0,6
Wiesengras vor dem Ährenschieben	200	1,27	122	43	1,3	0,7	0,26	0,3
III. Heu und Stroh								
Erbsenstroh	860	3,25	266	82	20,0	1,8	—	3,0
Haferstroh	860	3,07	267	30	3,5	1,2	1,94	0,9
Weizenstroh	860	3,10	273	28	2,7	0,7	1,14	0,9
Luzerne 1. Schnitt in der Knospe	860	4,53	366	162	13,8	2,6	0,67	2,6
Rotklee 1. Schnitt in der Knospe	860	4,76	402	137	13,2	2,2	0,31	3,1
Rotkleegras								
1. Schnitt in der Knospe	860	4,58	390	118	6,5	2,5	0,27	1,6
Wiese, klee- und kräuterreich								
1. Schnitt im Ähren- bzw. Rispenschieben	860	4,64	387	141	7,0	2,5	0,43	1,6
1. Schnitt in der Blüte	860	4,07	321	119	6,3	2,1	0,60	1,4
2. Schnitt 4–6 Wochen	860	4,34	354	138	8,2	2,7	0,31	1,5

Nährstoffgehalt einiger Futtermittel

Futtermittel	1 kg Futtermittel enthält							
	TM g	NEL MJ	StE	Rohprotein g	Ca g	P g	Na g	Mg g
IV. Knollen								
Massenrüben	110	0,83	76	10	0,3	0,3	0,37	0,3
Gehaltsrüben	150	1,14	105	12	0,4	0,3	0,60	0,3
Zuckerrüben	230	1,87	169	13	0,5	0,4	0,22	0,4
Kartoffeln, frisch	220	1,78	174	20	0,1	0,5	0,12	0,3
V. Handelsfuttermittel								
Ackerbohnen	870	7,11	699	262	1,4	4,2	0,16	1,6
Erdnuß Extraktionsschrot aus teilenthülster Saat	890	6,79	692	501	1,3	6,0	0,35	3,3
Gerste (Sommergerste)	870	7,25	696	104	0,6	3,5	0,75	1,1
Grünmehl (Gras) 19,1–21 % Protein	910	5,77	566	191	*5,0	*4,5	*0,72	*1,6
Grünmehl (Luzerne) 19,1–21 % Protein	900	5,26	502	199	18,1	2,9	1,74	2,9
Hafer	880	6,25	614	109	1,1	3,1	0,34	1,2
Leinextraktionsschrot	890	6,66	665	344	4,0	8,4	0,97	5,0
Leinkuchen 4–7,9 % Fett	900	7,13	725	336	3,8	7,4	0,95	4,8
Mais	880	8,39	800	95	0,4	2,8	0,23	0,9
Malzkeime	920	5,64	477	279	2,5	7,5	0,56	1,3
Melasseschnitzel 16 % Zucker	910	6,69	641	101	7,9	0,8	3,23	2,2
Roggenkleie	880	5,96	548	143	1,5	10,0	0,70	3,2
Sojaextraktionsschrot ungeschälte Saat	880	7,10	708	452	2,7	6,6	0,30	2,6
Trockenschnitzel unmelass.	900	6,88	658	87	8,9	0,9	2,25	2,2
Weizen (Winter)	880	8,06	765	120	0,6	3,3	0,15	1,1
Weizenkleie	880	5,32	436	143	1,6	11,5	0,48	4,7
VI. Mischfutter								
Ergänzungsfutter für Aufzuchtkälber A	880	6,9	680	180	—	—	—	—
Milchleistungsfutter I 13–17 % Protein	880	6,4	640	150	8–12	5– 8	2,00	—
Milchleistungsfutter II 18–22 % Protein	880	6,4	640	200	8–12	5– 8	2,00	—
Milchleistungsfutter III 23–30 % Protein	880	6,4	640	250	15–23	7–13	4,00	—

* in Weidegras

Die Nährstoffgehalte der Futtermittel wurden aus »Kleiner Helfer für die Berechnung von Futterrationen Wiederkäuer und Schweine«, 6. erweiterte und verbesserte Auflage 1983, DLG-Verlag Frankfurt/Main entnommen.

Futterbedarf der Ziegen

Die Verdaulichkeit des Futters ist sehr verschieden und hängt vom Rohfasergehalt ab. Die Ziege liebt rohfaserreiche Pflanzen, benötigt aber bei hoher Leistung ein Futter mit einer höheren Nährstoffkonzentration.

Die mit dem Futter aufgenommenen Nährstoffe werden für den Erhaltungs- und Leistungsbedarf verwendet.

Erhaltungsbedarf

Der Erhaltungsbedarf ist für die Erhaltung des Lebens, die Verdauungsarbeit, die Herztätigkeit, die Aufrechterhaltung der Körpertemperatur, die Bildung von Kraft und die Zellerneuerung notwendig.

Der Nährstoff- und Mineralsalzbedarf richtet sich nach dem Körpergewicht der Ziege.

Eine ausgewachsene Ziege der Rasse Bunte oder Weiße Deutsche Edelziege wiegt etwa 60 kg. Dafür benötigt sie täglich:
1,0–1,2 kg TM
6,3 NEL MJ (625 STE)
70 g Rohprotein.

Für Ziegen mit einem höheren bzw. niedrigeren Körpergewicht ist für je 10 kg ein Zuschlag bzw. Abzug von etwa 15% vorzunehmen.

Leistungsbedarf

Unter dem Begriff Leistungsbedarf faßt man die Nährstoffe zusammen, die für jede Art von Leistung, z. B. für das Wachstum, die Bildung von Körperreserven, die Milchbildung und die Trächtigkeit, erforderlich sind.

Zur Bildung von 1 kg Milch bei 3,5% Fett sind erforderlich:
2,9 NEL MJ (280 STE)
75 g Rohprotein

Eine Ziege ohne Leistung könnte mit nährstoffarmem rohfaserreichem Futter leben. Bei einer Ziege mit voller (305 Tage) Laktation gibt es kaum einen Zeitabschnitt, in dem sie keine Leistung erbringt, also nur Nährstoffe für den Erhaltungsbedarf benötigt. Bei jeder guten Milchziege wird zu Beginn der Laktation, wenn sie nicht leistungsgerecht gefüttert wird, Körpersubstanz abgebaut. Dabei kann sie schnell 5 kg abnehmen und den Gewichtsverlust häufig erst in der Trockenzeit wieder ausgleichen.

Diese kaum beachtete Leistung muß beim Futterbedarf berücksichtigt werden. Es ist deshalb in dieser Zeit zum Erhaltungsfutter ein Zuschlag von 50–100% vorzunehmen.

Dasselbe gilt auch für die Jungziege, die einmal gelammt hat, aber noch nicht ausgewachsen ist. Diese benötigt mehr Nährstoffe, damit das Endkörpergewicht erreicht wird und sie in der zweiten Laktation in der Lage ist, eine höhere Milchleistung zu erbringen.

Ernährung während der Trockenzeit

Während der Trockenzeit ist der Nährstoffbedarf von Ziege zu Ziege sehr verschieden. Ausschlaggebend ist die Dauer der Trockenzeit und der Nährzustand. Es gibt Ziegen, die nach dem Decken einen

Schweizer Ziegen auf der Weide: Gemsfarbige Gebirgsziege (oben). – Die Toggenburger Ziegen, eine vorwiegend langhaarige Rasse, sind weltbekannt (unten).

starken Milchrückgang zeigen und nach kurzer Zeit ganz abbrechen, während sich andere nur durch Futterentzug trockenstellen lassen. Gerade diese Ziegen benötigen eine gezielte Fütterung. Damit die Milch zurück geht, müssen Kraftfutter, Rüben und eventuell Heu entzogen und durch Stroh ersetzt werden. Mit dieser Maßnahme ist rechtzeitig zu beginnen, damit sich das Euter regenerieren kann. Die Trockenperiode gilt als Vorbereitung für die kommende Laktation. In dieser Zeit müssen die Ziegen Körperreserven bilden, um in einem guten Nährzustand abzulammen. Eine Verfettung der Ziegen während des Trockenstehens, die durch einen zu früh beginnenden Kraftfuttereinsatz entsteht, ist allerdings auch falsch und kann sogar gesundheitsschädlich sein. Nach neuen Erkenntnissen in der Tierernährung sind trächtige Tiere dem Nährstoffbedarf entsprechend, erst sechs Wochen vor dem Ablammen kräftiger zu füttern.

Gegen Ende der Trächtigkeit benötigt die Ziege die gleiche Menge an Nährstoffen wie zur Bildung von etwa 2 kg Milch. Damit wird zugleich ein Übergang auf eine energiereichere Laktationsfütterung ermöglicht. Die Umstellung der Pansenbakterien auf die Verarbeitung von konzentriertem Futter ist dadurch geschaffen, so daß nach dem Ablammen eine weitere Steigerung der Kraftfuttergaben problemlos möglich ist. Außerdem wird ein starker Fettabbau nach dem Lammen, der zu Stoffwechselstörungen, Leberschäden und Azetonämie führen kann, verhindert.

Eine gesunde Ziegenfamilie ist immer ein erfreulicher Anblick. Die Voraussetzungen dafür sind jedoch gute Fütterung, gesunde Haltung und liebevolle Betreuung.

Ernährung in der Laktation

Ziegen können schon 8 bis 10 Tage nach dem Ablammen in voller Leistung stehen. Daher ist nach dem Lammen die Futterkonzentration zu erhöhen. Das kann durch nährstoffreicheres Grundfutter oder durch höhere Kraftfuttergaben erfolgen. Nur durch eine ausreichende Fütterung wird die Milchmenge gesteigert und gehalten. Bei unzureichender Nährstoffversorgung wird zur Milchbildung Körpersubstanz abgebaut. Ein Milchrückgang tritt meist erst dann ein, wenn die Reserven aufgebraucht sind. Die Bildung von Milch über Körperreserven ist mit hohen Energieverlusten verbunden. Der Ziegenhalter sollte deshalb seine Tiere ständig im Auge behalten, damit er ein Abmagern sofort erkennen und die Ernährung verbessern kann. Am wirtschaftlichsten ist die Fütterung, bei der die Nährstoffe dem Bedarf entsprechend zugeführt werden.

Bei der Zusammenstellung der Futterration muß auf Schmackhaftigkeit und Abwechslung beim Grund- und Kraftfutter geachtet werden.

Der Ziegenhalter kann selbst eine vielseitige Futtermischung herstellen, bestehend aus:

- Hafer
- Gerste
- Mais
- Weizenkleie
- Trockenschnitzel
- Leinkuchenmehl
- Sojaschrot

Nährstoffbedarf der Ziege für die Erhaltung und Leistung

	Trocken-masse kg (Richtwerte)	NEL MJ	Rohprotein g	Calcium g	Phosphor g
Erhaltungsbedarf (60 kg)	1,0–1,2	6,3	70	4,5	2,8
Bildung von Körperreserven	1,8	8,5	125	6,0	4,0
Trächtigkeit im 4. Monat	1,9	9,0	140	7,5	4,5
Trächtigkeit im 5. Monat	2,1	12,3	220	8,8	6,0
Leistung bei: 1 kg Milch	2,0	9,2	145	6,5	4,2
2 kg Milch	2,2	12,1	220	8,5	5,6
3 kg Milch	2,5	15,0	295	10,5	7,0
4 kg Milch	2,8	17,9	370	12,5	8,4
5 kg Milch	3,0	20,8	445	14,5	9,8
6 kg Milch	3,2	23,7	520	16,5	11,2

Das Verhältnis von Energie zu Protein muß in der Futterration ausgeglichen sein. Deshalb ist zu eiweißreichem Grünfutter ein Futtermittel mit niedrigem Eiweißgehalt, wie Trockenschnitzel, Mais und Getreide, zu wählen. Die Fertigfuttermischungen für Milchvieh, die in verschiedenen Proteinstufen angeboten werden, können ebenfalls Verwendung finden.

Berechnung von Futterrationen

Die Rationen wurden durch Futterwiegungen in Ziegenhaltungsbetrieben ermittelt. Sie sind auf eine Ziege mit einem Körpergewicht von 60 kg bezogen. Bei schwereren Ziegen ist ein Zuschlag und bei leichteren ein Abzug von 0,8 NEL MJ und 10 g Rohprotein pro 10 kg Lebendgewicht vorzunehmen.

Futterrationen für die Winter- und Sommerfütterung

kg	Futterart	TM kg etwa	NEL MJ	Rohprotein g
	Bedarf bei 1 kg Milch – 3,5 % Fett	2,0	9,2	145
1,3	Wiesenheu	1,1	5,3	154
0,6	Weizenstroh	0,5	1,9	17
3,0	Massenrüben	0,3	1,9	30
		1,9	9,1	201
7,0	Wiesengras	1,5	8,2	210
0,4	Haferstroh	0,3	1,2	12
		1,8	9,4	222

Futterrationen für die Winter- und Sommerfütterung

kg	Futterart	TM kg etwa	NEL MJ	Rohprotein g
	Bedarf bei 2 kg Milch – 3,5% Fett	2,2	12,1	220
1,9	Wiesenheu	1,6	7,7	226
3,0	Massenrüben	0,3	1,9	30
0,3	Mais	0,3	2,5	28
		2,2	12,1	284
10,0	Wiesengras	1,7	11,6	330
0,2	Haferstroh	0,2	0,6	6
		1,9	12,2	336
	Bedarf bei 3 kg Milch – 3,5% Fett	2,5	15,0	295
1,9	Wiesenheu	1,6	7,7	226
0,6	Melasseschnitzel	0,5	4,0	60
0,5	50% Hafer – 50% Gerste	0,4	3,4	53
		2,5	15,1	339
10,0	Wiesengras	1,7	11,6	330
0,2	Wiesenheu	0,2	0,8	24
0,4	Trockenschnitzel	0,4	2,8	35
		2,3	15,2	389
	Bedarf bei 4 kg Milch – 3,5% Fett	2,8	17,9	370
1,1	Wiesenheu 1. Schnitt	0,9	4,4	130
0,4	Wiesenheu 2. Schnitt	0,3	1,7	55
3,5	Gehaltsrüben	0,5	4,0	42
1,2	Milchleistungsfutter I	1,1	7,7	180
		2,8	17,8	407
10,0	Wiesengras	1,7	11,6	330
0,3	Wiesenheu	0,3	1,2	36
0,4	50% Hafer – 50% Gerste	0,4	2,7	42
0,4	Trockenschnitzel	0,4	2,8	35
		2,8	18,3	443

Futterrationen für die Winter- und Sommerfütterung

kg	Futterart	TM kg etwa	NEL MJ	Rohprotein g
	Bedarf bei 5 kg Milch – 3,5 % Fett	3,0	20,8	445
1,0	Wiesenheu 1. Schnitt	0,9	4,1	119
0,4	Wiesenheu 2. Schnitt	0,3	1,7	55
3,5	Gehaltsrüben	0,5	4,0	42
1,2	1/3 Hafer – 1/3 Geste – 1/3 Mais	1,1	8,7	124
0,4	Milchleistungsfutter III	0,3	2,6	100
		3,1	21,1	440
7,0	Wiesengras	1,2	8,1	231
3,0	Rotklee oder Luzerne	0,6	3,8	126
1,3	1/3 Hafer – 1/3 Geste – 1/3 Trockenschnitzel	1,1	8,9	136
		2,9	20,8	493
	Bedarf bei 6 kg Milch – 3,5 % Fett	3,2	23,7	520
0,5	Wiesenheu 1. Schnitt	0,4	2,0	60
0,4	Rotkleeheu	0,3	1,9	55
3,0	Gehaltsrüben	0,4	3,4	36
2,5	Grassilage	0,5	3,2	107
1,5	1/3 Hafer – 1/3 Geste – 1/3 Mais	1,3	10,9	155
0,3	Sojaschrot	0,3	2,1	136
		3,2	23,5	549
5,0	Wiesengras	0,9	5,8	165
5,0	Rotklee oder Luzerne	0,9	6,3	210
0,2	Wiesenheu	0,2	0,8	24
1,5	1/4 Hafer – 1/4 Gerste – 1/4 Mais – 1/4 Trockenschnitzel	1,3	10,8	147
		3,3	23,7	546

Durchschnittlicher Jahresbedarf einer Ziege

Wiesenheu	400 kg
Rüben	500 kg
Grünfutter	1800 kg
Stroh zur Einstreu und Fütterung	300 kg
Kraftfutter	300 kg

Fütterung des Zuchtbocks

Der Zuchtbock kann dasselbe Grundfutter wie die Ziege erhalten. Auch der Mineralstoffbedarf bewegt sich in gleicher Höhe. Der Bock muß so gefüttert werden, daß er in der Decksaison voll einsatzbereit ist. Während der Deckzeit nehmen die Ziegenböcke wenig Futter auf, so daß ein starker Gewichtsverlust entsteht. Der Ausgleich darf aber in der Deckruhe nicht allein durch die Fütterung von Heu und Grünfutter erfolgen, denn damit wäre eine Vergrößerung des Pansens verbunden und Deckmüdigkeit könnte die Folge sein. Der Zuchtbock braucht deshalb außerhalb der Deckzeit täglich ein vorwiegend aus Hafer bestehendes Kraftfuttergemisch von 300–500 g. Er ist dadurch an die Aufnahme von Kraftfutter gewöhnt und eher bereit, zu Beginn und während der Deckzeit 800–1200 g täglich aufzunehmen.

Zur Verbesserung der Decklust kann ein Vitaminstoß verabreicht werden.

Lämmertränken außerhalb der Bucht sind aus hygienischen und arbeitswirtschaftlichen Gründen zu empfehlen. Die Tränke kann nach dem Tränken ausgespült und zur Verfütterung von Kraftfutter verwendet werden.

Fütterung der Zuchtlämmer

Bis zum Alter von etwa 4 Wochen bekommen Zucht- und Mastlämmer die gleiche Nahrung. Der Ziegenzüchter muß dann die Zuchtauswahl treffen und die Lämmer in Zucht- und Mastgruppen trennen. Stehen genügend Lämmerbuchten zur Verfügung, können die Zuchttiere gleichzeitig in männliche und weibliche Gruppen aufgeteilt werden. Bei Platzmangel kann die Geschlechtertrennung auch noch erfolgen, wenn die Schlachtlämmer abgegangen sind.

Das Zuchtlamm muß jetzt mehr Rauhfutter aufnehmen. Der steigende Nährstoffbedarf wird nicht mehr durch höhere Milchgaben, sondern durch Kraftfutter und Heu gedeckt. Durch die Aufnahme von mehr Trockenmasse steigt der Flüssigkeitsbedarf, der durch die Erhöhung der Tränkemenge ausgeglichen wird.

Die Konzentration der Milchaustauschertränke wird bis auf 50 g je kg verringert. Das gesonderte Anbieten von Milchtränke und Wasser ist allerdings günstiger. Bei ungenügendem Wasserangebot nehmen die Lämmer auch weniger Futter auf. Es ist bekannt, daß Tiere, die viel Wasser saufen, auch bessere Fresser sind. Das Zuchtlamm hat im Alter von 10 Wochen einen täglichen Flüssigkeitsbedarf von etwa 3 Litern, der mit zunehmendem Alter ansteigt.

Mit drei Monaten sollte das weibliche Zuchtlamm ein Gewicht von 20 kg erreicht haben und genügend Nährstoffe in fester Form aufnehmen. Damit keine Wachstumsstockung eintritt, sind parallel zum Milchentzug die Kraftfuttergaben zu erhöhen. Als Tränke erhält es jetzt nur noch Wasser, das auch über die Selbsttränke angeboten werden kann. Die Jungtieraufzucht ist jedoch noch nicht beendet. Der Ziegenhalter muß die Lämmer weiterhin gut füttern. Zum Grundfutter sind Kraftfuttergaben von täglich 500–800 g erforderlich.

Bei der Jungtieraufzucht ist auf eine ausreichende Mineralsalzversorgung zu achten. Sobald die Lämmer sich an das Kraftfutter gewöhnt haben, ist langsam mit der Beimischung einer kleinen Menge zu beginnen, die auf 15 g gesteigert wird. Der Mineralstoffbedarf läßt sich auch über Mineralsalzlecksteine decken.

Der Zuchtbock muß im Alter von 5 bis 6 Monaten genügend entwickelt sein, damit er bei der im August beginnenden Decksaison verwendet werden kann. Dazu muß er in diesem Alter 10–15 kg mehr wiegen als die weiblichen Tiere. Diese schnellere Entwicklung ist zu erreichen durch

- die entsprechende Zuchtauswahl,
- frühzeitige Gewöhnung an die Aufnahme größerer Mengen Kraftfutter,
- Verwendung von gutem Heu aus dem ersten Schnitt,
- Verabreichung kleinerer Mengen Grünfutter (am besten Rotklee oder Luzerne),
- Steigerung der Rauhfutteraufnahme durch ein vielseitiges Futterangebot (auch Kräuter, Reisig und Laub),
- Mineralsalzgaben von täglich 15 bis 25 g.

Männliche Zuchttiere sind bis zu 4 Wochen wie die anderen Lämmer zu füttern und anschließend an eine verstärkte Kraftfutteraufnahme zu gewöhnen. Vollmilch- und Milchaustauschertränke wer-

Nährstoffbedarf und Entwicklung der Zuchtlämmer

Alter	täglicher Nährstoffbedarf Rohprotein g	NEL MJ	täglicher Zuwachs g	Lebendgewicht kg	
Geburt	—	—	—	3,5	
1. Monat	130	4,2	200	9,5	
2. Monat	135	4,9	180	14,9	
3. Monat	135	5,6	160	19,7	
4. Monat	130	6,0	140	23,9	
5. Monat	125	6,2	120	27,5	
6. Monat	120	6,4	110	30,8	
7. Monat	120	6,8	110	34,1	Bedeckung
8. Monat	125	7,0	100	37,1	Bedeckung
9. Monat	130	7,4	100	40,1	
10. Monat	140	8,1	90	42,8	
11. Monat	150	9,0	90	45,5	
12. Monat	163	10,0	80	47,9	
13. Monat	180	10,9	70	50,0	Gewicht nach
14. Monat	195	11,8	60	51,8	dem Ablammen

den jedoch langsamer abgezogen, denn sie müssen im Durchschnitt der ersten 5 Monate täglich 250 g zunehmen. Im Alter von 4 Monaten sollte das männliche Zuchtlamm als Tränke nur noch Wasser erhalten, da ab diesem Zeitpunkt mit Heu und Kraftfutter ausreichende Zunahmen zu erzielen sind. Bei intensiver Fütterung, besonders bei Milchtränke, tritt sehr leicht Durchfall auf. Durch Reduzierung bzw. Einstellung der Milchtränke läßt sich diese Störung schnell beheben.

Lämmermast

In der Ziegenhaltung rentiert sich nur die Junglamm-Mast bis zu einem Lebendgewicht von 25 kg, da für schwerere und ältere Tiere erheblich weniger bezahlt wird. Das bedeutet, daß die Ziegenlämmermast sich auf die Milchmast beschränkt.

Nur die intensive Mast bringt hohe Zunahmen und eine gute Fleischqualität. Während der Mastperiode sind tägliche Zunahmen von 280 bis 300 g anzustreben. Dazu ist die tägliche Tränkemenge im 2. bis 3. Monat auf 3 kg zu steigern oder die Konzentration der Milchaustauschertränke langsam von 130 auf 150 g je Liter zu erhöhen. Die reine Milchaustauschermast bringt geringere Zunahmen und eine schlechtere Fleischqualität. Da die Lämmer bei der Milchaustauschertränke weniger aufnehmen, sollte die Tränke immer etwas Ziegenmilch enthalten. Bei einer Tränke mit 50% Ziegenmilch und 50% Milchaustauscher werden dieselben Erfolge wie bei reiner Ziegenmilch erzielt. Kraftfuttergaben mindern die Fleischqualität nicht und erhöhen das Mastgewicht. Eine völlige Umstellung auf Kraftfuttermast ist jedoch nicht lohnend, da die Lämmer schon im Alter von 10 bis 12 Wochen geschlachtet werden. Die Mastlämmer sollten nicht viel Heu fressen, da sich der Pansen sonst zu stark entwickelt.

Beim Auftreten von Durchfall muß die Konzentration und die Tränkemenge sofort reduziert werden; gegebenenfalls sollte man einen Tag nur klares Wasser oder Fenchel- bzw. Kamillentee verabreichen.

Gesunderhaltung und Krankheiten

Der Ziegenhalter ist für seine Tiere verantwortlich, deshalb muß er beim Auftreten von Krankheiten Hilfe leisten. Er sollte sich Kenntnisse über die Krankheiten der Ziege und deren Behandlung aneignen. Im Zweifelsfall muß der Ziegenhalter seinem Tier zuliebe sofort den Tierarzt rufen, denn eine nicht rechtzeitig begonnene Behandlung bringt weniger Erfolg und verursacht höhere Kosten.

Die Ziege gilt als ein gegen Krankheiten widerstandsfähiges Tier. Bei sachgemäßer Haltung treten nur selten ernstliche Erkrankungen auf. Es handelt sich vorwiegend um Krankheiten, die auch beim Schaf und Rind vorkommen. Der Krankheitsverlauf weicht jedoch in manchen Fällen von dem bei Schafen und Rindern ab. Eine wichtige Rolle bei allen Krankheiten spielen die Widerstandskraft der Tiere und die gegebenen Haltungsbedingungen. Kräftige, gut und richtig ernährte Tiere besitzen mehr Abwehrkraft und sind weniger anfällig.

Die Wärme einer Infrarotlampe trägt zum Wohlbefinden der Lämmer bei und schützt sie vor Krankheiten.

Auch bei der Ziege gilt der Leitsatz: »Vorbeugen ist besser als Heilen.« Wichtige Voraussetzungen für die Gesunderhaltung der Ziegen sind

- ausreichende Tier-, Stall- und Melkhygiene,
- einwandfreie Haltungsbedingungen,
- trockene, gut gelüftete Ställe,
- Desinfektion der Lämmerbuchten vor dem Belegen,
- Unterbringung zugekaufter Tiere in einem Quarantänestall,
- Wärme bei jungen Lämmern (z. B. Infrarotlampe).

Kranke Tiere sind daran zu erkennen, daß sie sich anders verhalten als gesunde. Sie machen einen müden, matten Eindruck, stehen gekrümmt und legen sich unregelmäßig hin. Oft ist die Futteraufnahme vermindert.

Die Ohren der Ziegen sind bei fieberhaften Erkrankungen häufig kalt. Dies ist jedoch kein sicheres Zeichen, da die Oberflächentemperatur häufig wechselt. Nur die innere Körpertemperatur, die mit dem

Kranke Tiere wirken teilnahmslos und stehen gekrümmt und unbeweglich.

Fieberthermometer rektal festgestellt wird, ist aussagekräftig. Die Körpertemperatur variiert aber. In der Regel haben ältere und schwerere Ziegen niedere, kleine Ziegen und Lämmer höhere Normalwerte.

Werte der gesunden erwachsenen Ziege:

- Temperatur 38,2–39,5 °C
- Puls pro Minute 70–90
- Atmung je nach Bewegung pro Minute 15–30

Die Temperatur von 39,5 °C kann allerdings schon den Beginn einer fieberhaften Erkrankung anzeigen. Bei kranken Ziegen können Körpertemperaturen bis etwa 42,0 °C auftreten. Durch das Fieber werden Krankheitskeime abgetötet. Allerdings gelingt dies dem Körper nicht immer. So kann es vorkommen, daß die Temperatur wieder zurückgeht, ohne daß eine Besserung eingetreten ist. Der Körper hat dann nicht mehr die Kraft, sich gegen die Krankheit zu wehren. Noch kritischer wird es, wenn Untertemperatur eintritt. Deshalb ist eine rechtzeitige Behandlung bzw. Inanspruchnahme des Tierarztes wichtig.

Krankheiten können durch verschiedene Faktoren, wie Bakterien, Viren, Erkältung, Parasiten und Futtervergiftungen entstehen. Der Ziegenhalter muß der Krankheitsursache nachgehen und darf erst mit der Behandlung beginnen, wenn die Diagnose feststeht. Eine falsche Behandlung belastet das kranke Tier nur zusätzlich. Maßnahmen beim Verdacht auf eine Erkrankung:

- Messen der Körpertemperatur
- Abhören der Lungen- und Pansengeräusche mit dem an den Leib gelegten Ohr

- Überprüfen der Augenlidbindehaut und des Nasenausflusses
- Abtasten des Euters auf Erwärmung und Schwellungen – Schalmtest durchführen
- Kontrolle der Kotbeschaffenheit – Kotuntersuchung
- Überprüfung der Futtermittel

Stallapotheke

Eine Stallapotheke, die mit Hilfe des Tierarztes angelegt wird, sollte in jedem Betrieb, auch beim Hobby-Tierhalter, vorhanden sein. Sie ist in einem kühlen, trockenen Raum unterzubringen. Die Medikamente sind vor dem Zugriff von Kindern zu schützen. Da Arzneimittel nur begrenzt haltbar sind, sollten nur kleine Mengen vorrätig gehalten werden. Das Verfalldatum, die vorgeschriebenen Wartezeiten sowie die Dosierung der Medikamente sind genau zu beachten. Sie werden entweder äußerlich, durch das Maul (oral) oder als Injektion verabreicht. Bei den Ziegen sind pastenförmige oder flüssige Medikamente für die orale Eingabe besser geeignet als Boli, da die Verabreichung auch mit dem Eingabestab

Eingeben von Medizin mit der Flasche.

Bezugsmöglichkeiten für Arzneimittel

Medikamente	Bezug
Verschreibungs-pflichtig	über den Tierarzt bzw. mit Rezept in der Apotheke
Apothekenpflichtig	über Apotheke und Tierarzt
Frei erhältlich	über Landhandel, Drogerie, Apotheke und Tierarzt

Folgende Geräte sollten zur Verfügung stehen

Temperaturmessung	Fieberthermometer
Wärmespender	Infrarotlampe
Lämmeraufzucht	Magensonde
Wurmbehandlung	Plastikspritzen
	Dosierapparat (nur für größere Betriebe)
	Boluseingeber
Scheiden- und Gebärmuttervorfall	Vorfallbügel
Blähungen	Schlundrohr oder dünner Schlauch
Injektionen	Einwegspritzen und -kanülen

Übung erfordert. Flüssige Arzneimittel können mit einer Plastikspritze oder in größeren Beständen mit einem Dosierautomat problemlos eingegeben werden. In die Stallapotheke gehören nur Medikamente, die schnell oder oft benötigt werden. Zur Behandlung der Krankheiten gibt es eine Reihe wirksamer Medikamente verschiedener Firmen, von denen in der Tabelle einige aufgeführt sind.

Medikamente für die Stallapotheke

Verwendungszweck	Arzneimittel	Anwendung
Entzündungen, Schwellungen	Kampfersalbe	äußerlich
Euterentzündung (fieberhaft)	Antibiotika-Injektoren	Einführen durch den Strichkanal
	Omnamycin[R] oder andere Antibiotika	Injektion
Eiternde Entzündungen	Ichtyolsalbe	äußerlich
Ekzeme und Lippengrind	Socatylpaste	äußerlich
	Chloromycetin-Spray	äußerlich
Wundbehandlung	Lebertransalbe	äußerlich
Desinfektionsmittel	Jodtinktur	äußerlich
Zitzendesinfektion	Jodophore	äußerlich
Verdauungsstörung		
allgemeine Pansenstörung	Pansenstimulans-Pulver	
	z. B. Bykodigest	oral
	Natriumpropionat	oral
	Colosan	oral
Blähung, schaumige Gärung	Siliko	oral
	Colosan	oral
Gebärmutterinfektion	Antibiotika- bzw. Sulfonamid-Stäbe z. B. Supronal Boli	in die Gebärmutter einlegen
Infektiöse Darmstörung (Bakterien, Kokzidien)	Trafigalpulver	oral
	Supronal Boli	oral
	Sulfadimidin	oral oder Injektion
	Socatyl-Paste u. a.	oral
Magen-, Darm-, Lungen- und Bandwürmer	z. B. Panacur, Rintal, Systamex, Ovitelmin u. a.	oral
Hautparasiten	z. B. Alugan	äußerlich
Aufbaumittel	Vitamin-AD_3E	oral oder Injektion

Die auf den folgenden Seiten beschriebenen Krankheiten sind alphabetisch geordnet mit Ausnahme der Parasiten, die vorangestellt wurden.

Parasiten

Ektoparasiten (Außenparasiten)

Bei Ziegen sind Parasiten der Haut besonders im Herbst, Winter und Frühjahr zu beobachten.

Läuse und Haarlinge verursachen Juckreiz, das Fell wird struppig und matt.

Behandlung: Einpudern mit Insektizid, Abwaschen bzw. Baden mit Alugan. Nach 8 bis 10 Tagen die Behandlung wiederholen, um die inzwischen geschlüpften Larven abzutöten.

Räudemilben lösen intensiven Juckreiz und Haarausfall aus. Befallen werden vorwiegend Kopf, Widerrist, Rücken, Hals und Extremitäten. Auf der Haut bilden sich Bläschen und Krusten.

Behandlung: Zweimaliges Baden oder Abwaschen des ganzen Tierbestandes im Abstand von 8 bis 10 Tagen mit Alugan oder einem anderen gegen Milben wirksamen Mittel (Acarizid/Insektizid). Zusätzliches Abwaschen mit Schmierseife löst die Krusten besser und trägt zu einem schnelleren Erfolg bei. Mit dem Insektizid ist auch der Stall zu entwesen.

Pilzbefall, Flechten verursachen im fortgeschrittenen Stadium wie bei Räude Schuppenbildung und Haarausfall. Charakteristisch ist jedoch, daß die befallenen Stellen ringförmig oder oval angeordnet sind. Pilzbefall tritt vorwiegend im Spätherbst und Winter in feuchten, schlecht belüfteten Ställen auf.

Behandlung: Abwaschen mit einem pilzwirksamen Spezialmittel, z. B. Defungit. Wenn gleichzeitig Räudemilben oder Haarlinge vermutet werden, ist dem Badewasser Alugan beizumischen. Das Restbadewasser zur Stallentwesung verwenden.

Wichtig ist die Verbesserung der ungünstigen Stallverhältnisse.

Zecken kommen überall vor, treten jedoch in wärmeren Gebieten stärker auf und befallen vorwiegend Weidetiere. Sie sind lästig, verursachen Blutarmut und können Krankheitserreger übertragen.

Behandlung: Besprühen oder Abwaschen der Tiere mit Alugan.

Endoparasiten (Innenparasiten, Wurmparasiten)

Stumpfes, struppiges Haarkleid und Durchfall, bei länger fortbestehendem Befall taumelnder Gang, matte Augen, dikker Kopf, der durch stehende Haare noch ausgeprägter wirkt, sind Zeichen von Parasitenbefall. Manchmal bekommen die Tiere Krämpfe und knirschen mit den Zähnen. Einen genauen Befund ergeben Kotuntersuchungen. Dazu ist frisch abgesetzter Kot zu verwenden (einzeln verpackt oder als Sammelprobe von mehreren Tieren zur Bestandsuntersuchung). Einzelproben können auch mit dem Zeigefinger aus dem Mastdarm entnommen werden. Die Kotproben in einer Menge von etwa Pflaumengröße sind, in Plastikbeuteln verpackt, unverzüglich an das Untersuchungsamt zu senden.

Ziegen werden oft viel stärker von Wurmparasiten befallen als allgemein angenommen. Ein Großteil der Ziegenverluste geht auf das Konto von derartigen

Schmarotzern. Besonders empfänglich sind Jungtiere sowie Tiere im Laufstall und auf der Weide. Sie kommen durch Schnuppern in der Streu und bei der Futteraufnahme mit Kot in Berührung und nehmen dadurch zwangsläufig Parasitenbrut auf. Deshalb sind bei diesen Haltungsformen mehrere Behandlungen im Jahr erforderlich. Alttiere entwickeln eine gewisse Immunität gegen parasitäre Erkrankungen, die aber nicht unbegrenzt belastbar ist. Sie infizieren laufend Jungtiere. Bei der Stallhaltung ist eine einmalige Behandlung im Jahr ausreichend. Beim Weidebetrieb sollte grundsätzlich vor dem ersten Austrieb und nach dem letzten Weiden eine Wurmbehandlung stattfinden. Je nach Witterungsverlauf kann 3 bis 4 Wochen nach einer Behandlung schon wieder eine starke Verwurmung vorliegen. Deshalb können während der Weidezeit bei Ziegen mindestens noch eine und bei den Lämmern zwei bis drei weitere Behandlungen erforderlich werden. Einen Tag nach der Wurmbehandlung sollen die Tiere auf eine neue Weide kommen.

Parasitäre Erkrankungen, die durch eine starke Verwurmung oft schlagartig den ganzen Bestand befallen, können schnell zum Tode führen. Begünstigt wird die starke Verwurmung von seiten des Tieres durch ungenügende Ernährung, einen gestörten Allgemeinzustand, Umstellung innerhalb des Stalles und Zukauf; von seiten der Umwelt durch Feuchtigkeit und Wärme, geringes Flächenangebot und zu wenig Weidewechsel.

Der Ziegenhalter kann die Tiere vor Verwurmung und Schaden schützen, wenn er folgende Punkte beachtet:

- ausreichende Fütterung
- Hygiene und regelmäßige Einstreu, besonders bei jungen Lämmern
- zugekaufte Tiere sofort entwurmen
- Lämmer und Ziegen getrennt weiden
- häufiger Weidewechsel (Portionsweide)
- feuchte Wiesen und Wasserlöcher nicht beweiden
- Tiere erst austreiben, wenn der Tau abgetrocknet ist
- ausreichende Wurmbehandlungen

Magen- und Darmwürmer sind Parasiten, die sich im Labmagen und Dünndarm ansiedeln. Die Wurmeier werden von befallenen Tieren mit dem Kot ausgeschieden, aus ihnen schlüpfen in ein bis zwei Tagen Larven, die bei warmer schwüler Witterung bald ansteckungsfähig sind. Die Ansteckung erfolgt durch die Aufnahme von Larven, die sich im Weidegras und in der Einstreu befinden. Die Larven sind hitze- und kälteempfindlich und sterben bei starker Sonnenbestrahlung in wenigen Tagen ab.

Behandlung: Ovitelmin, Panacur, Rintal, Systamex u. a.

Bandwürmer treten vorwiegend bei Weidetieren auf. Ältere Ziegen erkranken nicht immer, können aber Bandwürmer beherbergen und dadurch andere Tiere anstecken. Mit dem Kot werden Eier und Bandwurmglieder ausgeschieden. Die 0,5 bis 0,8 mm langen Bandwurmglieder sehen wie kurze Strohteile oder breite Nudeln aus und sind im frischen Kot sichtbar. Sie werden von der Moosmilbe aufgenommen, die als Zwischenwirt dient. In der Milbe entwickelt sich die Finne. Diese wird mit dem Gras aufgenommen und setzt sich im Dünndarm der Ziege fest.

Behandlung: Ein spezielles Bandwurmmittel ist Mansonil. Da Ziegen nur selten allein mit Bandwürmern befallen sind, werden in der Praxis kombinierte Mittel wie Ovitelmin, Panacur, Rintal u. a. verwendet, die zugleich auch gegen Magen-, Darm- und Lungenwürmer wirken.

Der Große Lungenwurm besiedelt die Luftröhre und die Bronchien. Im Lungengewebe kommt es zur Bildung von Brutknoten, die bei der Schlachtung zu sehen sind. Trockener Husten ist ein typisches Zeichen. Die Ansteckung erfolgt durch Aufnahme der Larven mit dem Futter, hauptsächlich auf der Weide.

Die Kleinen Lungenwürmer sitzen in den Bronchien und in der Lunge. Wurm- und Brutknötchen im Lungengewebe verursachen Gewebeschädigungen, die einer Lungenentzündung durch Bakterien oder Viren Vorschub leisten. Im Gegensatz zum Großen Lungenwurm benötigen die Kleinen Lungenwürmer Schnecken als Zwischenwirt. Die Ansteckung erfolgt durch Aufnahme von infizierten Schnekken mit dem Futter.

Behandlung: Citarin und Rintal; die anderen Mittel gegen Magen- und Darmwurmbefall sind unwirksam. Bei zusätzlichen Infektionen (Lungenentzündung) muß eine Antibiotikabehandlung erfolgen.

Der Große Leberegel lebt in feuchten Wiesen, an Teich- und Flußrändern. Zwischenwirt ist die Zwergschlammschnecke, die Leberegeleier aufnimmt. Aus den Eiern schlüpfen die Larven, die bis zu 4 Monate in der Schnecke verbleiben und sich dann an Grashalmen festsetzen. Sie werden im Sommer und Herbst mit dem Futter von den Ziegen aufgenommen.

Behandlung: Raniden und Diplin. Bei erschöpften und geschwächten Tieren ist Vorsicht geboten.

Der Kleine Leberegel kommt auf kalkhaltigen trockenen Böden vorwiegend in Mittelgebirgslagen vor. Die von den Ziegen mit dem Kot ausgeschiedenen Eier werden von Landschnecken als erstem Zwischenwirt aufgenommen. In Ameisen, dem zweiten Zwischenwirt, entwikkeln sie sich weiter. Die Ansteckung erfolgt durch Aufnahme der Ameisen mit dem Futter.

Behandlung: Eingabe von Thibenzole in 4facher Dosis oder Cambenzole-Paste. In gefährdeten Gegenden sind regelmäßige Behandlungen durchzuführen.

Kokzidien verursachen übelriechenden Durchfall, der auch blutig sein kann, starkes Abmagern und geringe Futteraufnahme. Es handelt sich um einzellige Darmparasiten, die in der Dünndarmschleimhaut auch gesunder Lämmer und Ziegen leben und sich dort vermehren. Sie zerstören die Dünndarmschleimhäute, wodurch Darmblutungen entstehen können. Besonders anfällig sind junge Lämmer. Sie nehmen mit infiziertem Futter, Wasser oder Einstreu Kokzidien auf. Erwachsene Ziegen können Kokzidien beherbergen und ausscheiden, ohne selbst zu erkranken. Da der Tod schnell eintritt, muß bei den geringsten Anzeichen sofort behandelt werden.

Behandlung: Gegen Kokzidien sind Wurmmittel wirkungslos. Hier bedarf es spezifischer Kokzidiostatika oder sulfonamidhaltiger Präparate (z. B. Sulfadimidin, Supronal, Socatylpaste). Die Mittel sind an mindestens zwei bis drei aufeinander folgenden Tagen einzugeben. Der gesamte Lämmerbestand sollte in die Behandlung einbezogen werden. Schwachen Lämmern sind vitaminhaltige Aufzuchtpräparate zur Stärkung zu verabreichen. Im übrigen ist auf Hygiene, die laufende Einstreu-Erneuerung und trockene Lämmerbuchten zu achten.

Blähungen

Das Aufblähen wird durch erhöhte Gasbildung im Pansen verursacht. Die Hungergrube ist stark gewölbt, die Atmung erhöht. Blähungen entstehen vorwiegend durch zuviel junges, kleereiches, hastig gefressenes Futter. Besonders gefährlich ist durch Lagerung warm oder durch Wind und Sonne welk gewordenes Futter. Nach Frostnächten treten leicht Blähungen auf, da Frost dem Futter Wasser entzieht und es schneller welk wird. Die mit dem Blähen verbundene Schaumbildung erschwert den normalen Austritt der Gase durch Rülpsen. Bei starkem Blähen muß rasche Hilfe erfolgen, da es zum Ersticken kommen kann.

Behandlung: Einstellung der Fütterung. In leichtgradigen Fällen stellt man das Tier vorne hoch und regt das Kauen mit einem groben durch das Maul gezogenen Strick an, um ein Entweichen der Gase zu erreichen. Ein gleichzeitiges Massieren der Flanken unterstützt den Abzug der Gase. Die Eingabe silikonhaltiger Antiblähmittel (Siliko) oder Colosan stoppt die Schaum- und Gasbildung. Stehen keine Medikamente zur Verfügung, kann Prilwasser (1 Eßlöffel auf 0,25 l Wasser), Salatöl (3 Eßlöffel) oder ein Fläschchen Underberg eingegeben werden.

Bei sehr starkem Blähen können die Gase durch das Schlundrohr oder durch

Ein an CAE erkranktes Lamm. Deutlich erkennbar sind Verdickungen an den Gelenken und die Lähmung der Hinterhand (siehe Seite 124).

Anstechen der Pansenwand mit dem Trokar abgeleitet werden. Die Blähungen können sich wiederholen. Die Gefahr ist erst behoben, wenn das Tier normal wiederkaut.

Vorbeugung: Vor der Fütterung von jungem, nährstoffreichem Futter unbedingt rohfaserreiches Heu vorlegen. Erwärmtes bzw. welkes Futter lüften und benetzen.

Brucellose

Brucellose wird durch das Bakterium *Brucella melitensis* hervorgerufen und ist *anzeigepflichtig*. Kranke, aber äußerlich gesund erscheinende Tiere können im 3. bis 5. Trächtigkeitsmonat verlammen. Die Ziegen zeigen manchmal entzündliche

Schwellungen am Euter und die Böcke am Hoden. Die Ansteckung erfolgt auch durch andere Tierarten, über die Milch und infiziertes Futter. Die Infektion kann durch Blutuntersuchung nachgewiesen werden.

Das Behandeln und Schlachten der Tiere ist verboten. Die Krankheit wird staatlich bekämpft.

Der Erreger kann durch Kontakt mit kranken Tieren und den Genuß von infizierter Milch und infiziertem Fleisch auch auf den Menschen übertragen werden. Er verursacht beim Menschen das gefährliche Maltafieber. Bei den Menschen tritt ein bis drei Wochen nach der Infektion unregelmäßig hohes Fieber auf, das Mattigkeit, Kopf- und Gliederschmerzen verursacht. Bei rechtzeitiger Diagnose bestehen gute Heilungsaussichten, andernfalls können Folgen der Krankheit lebenslang fortbestehen.

CAE-Viruserkrankung (Caprine-Arthritis-Enzephalitis)

Die klinischen Anzeichen sind Anschwellen der Karpal-, Knie- und Hüftgelenke, schmerzhafte Verdickung der Gelenkskapseln, zunehmende Bewegungsunfähigkeit und Festliegen, Verhärtungen im Eutergewebe und Vergrößerung der Euter-Lymphknoten. Außerdem können Verlammungen auftreten. Die CAE ist eine fieberlos verlaufende Krankheit. Die Krankheitssymptome bei Lämmern lassen zunächst auf eine Mangelerkrankung, wie Rachitis, schließen. Bald darauf zeigt sich auch Lahmheit, vorwiegend in der Hinterhand. Die Krankheit führt oftmals erst nach Jahren zum Tode. Zur Erkrankung kommt es im Alter von etwa vier Monaten oder auch erst nach Jahren. Nur wenige der infizierten Tiere erkranken. Die infizierten Tiere, auch die nicht erkrankten, stecken andere Tiere an. Übertragen wird der CAE-Virus vorwiegend über die Milch und auch von Tier zu Tier. Die Infektion ist durch Antikörper im Blut und in der Milch nachweisbar. Es gibt jedoch Zeiten, in denen die Antikörperbildung für eine positive Reaktion nicht ausreicht. Deshalb sind mindestens drei Untersuchungen in längeren Zeitabständen notwendig. Eine Behandlung der erkrankten und positiv reagierenden Tiere ist nicht möglich.

Vorbeugung: Die positiven sind von den negativen Tieren zu trennen. Man nimmt an, daß auch die Lämmer von positiv reagierenden Tieren gesund geboren werden. Sie dürfen aber keine Milch von positiven Ziegen erhalten, wenn diese nicht vorher abgekocht wird. Das Kolostrum muß eine halbe Stunde bei 62 °C erhitzt werden. Einfacher ist es, Kuhmilchkolostrum zu verwenden, das in Bechern (etwa 0,5 l) eingefroren und bei Bedarf aufgetaut werden kann. Ein Lamm sollte am ersten Tag mindestens 200 ml Kolostrum erhalten. Vom 5. Tag an kann Magermilchpulver verabreicht werden. Wird Milch von CAE-positiven Ziegen verwendet, so ist exaktes Arbeiten beim Abkochen der Milch unbedingt erforderlich.

Fleischziegenlämmer, die von eingeführten Burenziegen aus Namibia abstammen. – Der typische Bock mit guter Bemuskelung, Hängeohren und Ramsnase eignet sich besonders für die Verdrängungskreuzung.

Durchfall

Bei Lämmern und Ziegen kann Durchfall durch schmutziges, nicht einwandfreies Futter entstehen, vereinzelt auch bei der Fütterung von jungen eiweißreichen Pflanzen und Rübenblättern. Der durch diesen Fütterungsfehler entstandene Durchfall geht nach einem Futterwechsel bzw. nach einigen Tagen von selbst wieder zurück.

Behandlung: Futterwechsel, Verabreichung stopfender Präparate, wie Holzkohle, Ruhrex, Tannin oder Eichenrinde. Außerdem kann Colosan verabreicht werden, das zugleich die Darmtätigkeit positiv beeinflußt.

Vorbeugung: Nur einwandfreies Futter verabreichen, Laub, Reisig und Rinde anbieten.

Auch Viren, Bakterien, Kokzidien und Wurmparasiten können Durchfall verursachen.

Behandlung: Elektrolytpräparate, Trafigalpulver, Sulfadimidin oder Socatylpaste an mindestens 2 bis 3 aufeinander folgenden Tagen verabreichen; bei Wurmparasiten siehe auch Seite 121.

Enterotoxämie

Diese Krankheit wird durch Bakterien (Clostridien) verursacht, die ihre Gifte ins Blut abgeben. Sie tritt vorwiegend bei gut genährten Lämmern infolge hoher Nährstoffaufnahme und schneller Futterumstellung auf. Besonders gefährlich ist Futter, das einen hohen Eiweiß- aber niedrigen Rohfaseranteil hat.

Die Tiere bewegen sich schwankend und verdrehen den Kopf. Oft verenden sie plötzlich innerhalb weniger Minuten ohne Krankheitsanzeichen. Die verendeten Tiere weisen häufig eine breiige Beschaffenheit der Niere auf. Die Erkrankung wird daher auch als Breinierenkrankheit bezeichnet.

Behandlung: Eine Behandlung kommt fast immer zu spät. Um weiteren Verlusten vorzubeugen, ist rohfaserreiches Futter vorzulegen und eine Schutzimpfung aller Lämmer vornehmen zu lassen.

Euterkrankheiten

Das Euter der Ziegen ist, besonders bei hoher Leistung, sehr krankheitsanfällig. Deshalb ist es Aufgabe eines jeden Ziegenhalters, durch Vorbeugungsmaßnahmen das Eindringen von Krankheitskeimen zu verhindern. In den letzten Jahren wurden bei Ziegen vermehrt Milchuntersuchungen durchgeführt. Das Ergebnis hat manchen Ziegenhalter unangenehm überrascht. Obwohl es sich bei diesen Milchuntersuchungen um Proben von gesund erscheinenden Eutern handelte, wurden bakterielle Krankheitserreger und Sekretionsstörungen festgestellt. Allerdings verlaufen Euterinfektionen oft ohne äußerlich erkennbare Anzeichen.

Die unsichtbaren Eutererkrankungen können mit dem Schalm-Mastitis-Testgerät von jedem Ziegenhalter selbst festgestellt werden. In der Testplatte befinden sich Mulden; in diese wird Milch aus

Junge Bäume sollte man mit einem Maschendraht umgeben, um sie vor Verbiß und Stammverletzungen zu schützen. Das Laub ist für Ziegen zu verlockend.

jedem Strich getrennt gemolken. Zu der Milch kommt die gleiche Menge Testflüssigkeit. Durch langsames, kreisendes Bewegen der Testschale wird die Milch mit der Testflüssigkeit gründlich vermischt und langsam ausgeschüttet. Wenn sich die Beschaffenheit des Gemisches nicht verändert, ist die Milch in Ordnung. Bilden sich Schlieren oder wird das Gemisch schleimartig-gallertig, liegt eine Sekretionsstörung vor. Zur weiteren Abklärung sollte dann eine steril entnommene Milchprobe an ein Untersuchungsinstitut geschickt werden. Akute Euterentzündungen treten besonders an schwülen Tagen und bei Witterungsumsturz plötzlich auf, sind fieberhaft und stören das Allgemeinbefinden der Tiere erheblich. Hier ist unverzüglich der Tierarzt beizuziehen und eine antibiotische Behandlung vornehmen zu lassen, da bei Zeitverzug der Behandlungserfolg in Frage gestellt ist.

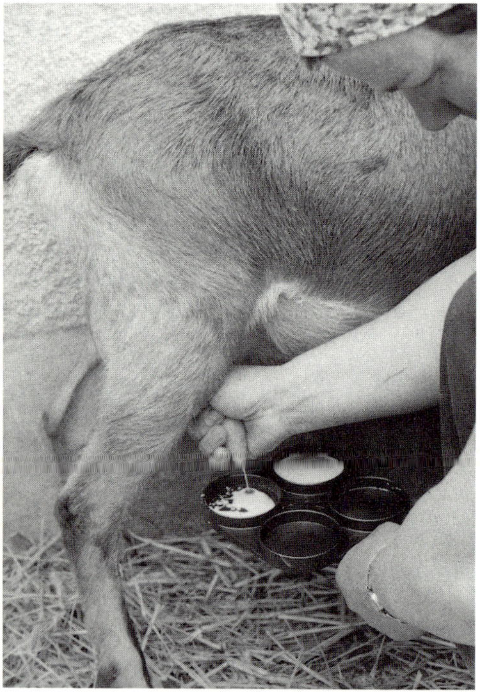

Einmelken der Milch in eine Testschale zur Überprüfung der Beschaffenheit.

Zur Vorbeugung und Behandlung von Euterentzündungen tragen Hygiene und schonendes Melken bei. Eine gute Möglichkeit der Vorbeugung ist das kurze Eintauchen der Zitzen nach jedem Melken in einen Becher mit Desinfektionsmittel (z. B. Jodophor mit Lanolin). Empfindliche Euter sind vor Zugluft und Kälte zu schützen.

Euterentzündungen werden durch Krankheitserreger verursacht, die vorwiegend über den Strichkanal, durch Euterverletzungen und über das Blut in das Euter gelangen. Oft sind es aber noch andere Ursachen, die eine Entzündung auslösen können, wie Streß, unsachgemäßes Hand- oder Maschinenmelken, Zugluft und unhygienische Verhältnisse.

Bei Euterentzündungen gibt es die akute und die chronische Verlaufsform; die Erreger können dabei durchaus die gleichen sein.

Akute Mastitis

Die akute Mastitis tritt innerhalb kurzer Zeit auf und nimmt in der Regel auch einen schweren Verlauf. Die Ziegen stellen die Haare, zittern und haben hohes Fieber. Es kann sein, daß zunächst von einer Entzündung nichts zu sehen oder spüren ist. Innerhalb weniger Stunden kommt es zur Rötung und schmerzhaften Schwellung. Die Milch wird eitrig-blutig und in schweren Fällen hört die Milchbildung ganz auf. Entzündungen kommen oft nur an einer Euterhälfte vor. Setzt die Behandlung zu spät ein, kann es zu Blutvergiftung oder Euterbrand kommen. Im letzteren Fall kann eine Euterhälfte ganz abfallen.

Behandlung: Rasche tierärztliche Behandlung ist erforderlich. Neben einer Antibiotikainjektion wird das Euter nach dem Melken schonend mit Euterbalsam oder hochprozentigem Alkohol eingerieben. Durch den Strichkanal führt man nach dem Melken Euterinjektoren ein. Die veränderte Milch sollte öfter ausgemolken werden. Euter, Stellplatz und Melkgeschirr sind zu desinfizieren. Euterkranke Ziegen sollten immer zuletzt gemolken werden.

Chronische Mastitis

Die chronische Mastitis ist eine schleichende Eutererkrankung, die öfter auftritt und klinisch lange Zeit nicht erkennbar ist. Sie stellt eine ständige Infektionsgefahr für andere Ziegen dar. Die chronische Mastitis kann jederzeit zu einer fieberhaften akuten Mastitis werden.

Behandlung: Antibiotika als Injektion oder durch den Strichkanal. Rechtzeitiges Trockenstellen unter Antibiotikaschutz, damit sich das Euter regenerieren kann.

Euterpocken

Am Euter zeigen sich pockenartige Entzündungen, die aufplatzen und einen schmierigen Belag bilden. Sie treten vorwiegend an den Strichen auf und erschweren das Melken. Im weiteren Verlauf kann es zur Euterentzündung kommen.

Behandlung: Mehrmaliges Auftragen einer desinfizierenden, hautregenerierenden Salbe oder Dippen mit Jodophor/Lanolin.

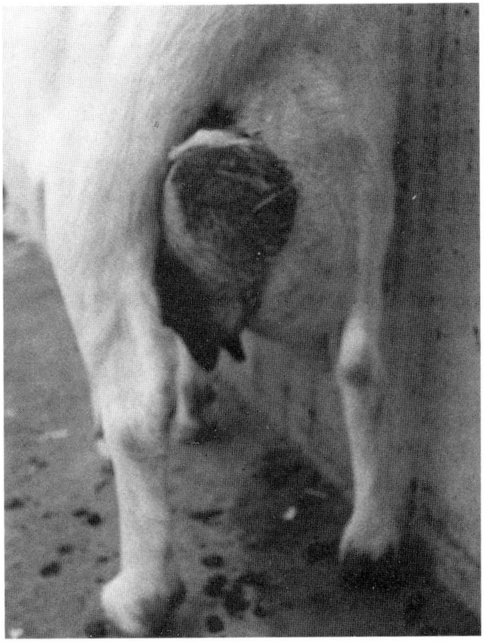

Folgen einer schweren Eutererkrankung: Eine Hälfte des Euters ist brandig und löst sich vom gesunden Teil ab.

Gebärmuttervorfall

Nach schweren Lammungen oder Anhalten der Geburtswehen kann es zu einem Auspressen der Gebärmutter kommen. Das Zurückverlagern der Gebärmutter muß durch den Tierarzt erfolgen, da bei Unkenntnis schnell Verletzungen auftreten. Bis zu seinem Eintreffen vorgefallene Teile in ein sauberes Leintuch, das vorher in kaltes Wasser getaucht wurde, einhüllen, um sie vor Verletzungen zu schützen.

Grippe

Die Infizierung der Ziegen mit Grippeviren kann zu jeder Jahreszeit auftreten und Verluste verursachen. Die erkrankten Tiere haben Husten, Nasenausfluß, Niesen, matte Augen. Außerdem können Pasteurellose und Lungenentzündung hinzukommen.

Behandlung: Ausreichende Frischluftzufuhr. Bei auftretendem Fieber Verabreichung von Antibiotika oder Sulfonamiden.

Vorbeugung: Trockene, sauerstoffreiche Luft; eine Schutzimpfung mit Rindergrippevakzine kann versucht werden.

Infektiöse Agalaktie

Die infektiöse Agalaktie wird durch *Mycoplasma agalactiae* verursacht und befällt Ziegen und Schafe. Die Krankheit ist schon lange in den Mittelmeerländern unter dem Namen infektiöses Versiegen der Milch bekannt. Sie äußert sich durch schmerzhafte Schwellung der Karpalgelenke, Hornhauttrübung, Tränenfluß, Euterveränderung, Veränderung und schnelles Versiegen der Milch. Das Euter ist zu Beginn der Krankheit etwas geschwollen, nach einiger Zeit wird es schlaff, man tastet derbe Knoten im Drüsengewebe. Eine Behandlung gibt es nicht.

Vorbeugung: Die Hauptinfektionsquellen sind Milch und direkter Kontakt. Bei der infektiösen Agalaktie sind die gleichen Vorsichtsmaßnahmen wie bei CAE zu treffen. Hygienische Haltungsbedingungen sowie Euterkontrollen und ständige Milchüberprüfung sind wichtig. Vorsicht beim Zukauf von Ziegen.

Lippengrind

Lippengrind ist ansteckend, kommt bei Schafen und Ziegen vor und kann auch auf Menschen übertragen werden. Das pockenartige Virus ist bei Trockenheit besonders lang lebensfähig. Es führt nach kurzer Inkubationszeit zur Entzündung und Krustenbildung an Mundwinkeln, Lippen, Ohren, Euter und anderen Körperteilen. Die leichte Verlaufsform heilt in zwei bis drei Wochen ab. Bei zusätzlichen Sekundärinfektionen kommt es zu langwierigen, eitrigen und schmerzhaften Entzündungen, die auch auf den Hals- und Rachenbereich übergreifen. Dadurch wird die Milch- und Futteraufnahme erschwert. Infolge von Nährstoff- und Was-

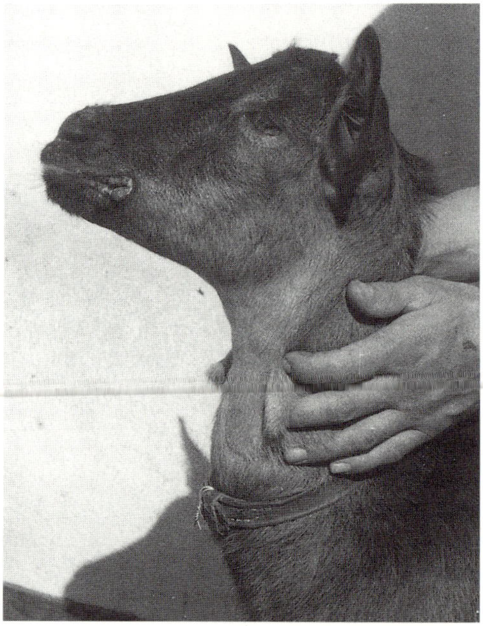

Ziege mit Lippengrind: Es hat sich eine Kruste an Mund und Nase gebildet.

sermangel können Verluste eintreten. Der Lippengrindbefall kann sich auf den ganzen Bestand ausdehnen. Durch die Erkrankung bildet sich nur eine schwach belastbare Immunität.

Behandlung: Tägliches Auftragen von Socatylpaste auch im Mundbereich oder Einsprühen mit Desinfektionsspray (Chloromycetin). Bei schweren Entzündungen ist zusätzlich eine Behandlung mit Sulfonamiden oder Antibiotika angebracht. Bei den Lämmern für Flüssigkeitsaufnahme sorgen.

Listeriose

Listeriose ist eine bakteriell bedingte Infektionskrankheit, die sich durch Gleichgewichtsstörungen, später Festliegen mit rudernden Beinbewegungen äußert. Listeriose tritt häufig bei reichlicher Silagefütterung auf, besonders wenn die Silage durch Schimmel, Nachgärung und Schmutz gelitten hat. Die Erreger leben aber auch im Erdboden, so daß es in selteneren Fällen auch zu einer Weideinfektion kommen kann.

Behandlung: Sofortige Inanspruchnahme tierärztlicher Hilfe, da eine Antibiotikabehandlung nur im Anfangsstadium Aussicht auf Erfolg hat.

Vorbeugung: Langsames Gewöhnen an Silage, keine minderwertige Silage oder verschmutzte Futtermittel vorlegen. Eine Schutzimpfung ist zu empfehlen.

Milchfieber

Es verursacht Festliegen vor und nach der Geburt und wird durch einen akuten Calciummangel im Blut ausgelöst. Ein Festliegen vor der Geburt kann Komplikationen beim Lammen hervorrufen.

Behandlung: Infusionen oder Injektion von Calciumpräparaten. Schon bei den ersten Anzeichen ist tierärztliche Hilfe in Anspruch zu nehmen.

Vorbeugung: Fütterung von Mineralstoffen während der Trächtigkeit und zu Beginn der Laktation. In den ersten Tagen nach der Geburt nicht vollständig ausmelken, was allerdings umstritten ist.

Moderhinke

Die Bakterien dringen an dem Zwischenklauenspalt unter das Horn und unterminieren die ganze Klaue. Die Tiere gehen gekrümmt, hinken und knien viel. Die Klauen riechen nach Eiter und Verwesung. Werden Ziegen mit infizierten Schafen zusammen gehalten, kann es zu dieser hartnäckigen Klauenerkrankung kommen.

Behandlung: Schneiden der Klauen und restloses Entfernen aller losgelösten Hornteile. Anschließend sind die Klauen mit Chloromycetin zu besprühen oder in ein fünfprozentiges Formalinbad zu tauchen. Nach einigen Tagen müssen die Klauen kontrolliert und falls erforderlich noch einmal behandelt werden.

Nabel- und Gelenkentzündung

Infektionserreger dringen in den noch nicht ausgetrockneten Nabelstumpf ein; sie können sich im Nabel festsetzen, aber auch in die Leber und Gelenke vordringen. Der Nabel ist verdickt und eitrig. Solange es bei der Entzündung des Nabels bleibt, heilt die Krankheit innerhalb kurzer Zeit. Breiten sich die Keime aber weiter aus, kommt es zur Bildung von Abszessen in der Leber und zu Gelenkentzündungen, die zu Lähmungen führen können. Im fortgeschrittenen Krankheitsstadium besteht wenig Aussicht auf eine vollständige Heilung.

Behandlung: Im Anfangsstadium wird eine Heilung mit Antibiotika und Sulfonamiden erreicht. Nabel mit Wasserglas baden, Ichtyolsalbe auftragen.

Vorbeugung: Nabel unmittelbar nach der Geburt in Jodtinktur tauchen, saubere Einstreu verwenden.

Um eine Entzündung des Nabels zu verhindern, wird er nach der Geburt desinfiziert.

Nachgeburtsverhaltung

Die Nachgeburt geht bei Ziegen nach ein bis drei Stunden ab, vereinzelt kann es einige Stunden länger dauern. Vorzeitiges Ablammen führt häufig zur Nachgeburtsverhaltung. Das Ablösen der Nachgeburt darf nur der Tierarzt vornehmen. Das Lösen ist nicht immer möglich, da sich die Gebärmutter bei Ziegen bald wieder schließt. Auf keinen Fall sollte der Ziegenhalter an den heraushängenden Teilen ziehen, da es leicht zu Gebärmutterverletzungen kommt. Geht die Nachgeburt nicht ab, zersetzt sie sich und wird langsam ausgeschieden. Die Gefahr einer Infektion ist dabei sehr groß. Manchmal wartet der Ziegenhalter vergeblich auf die Nachgeburt, weil die Ziege sie schon aufgefressen hat. Dies kann zu Verdauungsstörungen führen.

Behandlung: Das Einreiben und Massieren der Rücken- und Lendenpartie mit hochprozentigem Alkohol oder Franzbranntwein unterstützt den Abgang der Nachgeburt. Zur Verhütung von Infektionen sind rechtzeitig vor dem Schließen des Gebärmuttermundes Supronalstäbe einzulegen.

Vorbeugung: Die Fütterung von Leinsamen oder Leinkuchenmehl einige Zeit vor der Geburt trägt zu einer leichteren Lammung und einem schnelleren Abgang der Nachgeburt bei.

Pansenazidose

Diese Krankheit wird durch vermehrte und plötzliche Fütterung von energiehaltigen Futtermitteln (Kraftfutter) bei ungenügender Rohfaseraufnahme ausgelöst.

Erkrankte Tiere lassen in der Futteraufnahme nach oder stellen sie ganz ein. Sie haben zum Teil einen vollen Bauch, säuerlich riechende Atemluft, die Pansentätigkeit ist eingeschränkt, die Tiere knirschen mit den Zähnen und haben Schmerzen.

Behandlung: Sofortige Einstellung der Kraftfuttergaben, Wasser anbieten, einen Tag hungern lassen, Verabreichung von Glaubersalz, Bykodigest oder Colosan. Wiederkäubissen von gesunden Tieren entnehmen und dem kranken Tier geben. Tierärztliche Hilfe ist angebracht, denn die Erkrankung ist manchmal lebensbedrohend und kann mehrere Tiere zugleich erfassen.

Pasteurellose

Die Krankheit befällt Bronchien und Lunge. Die Tiere haben beim chronischen Verlauf einen unterschiedlich stark auftretenden Husten, Nasenausfluß, Mattigkeit und eine gesenkte Kopfhaltung, im akuten Stadium hohes Fieber und pumpende Atmung. Zu Erkrankungen kommt es vorwiegend bei geschwächten Tieren, die innerhalb kurzer Zeit an Lungenentzündung oder Blutvergiftung verenden können.

Behandlung: Versorgung der Tiere bei Tag und Nacht mit sauerstoffreicher Luft, trockener und sauberer Einstreu; niedrige Stalltemperaturen schaden auch erkrankten Tieren nicht. Verabreichung von Antibiotika und Sulfonamiden.

Vorbeugung: Bei Jungtieren wird eine Schutzimpfung empfohlen.

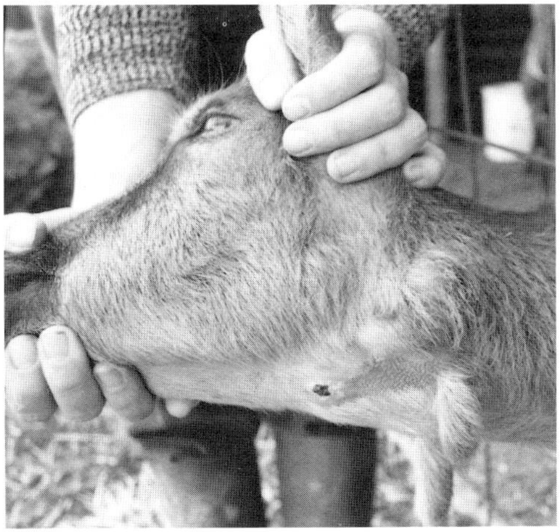

Pseudotuberkulose: Die Lymphknoten am Hals sind geschwollen und zum Teil schon aufgebrochen.

Pseudotuberkulose

Die oberflächlichen Lymphknoten an Kopf, Hals und Haut sind geschwollen und mit einem dicken, blutig-eitrigen Sekret gefüllt. Im fortgeschrittenen Stadium brechen sie auf. Die Übertragung des Erregers erfolgt über Hautverletzungen, Mund und Nase.

Behandlung: Eine wirksame Behandlung gibt es nicht. Die Desinfektion der befallenen Stellen und des Stalles sowie eine getrennte Haltung von gesunden und kranken Tieren ist notwendig. Abszesse durch Zugsalbe zum Reifen bringen, ausdrücken und die Wunde säubern und desinfizieren.

Rachitis

Knochenweiche, Verkrümmung der Gliedmaßen, ist eine hauptsächlich während des Wachstums auftretende Stoffwechselkrankheit, die durch Vitamin-D-

Lamm mit schwerer Rachitis.

Mangel verursacht wird. Vitamin D regelt die Calcium-Phosphor-Bilanz des Körpers.

Behandlung: Verabreichung von Vitamin-D-Präparaten oral oder als Injektion. Fütterung eines hochwertigen Mineralstoffgemisches und Lebertran. Die Tiere sind der Einwirkung von Sonnenlicht auszusetzen, damit die körpereigene Vitamin-D-Synthese ablaufen kann.

Scheidenvorfall

Er kommt vorwiegend bei Überlastung, vorangegangener Schwergeburt oder einem zu steilen Standplatz vor. Die erbliche Veranlagung spielt ebenfalls eine Rolle. Scheidenvorfall kann vor und nach dem Lammen auftreten. Die Scheide wölbt sich bis zum völligen Umstülpen vor. Der Vorfall verursacht dem Tier Schmerzen, führt zu Infektionen und Schwergeburten.

Behandlung: Abwaschen der vorgefallenen Teile mit einem Desinfektionsmittel und Zurückschieben in die normale Lage, notfalls muß ein Vorfallbügel angelegt oder die Scheide verschlossen werden (Tierarzt). Tiere hinten höher stellen.

Scheinträchtigkeit

Die Brunst bleibt wie bei einer normalen Trächtigkeit aus. Die Bauchwölbung nimmt ständig zu. Die Scheinträchtigkeit kann im Zusammenhang mit Hormonstörungen stehen. Die Gebärmutter füllt sich mit Sekreten, die meistens erst gegen Ende der normalen Trächtigkeit abgehen. Der Ziegenzüchter ist dann sehr überrascht, wenn die Ziege über Nacht leer wurde. Hinterteil und Schenkel sind naß, sofort oder später zeigt sich Ausfluß. Die Ziege kann schon am gleichen Tag oder einige Tage später brünstig sein. Sie sollte jedoch nicht sofort gedeckt werden, da die Gebärmutter sich noch nicht gesäubert hat. Die Ursachen der Scheinträchtigkeit sind nicht bekannt.

Selbstaussaugen

Unregelmäßiges Melken, Mineralsalzmangel und andere Ursachen können dazu führen, daß sich eine Ziege selbst aussaugt. Diese üble Angewohnheit kann auch von den anderen Ziegen nachgeahmt werden. Die Folgen sind weniger Milch und ein ungleiches Euter sowie die Gefahr von Zitzenquetschungen und Euterentzündung. Das Unterbinden dieser Untugend ist nicht leicht. Das Einschmieren der Zitzen mit stark riechenden Mitteln stört die Ziege nicht. Eine erfolgversprechende Maßnahme ist das Anlegen eines Halskragens aus Blech oder zusammengebundenen Stäben, damit die Ziege den Hals nicht abbiegen kann.

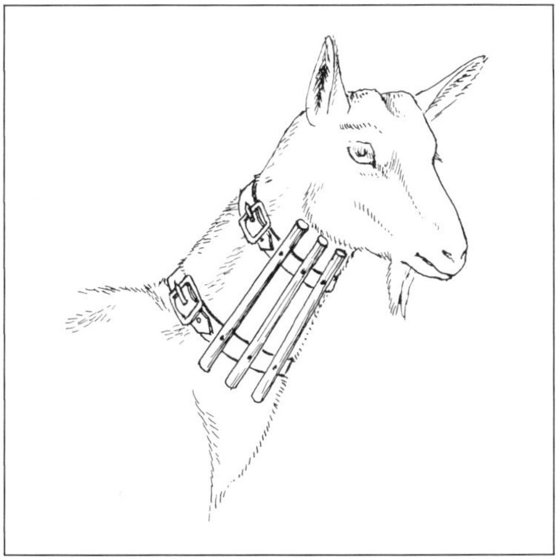

Halskragen aus Holzstäben und Lederriemen, um das Selbstaussaugen zu verhindern.

Tollwut

Diese Krankheit ist schon *bei Verdacht anzeigepflichtig*. Infizierte Tiere zeigen verändertes Verhalten, starken Geschlechtstrieb, Angriffslust, krampfhafte Lähmungen und verenden in wenigen Tagen. Ziegen können auf der Weide durch den Biß von tollwütigen Füchsen, Mardern u. a. angesteckt werden. Die Inkubationszeit beträgt zwei bis zwölf Wochen.

Vorbeugung: In besonders gefährdeten Gebieten sind Weidetiere jährlich gegen Tollwut zu impfen.

Trächtigkeitstoxikose (Azetonämie)

Kurze Zeit vor und nach dem Ablammen tritt eine Störung im Kohlehydratstoffwechsel auf. Die erkrankten Tiere haben keinen Appetit, sind benommen, manchmal hochgradig nervös, und es kann zum Festliegen kommen. Die Atemluft riecht nach Azeton (süßlich, apfelartig). Diese Krankheit befällt vorwiegend gut genährte Tiere. Ursache ist ein durch Trächtigkeit und durch hohe Milchleistung entstandener erhöhter Energiebedarf, der vom Futter nicht mehr gedeckt wird und deshalb zu einem starken Abbau der Körperfette führt. Dadurch kommt es zu einer verstärkten Ansammlung toxisch wirkender Fettabbauprodukte im Blut (Ketokörper).

Behandlung: Verabreichung leicht verdaulicher Nährstoffe, Injektion von Traubenzucker und orale Eingabe von Natriumpropionat. Den Tierarzt aufsuchen.

Vorbeugung: Anpassung der Futterration an den Nährstoffbedarf, erhöhte Kraftfuttergaben erst gegen Ende der Trächtigkeit und nach dem Ablammen.

Trommelsucht (Milchindigestion)

Trommelsucht tritt besonders bei der Umstellung vom Saugen zum Tränken auf und wenn die Milch im Labmagen nicht richtig verdaut wird. Durch unregelmäßige hohe Milchaufnahme und durch hastiges Saufen kommt es zu einer Überladung des Labmagens und Zersetzung der Milch, die in den Pansen zurückläuft und dort fault. Durch die gestörte Verdauung entstehen Gase, die zu Blähungen führen. Magen- und Darmentzündungen sowie Durchfall sind die Folgen. Bei jeder Milchzufuhr entstehen in der Regel neue Blähungen.

Behandlung: Sofortiger restloser Milchentzug, Reduzierung oder ein- bis zweitägiges Aussetzen der Kraftfuttergaben, Verabreichung von Wasser, Fenchel- und Kamillentee. Mittel gegen Blähungen und andere Medikamente sprechen nicht immer an, da es sich nicht um eine schaumige Pansengärung handelt. Gute Erfolge wurden mit Colosan erzielt. Die Verabreichung von Sauermilch, Joghurt oder Wiederkäubissen von einer Ziege haben sich bewährt. Diätnahrung, Leinsamenschleim, rohe Eier und ganzer Hafer tragen zur Besserung und Nährstoffversorgung bei. Bei mehrmaligem Auftreten der Trommelsucht ist auf Milch ganz zu verzichten. Ab der vierten Woche kommen Lämmer auch mit Kraftfutter und Heu aus. Zur Stärkung der geschwächten Lämmer sind Elektrolytpräparate zu empfehlen.

Tuberkulose

Die Krankheit kommt bei Ziegen weltweit vor, gilt aber in der Bundesrepublik als erloschen. Sie kann durch Tuberkulinproben festgestellt werden. Da eine Behandlung nicht möglich ist, sind kranke Tiere zu schlachten. *Tuberkulose ist anzeigepflichtig.*

Verlammen

Das frühzeitige Ausstoßen der Leibesfrucht und die Geburt lebensschwacher Lämmer wird unter dem Begriff Verlammen zusammengefaßt. Ziegen sind sehr schreckhaft und stoßen oft sehr hart, wodurch es zum Verlammen kommen kann. Außerdem können Infektionen, hormonelle Störungen, gefrorenes oder verdorbenes Futter die Ursache sein.

Infektiöses Verlammen kann durch eine Reihe von bakteriellen Erregern, Chlamydien und Mycoplasmen ausgelöst werden. Infizierte Ziegen zeigen einen leicht bräunlichen Ausfluß. Der Abort erfolgt vorwiegend in den letzten beiden Trächtigkeitsmonaten, wobei tote oder lebensschwache Lämmer geboren werden. Die Ansteckung erfolgt über infiziertes Futter und Trinkwasser, zum Teil auch über den Deckakt.

Behandlung: Bei allen fraglichen Verlammungen ist zur Feststellung der Diagnose die Nachgeburt und die abortierte Frucht an das Untersuchungsamt einzusenden. Erst wenn die genaue Ursache feststeht, kann eine erfolgversprechende Behandlung oder Schutzimpfung erfolgen. Die Desinfizierung des Standplatzes der Ziege bzw. des ganzen Stalles ist zur Verhütung weiterer Ansteckung angebracht. Nachgeburt und Föten sind unschädlich zu beseitigen.

Vitaminmangel

Schlechte Entwicklung der Lämmer, geringe Futteraufnahme, Mattigkeit, Abmagern, trübe Augen sind Anzeichen von Vitaminmangel. Bei älteren Tieren kann es auch zum Ausbleiben der Brunst, zu Unfruchtbarkeit und Deckunlust kommen. Bei natürlicher Haltung und abwechslungsreichem Futter kommt Vitaminmangel nur selten vor. Bei der Fütterung von geringwertigem Heu sowie nach Krankheiten kann Vitaminmangel entstehen.

Behandlung: Zufuhr der Vitamine A, D und E oral bzw. als Injektion.

Vorbeugung: Ausgeglichene Winterfütterung: gutes Heu, Silage, Rüben, Möhren und vitaminisiertes Mineralsalz.

Weißmuskelkrankheit

Im Alter von zwei bis vier Wochen oder später zeigen die Lämmer Steifheit, gekrümmtes Stehen und Taumeln beim Aufstehen. Im fortgeschrittenen Stadium können sie nicht mehr selbst aufstehen. Die Tiere werden merklich schwächer, die Augenbindehaut ist weiß.

Behandlung: Injektionen mit Vitamin-E-Selen heilen im Frühstadium die Krankheit aus.

Vorbeugung: Vier bis fünf Wochen vor dem Lammen dem Muttertier Vitamin-E-Selen verabreichen.

Wundstarrkrampf

Der Tetanusbazillus kommt im Erdreich vor und ist in einzelnen Gebieten stärker verbreitet. Die Ansteckung erfolgt durch Verunreinigung von Wunden und über den Nabelstumpf. Nach der Infizierung zeigt sich Steifheit, die zunächst am Kopf beginnt und sich auf den ganzen Körper erstreckt (Sägebockstellung). Die erkrankten Tiere verenden nach einigen Tagen. Eine Behandlung ist nicht möglich.

Vorbeugung: Gründliche Wund- und Nabeldesinfektion. Bei mehrmaligem Auftreten und in gefährdeten Gebieten wird eine Schutzimpfung empfohlen.

Milchgewinnung

Ziegeneuter und Milchbildung

Um eine einwandfreie Milch zu gewinnen, muß der Ziegenhalter etwas über Bau und Funktion des Euters wissen. Das Ziegeneuter besteht aus zwei vollkommen getrennten Hälften. Die Trennwand verläuft in Längsrichtung und dient zugleich als Aufhängeband. Das Euter ist von Muskelbändern umgeben, welche die Eutermasse zusammenhalten. Ein wichtiger Bestandteil ist das Drüsengewebe mit den Milchbildungszellen. Dieses Gewebe enthält viele Drüsenbläschen (Alveolen), die einen Durchmesser von 0,1 bis 0,3 mm haben. Der Hohlraum der Drüsenbläschen ist mit Milchbildungszellen ausgekleidet, die für die Milchproduktion verantwortlich sind. Die Milchleistung hängt direkt mit der Zahl der Milchbläschen zusammen. An die Milchbildungszellen schließen sich die zur Ableitung dienenden Milchkanäle an. Diese enden in der Zisterne, die mit dem Strichkanal verbunden ist. Die Austrittsöffnung umgibt ein ringförmiger Schließmuskel, der die Aufgabe hat, ein Abfließen der Milch zu verhindern und das Euter vor dem Eindringen von Krankheitserregern zu schützen. Das gesamte Euter ist von einem reichhaltigen Nerven-, Blut- und Lymphsystem durchzogen.

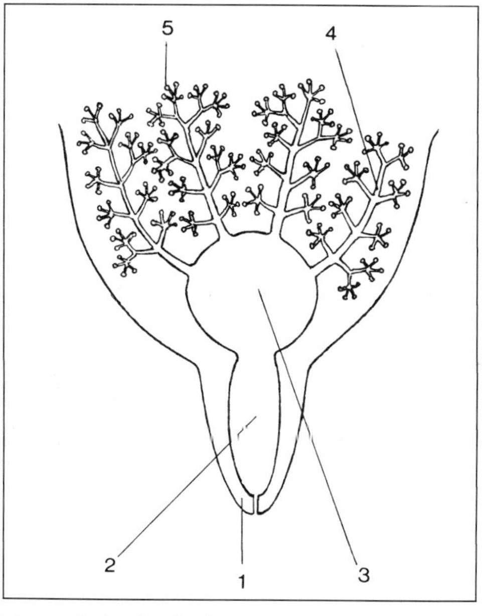

Längsschnitt durch ein Ziegeneuter:

1 Schließmuskel 4 Milchgang
2 Strichkanal 5 Drüsenalveole
3 Milchzisterne

Schon im Mutterleib beginnt sich die Euteranlage zu bilden. Die Weiterentwicklung des Euters erfolgt vom 3. Monat der Trächtigkeit an bis zum Lammen. Zur Euterentwicklung tragen im wesentlichen die Hormone Östrogen und Progesteron bei, die von den Eierstöcken abgegeben werden. Mit dem Blut werden Bausteine der Milch, wie Aminosäuren, Glukose und Fettsäuren, herangeführt und in den Milchbildungszellen zu Milchinhaltsstoffen umgebaut. Auch Salze und Vitamine werden dem Blut entnommen.

Eine sichtbare Euterbildung kann bei einzelnen Ziegenlämmern auch schon früher eintreten. Das Euter fängt ohne Trächtigkeit an zu wachsen. Oft ist eine einseitige Euterentwicklung zu beobachten, die ein Ansaugen durch andere Tiere vermuten läßt, was aber nicht der Fall ist. Die spontane Euterbildung beruht vor allem auf einem intensiven Nährstoffangebot. Diese Lämmer können gemolken werden; eine Milchleistung bis zu 2 kg täglich wurde schon festgestellt. Erst beim Eintreten einer Trächtigkeit tritt ein Milchrückgang ein. Werden die Lämmer nicht angemolken und das Futterangebot verringert, bildet sich das Euter langsam zurück. Die Euterbildung hat keinen Einfluß auf die spätere Milchleistung. Sie kommt vorwiegend bei solchen Lämmern vor, die eine hohe Milchleistungsveranlagung haben. Schon in den ersten Lebenswochen kann vereinzelt eine geringe Euterentwicklung auftreten, die eine verdeckte Zwitterbildung vermuten läßt, da sich die Drüsen wie kleine Hoden anfühlen.

Das »Einschießen« der Milch aus den Alveolen in die Zisterne geschieht durch Einwirkung des Hormons Oxytozin. Diese Hormonwirkung ist allerdings umstritten. Durch Reize, wie z. B. das Massieren des Euters, wird die Milchabgabebereitschaft gefördert. Schreck, Angstzustände oder Schläge während des Melkens können zur Ausschüttung des Nebennierenhormons Adrenalin führen, wodurch das Einschießen der Milch unterbrochen wird. Deshalb sollte der Melkvorgang in aller Ruhe und nach Möglichkeit stets im gleichen Rhythmus erfolgen.

Melken

Eine reinliche und gesunde Haltung der Ziegen ist Voraussetzung zur Gewinnung einer keimarmen Milch. Gut gereinigtes Melkgeschirr, saubere Kleidung und Hände sollten selbstverständlich sein. Weist Ziegenmilch einen unangenehmen strengen Geschmack auf, wurden in der Haltung oder bei der Milchgewinnung Fehler gemacht. Ziegenmilch nimmt sehr schnell Fremdgerüche an, deshalb muß auf Hygiene doppelt geachtet werden.

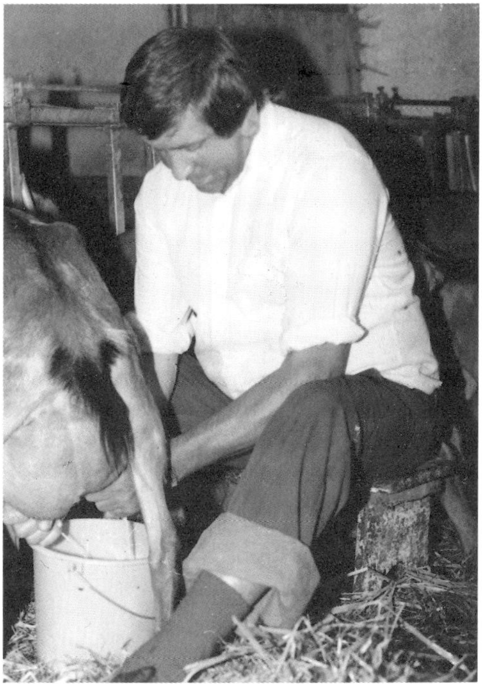

Handmelker im Anbindestall.

Die Milch ist im gesunden Euter keimarm. Nach dem Austritt steigt die Keimzahl in der Milch durch die Berührung mit der Luft, dem Melkgeschirr, der Melkmaschine, den Händen und Schmutzteilen stark an.

Keimzahlen bei und nach dem Melken einer Kuh (nach Henneberg)

Milch	Zahl der Keime je 1 ml
Unmittelbar nach Verlassen des Euters	0... 3200
Am Anfang des Melkens (erste Melkstrahlen)	16000
Am Ende des Melkens (letzte Melkstrahlen)	360
Bei einer schmutzigen Kuh	17000
Bei einer gereinigten Kuh	9400
Nach Reinigung der Melkerhände gemolken	1500
Ohne Reinigung der Melkerhände gemolken	6700

Vor dem Melken sind das Euter und die an das Euter angrenzenden Körperteile gut zu reinigen, damit Schmutz und Haare nicht in die Milch gelangen. Zum Reinigen benutzt man ein Tuch, Papierhandtücher oder Stroh. Papierhandtücher und Stroh haben den Vorteil, daß sie sofort nach dem Reinigen weggeworfen werden. Das Übertragen von Krankheitskeimen auf andere Tiere wird dadurch vermieden. Eine Reinigung des Euters mit Wasser ist bei der Ziege nicht erforderlich, da Ziegeneuter aufgrund des trockenen Kotes in der Regel nicht stark verschmutzen.

Die ersten Strahlen der Milch enthalten sehr viele Keime, deshalb sollten sie in ein besonderes Gefäß gemolken werden. Für diesen Zweck gibt es Vormelkschalen, in denen die Milch zugleich geprüft wird. Zeigen sich Veränderungen, z. B. Flockenbildung, ist die Milch nicht mehr als Nahrungsmittel verwendbar. Der Ursache sollte man sofort auf den Grund gehen und gegebenenfalls eine Euterbehandlung vornehmen.

Nach dem Reinigen des Euters erfolgt das Anrüsten, wodurch die Ziege melkbereit gemacht wird. Dies geschieht durch das Massieren des gesamten Euters. Da die Milch bei den Ziegen sehr schnell einschießt, wird die Melkbereitschaft oft schon durch das Reinigen des Euters erreicht. Mit dem Melken soll aber erst begonnen werden, wenn die Milch eingeschossen ist, also Zisterne und Striche prall mit Milch gefüllt sind. Ziegen lassen sich von Hand und mit der Melkmaschine melken. Im Bundesgebiet werden die Ziegen seitlich, in der Schweiz und in Frankreich vielfach auch von hinten gemolken.

Mit dem Melken wird die im Euter gebildete Milch gewonnen. Hierbei soll derselbe Vorgang, wie ihn das junge Lamm beim Saugen ausübt, nachgeahmt werden. Richtiges Melken übt einen angenehmen Reiz auf das Nervensystem der Ziege aus, wodurch der Milchfluß gefördert wird. Unsachgemäßes und schmerzhaftes Melken bewirken das Gegenteil. Durch sachgemäßes, gutes Ausmelken wird die Ziege zu einer höheren Milch- und Fettleistung angeregt. Deshalb sollte der Ziegenhalter bestrebt sein, das Melken richtig zu erlernen.

Handmelken

Beim Handmelken gibt es drei verschiedene Melkarten: Knebeln, Strippen und Faustmelken.

Knebeln: Dabei wird der Daumen stark abgebogen, so daß der Strich zwischen Daumenoberfläche, Zeigefinger und Mittelfinger eingeklemmt und die Milch ausgedrückt wird. Diese Melkart zieht die Striche stark in Mitleidenschaft und sollte vermieden werden.

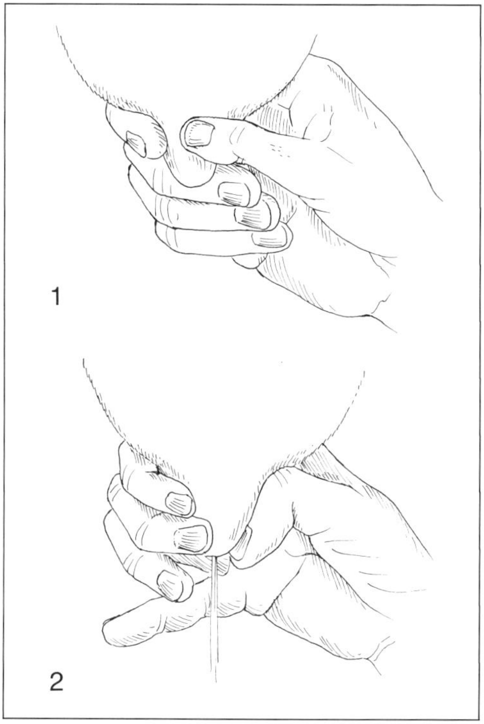

Anmelken bei kurzer Zitze:

1 Strippen
2 Knebeln

Strippen: Dabei wird der Strich zwischen Daumen und Zeigefinger gelegt und die Milch von oben nach unten gestreift. Das Strippen ist sehr leicht zu handhaben, hat aber den großen Nachteil, daß Schmerzen und Entzündungen im Strichkanal entstehen können. Nur wenn ein Faustmelken wegen zu kurzer Striche nicht möglich ist, sollte diese Melkart vorübergehend Anwendung finden.

Faust- oder Vollhandmelken: Es wird, wie schon das Wort sagt, mit der ganzen Hand vorgenommen. Daumen und Zeigefinger schnüren den Strich oben ab.

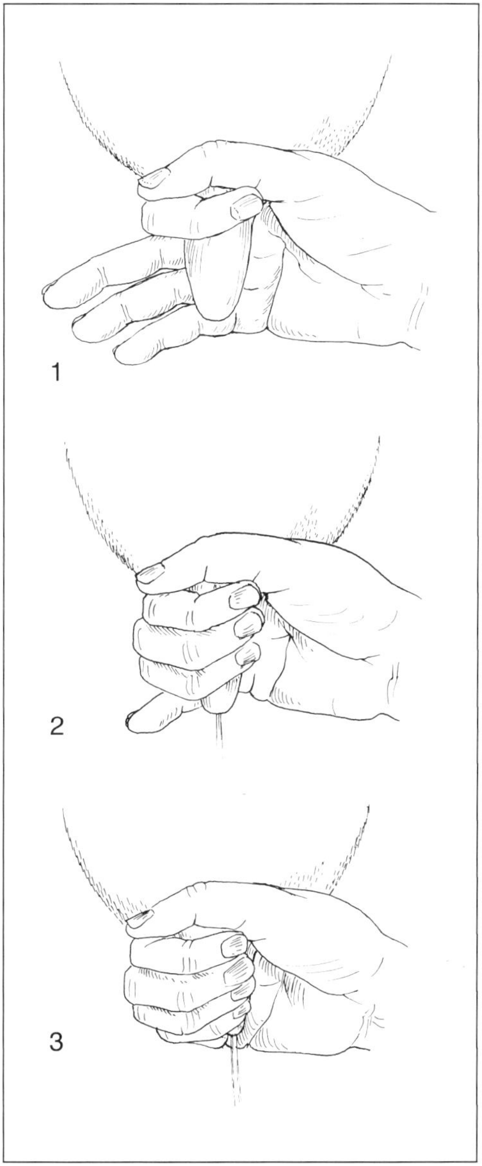

Faustmelken:

1 Daumen und Zeigefinger umfassen den Strich.
2 Die Finger werden nach und nach geschlossen.
3 Der Rest wird mit der Faust ausgedrückt.

Versetzbarer Melkstand mit hochklappbarem Aufgang, Sitzfläche und verschließbarem Freßgitter.

Die im Milchkanal befindliche Milch wird durch unmittelbar aufeinanderfolgendes Drücken des Mittelfingers, Ringfingers und kleinen Fingers ausgepreßt. Wichtig dabei ist, daß nach dem jeweiligen Lockern von Daumen und Zeigefinger, das zum Nachfließen der Milch erforderlich ist, diese wieder richtig geschlossen werden. Der Daumen soll dabei nicht in die Zisterne drücken, sondern fest über dem Zeigefinger liegen. Bei kurzen Strichen kann auch nach diesem System gemolken werden.

Das Ausdrücken der Milch wird hierbei nur mit dem Mittelfinger bzw. auch noch mit dem Ringfinger vorgenommen. Im allgemeinen wird bei normalen Strichen die Hand so angesetzt, daß die Strichspitze und der kleine Finger unten eben abschließen.

Die Milch soll beim Hand- und Maschinenmelken in vollen Strahlen abfließen. Bricht der Milchfluß ab, wird mit dem sogenannten Ausmelken begonnen. Durch besondere Ausmelkgriffe wird die restliche Milch schneller erfaßt. Dabei werden beide Hände bzw. Unterarme eine Vierteldrehung nach rechts gebracht. Die Daumen sind zwischen den Strichen, während die Finger die Milch von der Bauch- in Richtung Beinseite in halbrunder Bewegung in den Strich hinunterstrei-

Walliser Schwarzhalsziegen, eine robuste Schweizer Lokalrasse. Die Felle sind wegen ihrer schönen Färbung sehr gefragt.

fen. Im gleichen Zuge wird zum Faustmelkgriff übergegangen und die Milch ausgedrückt. Das Ausmelken kann auch so erfolgen, daß die Striche einzeln bearbeitet werden. Dabei streift die linke Hand die Milch von oben in den Strich, die rechte Hand bleibt dabei in Melkstellung und drückt die heruntergestreifte Milch aus.

Wird der Milchfluß nicht durch Störungen unterbrochen, lassen sich Ziegen gut und schnell ausmelken. Tritt ein Milchstau ein, was vor allem beim Maschinenmelken vorkommen kann, ist ein nochmaliges Anrüsten angebracht.

Maschinenmelken

Über das Melken der Ziege mit der Melkmaschine besteht bei den Ziegenhaltern vielfach Unklarheit. Ziegen lassen sich ohne Probleme mit der Melkmaschine melken. An die Melkmaschine werden keine besonderen Anforderungen gestellt. Es gibt jedoch von einigen Firmen spezielle Ziegenmelkmaschinen. Die Arbeitstechnik ist dieselbe wie bei den Melkmaschinen für Kühe. Viele Ziegenhalter benützen auch Kuhmelkmaschinen, wobei am Verteilerstück die Öffnungen für zwei Melkbecher geschlossen werden. Bei Ziegen sind die kleineren und leichteren Melkbecher und Zitzengummis zu bevorzugen. Die Milch wird beim Maschinenmelken mittels Vakuum aus dem Strich gezogen. Durch die regelmäßige Unterbrechung des Saug- bzw. Melktaktes wird der Strich gleichzeitig massiert. Bei Ziegen wird die Melkmaschine ähnlich wie bei Kühen eingestellt.
Damit die Melkbereitschaft der Ziegen nicht gestört wird, sollte man die Werte nicht oft verstellen.

Mit der Melkmaschine muß exakt gearbeitet werden:
- Das Euter ist gut anzurüsten, damit der Milchfluß sofort beginnt, notfalls hilft kurzes Massieren oder Hinunterstreifen.
- Nach Beendigung der Milchabgabe muß das Melkzeug unverzüglich entfernt werden, da ein Leermelken dem Euter schadet.
- Überprüfung des Euters auf vollständige Entleerung. Nachmelken von Hand sollte nur in Ausnahmefällen erfolgen, da sich die Ziegen sonst daran gewöhnen.

Einstellung der Melkmaschine laut Angabe verschiedener Firmen (nach Nosal)

Tierart	Vakuumhöhe	Pulszahl je Min. (Doppelschläge)	Taktverhältnis (Saugtakt zu Entlastungstakt)
Kühe	0,45–0,50 bar (at)	50–60	50:50 (70:30)
Ziegen	0,38–0,40 bar (at)	80 (60–90)	70:30 (50:50/60:40)
Schafe	0,34–0,40 bar (at)	90–120	50:50 (60:40/70:30)

Ziegen sind immer zum Spielen, aber auch zum Kämpfen aufgelegt.

– Entstehen nach dem Melken an den Zitzen Rötungen, war das Melkzeug zu lange angeschlossen oder es liegen Störungen an der Maschine vor.

Reinigung der Melkmaschine

Nach dem Melken müssen sämtliche Maschinenteile, die mit der Milch in Berührung kamen, sofort gründlich gereinigt und desinfiziert werden. Auf die Ecken und Zitzengummis ist ein besonderes Augenmerk zu richten, da sich an diesen Stellen schnell Keime ansiedeln. Das gleiche gilt auch für die Milchgeschirre. Sie müssen sofort nach Benützung zuerst mit lauwarmem Wasser ausgeschwenkt, dann mit heißem Wasser unter Verwendung von speziellen Reinigungs- und Desinfektionsmitteln gesäubert und mit klarem Wasser nachgespült werden. Anschließendes Trocknen und Auslüften verhindert eine unangenehme Geruchsbildung.

Milchqualität

Für die menschliche Ernährung darf nur einwandfreie Milch Verwendung finden. Auszuschließen ist

- Milch von kranken Tieren,
- Milch von Ziegen, die mit Medikamenten behandelt wurden; die angegebenen Wartezeiten sind genau einzuhalten,
- Kolostralmilch bis zu 5 Tage nach dem Ablammen,
- Milch von Ziegen, die kurz vor dem Trockenstellen sind, da diese einen kolostrumartigen Charakter haben kann,
- Milch, die im Geruch, Geschmack oder in der Farbe Veränderungen zeigt,
- stark verschmutzte Milch.

Milchbehandlung

Ziegenmilch nimmt schnell Fremdgerüche an, deshalb muß sie nach dem Melken sofort aus dem Stall gebracht werden. Auch andere schädliche Stoffe, die in der Stalluft vorhanden sind, können ungünstig auf die Milch einwirken.

Nach dem Melken wird die Milch durch Filtern vom groben Schmutz befreit. Besser wäre es, die Milch so sauber zu gewinnen, daß ein Filtern nicht erforderlich ist, denn dadurch wird der Keimgehalt erhöht. Ist ein Filtrieren der Milch nötig, verwendet man am besten die im Handel erhältlichen Milchfilter und Wattescheiben. Die Verwendung eines Seihtuches ist umständlicher, da es nach jeder Benützung ausgekocht werden muß und außerdem auch sehr schnell unansehnlich wird.

Kühlung

Verwertet man die Milch nicht sofort, muß sie gekühlt werden. Die Milchkühlung kann auf verschiedene Arten erfolgen. Vom Fachhandel werden mehrere Kühlsysteme angeboten. Wichtig ist, daß die Temperatur der Milch schnell unter 6 °C gesenkt wird. Sachgemäß gekühlte Milch kann noch nach 3 Tagen Verwendung finden. Die Kühlung mit Wasser ist nur sinnvoll, wenn es genügend kalt ist. Kleinere Milchmengen lassen sich auch im Kühlschrank kühlen und aufbewahren.

Um eine gleichmäßige Kühlung zu erreichen, muß die Milch durchgerührt werden. Außerdem sollte sie während des Kühlvorgangs auslüften.

Bei der Aufbewahrung der Milch steigt

der Keimgehalt sehr schnell. Die Keimzahlen erhöhen sich nach 24 Stunden je ml bei einer Lagertemperatur von

4°C von 20000 auf 58000
10°C von 20000 auf 120000
18°C von 20000 auf 2 Millionen

Die Keime beeinflussen den Geschmack und die Qualität des Milchproduktes negativ.

Ziegenmilch wird vorwiegend unbehandelt verwertet und auch zu Ziegenkäse verarbeitet. Bei der Rohmilch-Verwertung ist besonders auf Hygiene und gesunde Euter zu achten. Die Einschaltung des Eutergesundheitsdienstes wird empfohlen.

Wärmebehandlung

Durch Pasteurisierung der Milch werden die schädlichen Keime abgetötet; dabei können allerdings auch andere wertvolle Bestandteile verlorengehen. Beim Verkauf von bestimmten Ziegenmilcherzeugnissen, z. B. Frischkäse, muß pasteurisierte Milch verwendet werden. Die Pasteurisierung wird wie folgt vorgenommen:

Dauerpasteurisierung
30 Minuten bei 62–65 °C

Kurzzeiterhitzung
40 Sekunden bei 71–74 °C

Hocherhitzung
8–15 Sekunden bei 85 °C

Bei pasteurisierter Ziegenmilch wirken Lab und Säurekulturen anders als bei roher Milch. Das Lab kommt langsamer, die Milchsäurekulturen besser und schneller zur Wirkung. Daher ist die Wärmebehandlung bei Sauermilcherzeugnissen besonders zu empfehlen. Pasteurisierte Milch weist einen einheitlichen Charakter auf, deshalb kann aus ihr auch Ware von gleichbleibender Qualität hergestellt werden. Für die Käseherstellung sollte Ziegenmilch nicht über 65 °C erwärmt werden, da sich sonst die Eiweißbeschaffenheit verändert und die Ausbeute verringert. Wird pasteurisierte Milch nicht sofort verwendet, ist sie zur weiteren Lagerung unter 6 °C zu kühlen.

Milch und Milchprodukte

Ziegenmilch als Nahrungs- und Heilmittel

Ziegenmilch war vermutlich die erste Milch, die der menschlichen Ernährung gedient hat. Sie war immer ein begehrtes Nahrungsmittel, das viele Familien besser und ausreichender versorgte. In der Schweiz und in den Mittelmeerländern sind Ziegenmilch und Ziegenmilchprodukte sehr geschätzt. In Frankreich dient die Ziegenmilch vorwiegend zur Erzeugung von Käse. Ziegenmilch bietet sich besonders für Familien an, die sich mit Lebensmitteln selbst versorgen wollen. Aus ihr können viele abwechslungsreiche Getränke und Speisen bereitet werden. Frische Ziegenmilch eignet sich gut zu Kaffee.

Die Zusammensetzung der Milch ist während der Laktation verschieden. Man unterscheidet zwischen Kolostralmilch, Milch während der Laktation und kurz vor dem Trockenstellen. Als Kolostrum oder Biestmilch wird die Milch nach dem Ablammen bezeichnet. Das Kolostrum ist eine etwas klebrige, leicht salzig schmeckende Milch von gelber bis brauner, manchmal auch blutähnlicher Farbe. Es enthält viele Schutz- und Nährstoffe, die für das neugeborene Lamm wichtig sind. Die Trockensubstanz liegt bedeutend höher als bei der normalen Milch und kann bis zu 20% betragen. Der Kolostrumanteil geht schnell zurück und ist in vier bis sechs Tagen ganz abgebaut. Am Ende der Laktation nimmt die Ziegenmilch wieder einen kolostrumähnlichen Charakter an. Die Trockenmasse und der Fettgehalt erhöhen sich.

Ziegenmilch ist ein wertvolles, gesundes und leicht verdauliches Nahrungsmittel. Sie hat einen typischen, leicht süßlichen Milchgeschmack und ist im frischen Zustand von der Kuhmilch kaum zu unterscheiden. Ist sie älter, kann ein strenger Geschmack auftreten, der im Ziegenkäse z. T. erwünscht ist. Im Nährwert und in der Trockenmasse unterscheidet sie sich nur unwesentlich von der Kuhmilch. Vielfach wird behauptet, Ziegenmilch habe einen hohen Fettgehalt, was aber in der Regel nicht zutrifft. Diese Meinung beruht wahrscheinlich darauf, daß bei Ziegenmilch der Anteil kleiner Fettkügelchen höher und das Fett lockerer gelagert ist, wodurch an der Oberfläche eine höhere Rahmschicht entsteht. Es gibt Unterschiede im Fettgehalt zwischen einzelnen Tieren und den Ziegenrassen. Bei den Milchleistungsprüfungen in Baden-Württemberg lag der Fettgehalt im Durchschnitt der letzten fünf Jahre bei 3,7%. Auch Untersuchungen der Trockenmasse zeigen unterschiedliche Ergebnisse.

Zusammensetzung der Trockenmasse

Fett	3,7 %
Eiweiß	3,3 %
Laktose	4,5 %
Mineralsalze	0,8 %

Zusammensetzung der Ziegenmilch

Wasser	87,7 %
Trockenmasse	12,3 %

Ziegenmilch ist reich an Phosphor, Calcium, Chlorid und Spurenelementen, die eine große ernährungsphysiologische Bedeutung haben und für den Aufbau von Hormonen, Vitaminen und Enzymen notwendig sind. Ziegenmilch enthält auch reichlich Linol- und Linolensäuren, die der Körper nicht selber aufzubauen vermag, die aber für die Zelloxydation lebensnotwendig sind.

Vitamine sind in der Ziegenmilch in unterschiedlichen Mengen vorhanden. Die B-Vitamine liegen z. T. niedriger als in der Kuhmilch, einige davon jedoch höher als in der Frauenmilch. Vitamin A kommt in der Ziegenmilch in fertiger Form vor, in der Kuhmilch ist es nur in der Vorstufe als Karotin enthalten. Aus diesem Grunde hat Ziegenmilch, -butter und -käse eine weiße Farbe.

Kritiker weisen darauf hin, daß Ziegenmilch wenig Vitamin B_{12}, Vitamin C, Eisen und Folsäure enthalte und daß dieser Mangel bei Kleinkindern zu Anämie führen kann. Dies ist aber nicht zu befürchten, sofern die Ziegen vielseitig und ausreichend gefüttert werden, so daß der Gehalt an diesen Stoffen nicht zu stark absinkt. Zudem wird heute kein Kind nur von Ziegenmilch allein ernährt. In früheren Jahren wurde gerade dann zu Ziegenmilch gegriffen, wenn sich Kleinkinder nicht genügend entwickelten. Heute würden dies auch noch viele Mütter tun, wenn Ziegenmilch leichter zu erhalten wäre.

Über den gesundheitlichen Wert der Ziegenmilch wird viel geredet, manche preisen sie als Heilmittel, andere wiederum bestreiten dies. In Nordamerika wird Ziegenmilch wegen ihres gesundheitlichen Wertes sehr geschätzt und von Heilerfolgen berichtet.

Der therapeutische Wert der Ziegenmilch war bereits im Altertum bekannt. Der altgriechische Arzt Hippokrates hat Ziegenmolke als Heilmittel für verschiedene Krankheiten benutzt. Paracelsus, Naturforscher und Arzt, der im 16. Jahrhundert lebte, hat Ziegenmilch als sehr wertvoll bezeichnet und Ziegenmilchsäure als besonders heilwirkend hervorgehoben. Im 18. und 19. Jahrhundert wurden in der königlichen Badeanstalt in Wildbad bei Kreut (Oberbayern) tägliche Molkekuren angeordnet. Großer Wert wurde dabei auf frische Ziegenmolke gelegt, die in aller Frühe hergestellt und sofort von den Sennereien zu den Kuranstalten für den morgendlichen Trunk gebracht wurde. In den südöstlichen Ländern Europas und in Asien gilt Ziegenmilch und Ziegenmolke als ein bewährtes Heilmittel. Immer wieder wird von dort berichtet, daß gesäuerte Ziegenmilch und Ziegenmolke besonders bei Lungenerkrankungen heilend wirke.

Der Arzt Johannes Kuhl sagt über die süße und saure Milch, daß nur die saure Milch, also dicke Milch, Buttermilch, Joghurt, Kefir und auch Quark, Heil- und Vorbeugungsmittel gegen Krankheit sei. Für ein sehr wertvolles Gesundheits- und Heilmittel hält er die gesäuerte Ziegenmilch. Er hebt die Ziegenmilch besonders hervor, weil kein anderes Tier in der Auswahl seines Futters so wählerisch und ein solcher Feinschmecker ist wie die Ziege.

Eine Ziege als Amme für Schaflämmer.

Bekannt ist ferner, daß die Ziegenmilch die an Spurenelementen reichste Milch unter den Milchsorten ist, auch an biologisch gebundenem Jod, dessen Merkmal die 3,5 Stellung des Jods am Benzolkern gewisser Aminosäuren (Eiweißbausteine) ist. Auf Grund dieser äußerst festen Bindungsart macht sie ein Auftreten elementaren oder ionisierenden Jods durch Abspaltung im Stoffwechsel unmöglich.

Auch im Bundesgebiet haben Ziegenhalter festgestellt, daß Ziegenmilch bei verschiedenen Krankheiten Linderung und Heilung bringt. So berichtet eine Ziegenhalterin, die längere Zeit an Brustkrebs litt, daß durch täglichen reichlichen Genuß von Ziegenmilch in Form von Sauermilch, Buttermilch, Quark, Butter und Käse Krankheitssymptome zurückgegangen seien.

Auch bei Magen- und Darmleiden hat sich Ziegenmilch gut bewährt. Das ist verständlich, da Ziegenmilch sehr viele Enzyme enthält, welche die Verdauung günstig beeinflussen.

Außerdem hat die Ziegenmilch im Vergleich zur Kuhmilch mehr kurzkettige Fettsäuren, die leichter verdaulich sind und schon vom Magen aus direkt in die Blutbahn treten können.

Bei Allergie gegen Kuhmilch und Unverträglichkeit anderer Nahrungsmittel bietet sich Ziegenmilch ideal an. Allergien verursachen bei Kindern Hautveränderungen, Durchfall, Erbrechen und Asthma. Es sind Fälle bekannt, bei denen Nahrung mit bestimmtem tierischen Eiweiß bei Kleinkindern solche Erkrankungen hervorgerufen hat. Die Umstellung auf rein pflanzlich aufgebaute Ernährung brachte zwar Linderung, eine merkliche Besserung und Weiterentwicklung trat aber erst nach Verabreichung von Ziegenmilch ein.

Nicht nur bei den Menschen, sondern auch bei Tieren spricht Ziegenmilch günstig an. Deswegen halten einige Schweinezüchter Ziegen, damit sie für die jungen Ferkel, vor allem für kranke Tiere und Kümmerer, die sonst verenden würden, Ziegenmilch haben. Auch für die Aufzucht von Kälbern, Schaflämmern, Rehkitzen und anderen Tieren eignet sich Ziegenmilch hervorragend. Selbst dort, wo eine Stute beim Fohlen das Leben lassen mußte, hat die Ziege den Dienst der Amme übernommen, das Fohlen am Leben erhalten und großgezogen.

Gesäuerte Milchprodukte

Sauermilch

Einwandfreie Sauermilch läßt sich nur unter Verwendung von Milchsäurekulturen herstellen.

Frischer oder höchstens 12 Stunden alter Milch in rohem oder wärmebehandeltem Zustand wird bei 18–25 °C 4 bis 5% Säurewecker zugesetzt und gut untergerührt. Anstelle von Säurewecker kann man auch frische Buttermilch, gekaufte Sauermilch oder saure Milch aus der vorherigen Produktion verwenden. Die beimpfte Milch bleibt bei einer Raumtemperatur von 18 bis 20 °C stehen und dickt in 24 bis 36 Stunden ein. Sauermilch, die nicht zum sofortigen Verzehr bestimmt ist, sollte in den Kühlschrank kommen, damit sie nicht übersäuert und sich länger aufbewahren läßt.

Anmerkung: Bei der wiederholten Verwendung von Ziegen-Sauermilch als Kulturspender ist Vorsicht geboten, da sich nach einiger Zeit schädliche Keime ansiedeln können. Diese beeinträchtigen die Milchsäuredicklegung; deshalb bei der geringsten Geschmacks- oder Strukturveränderung sofort eine neue Stammkultur verwenden. Das gleiche gilt auch für die Joghurt- und Kefirbereitung.

Joghurt

Joghurt ist ein mildes milchsaures Getränk, dessen Herstellung sich gerade für den Ziegenhalter anbietet. Joghurt aus Ziegenmilch wird jedoch nicht so fest wie der aus Kuhmilch hergestellte. Wer einen dicken Joghurt wünscht, sollte der Ziegenmilch 1 bis 2% Milchpulver zusetzen oder die Milch 5 Minuten auf 90–95 °C erhitzen.

Zur Joghurtherstellung für den Hausgebrauch nimmt man der Einfachheit halber einen im Molkereihandel gekauften frischen Joghurt. Damit wird die Milch mit 3 bis 5% beimpft. Statt dessen können auch gefriergetrocknete Joghurtbiofermente mit L + (rechtsdrehende Milchsäure), die in Reformhäusern und Bio-Läden zu erhalten sind, Verwendung finden. Diese Joghurtfermente bewirken eine gesundheitsfördernde Säuerung.

Für die folgende Produktion kann Joghurt aus der vorangegangenen Herstellung verwendet werden. Steriles Arbeiten ist dabei sehr wichtig. Um Problemen bei der Säuerung vorzubeugen, sollte nach etwa 14 Tagen eine neue Stammkultur eingesetzt werden.

Roher oder wärmebehandelter Milch werden bei einer Temperatur von 40–42 °C 4 bis 5% Joghurtkulturen zugesetzt und gut unter die Milch gerührt. Die angesetzte Milch füllt man in verschließbare Gläser oder Becher und bebrütet sie im Wasserbad, das ebenfalls eine Temperatur von 40–42 °C hat (Vorsicht, nicht über 45 °C erwärmen!). Bei dieser Temperatur reift der Joghurt in 5 bis 7 Stunden. Anschließend wird der Joghurt in den verschlossenen Behältern im Kühlschrank aufbewahrt.

Im Fachhandel erhältliche Elektrogeräte zur Joghurtherstellung garantieren eine gleichbleibende Temperatur und ersetzen das Wasserbad. Bei diesen Geräten werden verschließbare Becher mitgeliefert.

Zusätze, wie Zucker, Säfte, Früchte u. a., kommen erst vor dem Verzehr in den Joghurt.

Kefir

Die Bewohner des Kaukasus kennen Kefir schon sehr lange. Er gilt dort als Heilmittel gegen Magen- und Darmleiden, Geschwülste, Leber- und andere Erkrankungen. Kefir ist ein mit Kefirkultur hergestelltes Sauermilcherzeugnis, das durch Milchsäuregärung und in geringem Maß alkoholische Gärung entsteht. Kefirkultur kann als Pilz und in Tabletten- oder Pulverform von einem Molkereilabor bezogen werden.

Zur Bereitung des Stammkefirs wird der feuchte Kefirpilz in ein Glas oder einen Becher gelegt. Dazu gibt man die zwanzig- bis dreißigfache Menge Ziegenmilch, die eine Temperatur von 18–22 °C haben sollte. Bei dieser Temperatur säuert die Milch in 24 Stunden; sie muß zwischendurch zwei- bis dreimal gerührt werden. Der Kefirpilz quillt auf und kommt nach oben. Die gesäuerte Milch wird nun durch ein Sieb gegossen, um den Kefirpilz abzusondern. Dieser wird mit Wasser abgewaschen und in Wasser (für kurze Zeit) oder in Milch zur weiteren Verwendung aufbewahrt. Der Kefirknollen kann längere Zeit zur Stammkefirbereitung verwendet werden.

Zur Herstellung des Trinkkefirs wird die vom Pilz getrennte saure Milch mit der zehnfachen Menge 18–22 °C warmer Ziegenmilch gemischt und in verschließbare Gläser oder Milchflaschen abgefüllt. Die Reifung dauert bei Zimmertemperatur (18–22 °C) ein bis drei Tage. Dabei soll die Säuerung eine SH-Zahl von 40 bis 50 erreichen. Drei- bis viermaliges Schütteln der Milch während der Reifung ergibt ein feineres Gerinnsel. Ist die gewünschte Säuerung erreicht, muß das Kefirgetränk in den Kühlschrank kommen, damit diese unterbrochen wird.

Das Kefirgetränk sollte ein bis zwei Stunden vor dem Verzehr aus dem Kühlschrank genommen und gut durchgeschüttelt werden. Erst dadurch erhält es den typischen Kefirgeschmack.

Aus Unkenntnis oder der Einfachheit halber wird der Kefirpilz oft direkt zur Herstellung des Trinkkefirs verwendet. Je nach Größe des Pilzes dauert die Säuerung bei Zimmertemperatur dann 12 bis 24 Stunden. Der Pilz wird wie beschrieben von der Milch getrennt und weiter verwendet. Dieses Endprodukt entspricht aber in Qualität und Geschmack nicht dem in zwei Stufen hergestellten Kefirgetränk. Außerdem besteht bei dieser Arbeitsweise sehr leicht die Gefahr des Übersäuerns und ist aus diesem Grunde nicht zu empfehlen.

Die Bereitung von Trinkkefir mit Tabletten oder Pulver ist zwar einfacher, aber teurer. Die Trockenkulturen sind für kleine und unregelmäßige Produktionen geeignet. Sie verlieren jedoch mit der Zeit an Wirkung. Eine Tablette oder die entsprechende Menge Pulver wird in etwas Wasser aufgelöst und einem Liter Milch zugesetzt. Bei Zimmertemperatur erfolgt die Säuerung in luftdicht verschlossenen Gläsern oder Flaschen in 2 bis 3 Tagen.

Ziegenbutter

Rahmgewinnung

In vielen Kleinbetrieben wird der Rahm durch Abschöpfen gewonnen. Dazu stellt man die Milch in flachen Gefäßen bei einer Temperatur von 12–15 °C auf. Nach

Geräte zur Butterherstellung.
Von links: Milch- bzw. Rahmbehälter, kleine runde Butterform, Thermometer, handbetriebene Zentrifuge, Buttermodel mit Spachtel, Rührfaß.

24 bis 36 Stunden hat sich der Rahm oben abgesetzt und kann mit einer Lochschurfkelle oder mit einem Löffel abgeschöpft werden. Bei der Ziegenmilch trennt sich der Rahm nicht exakt von der Milch ab; deshalb ist beim Abschöpfen Vorsicht geboten, damit nicht zu viel Milch in den Rahm gelangt. Zur Verbutterung sollte der Rahm einen Fettgehalt von etwa 25% haben. Bei niedrigerem Fettgehalt dauert die Ausbutterung länger, und es können auch Probleme entstehen.

Mit einer Zentrifuge ist die Rahmgewinnung einfacher. Im Handel werden kleine Zentrifugen angeboten, die sich gut für die Kleinziegenhaltung eignen. Die Ziegenmilch wird am besten sofort nach dem Melken zentrifugiert. Die Temperatur der Milch sollte etwa 30 °C betragen, da bei kälterer Milch die Ausbeute geringer wird.

Rahmbehandlung

Ist die täglich anfallende Rahmmenge gering, kann der Rahm von 2 Tagen zu einer Butterung zusammenkommen. Länger sollte er nicht gestapelt werden, da die Butter sonst einen unangenehmen Geschmack erhält. Dem ersten Rahm wird 1 bis 3% Säurewecker oder molkereifrischer Sauerrahm zugesetzt. Dadurch erhält er die richtige Säuerung und Reifung. Die nachfolgenden Produktionen kommen ebenfalls in diesen Topf, müssen aber jeweils gut untergerührt werden.

Eine weitere Beimpfung mit Milchsäurekulturen ist nicht mehr erforderlich.

Die Aufbewahrung des Rahms erfolgt bei einer Temperatur von 12–16 °C oder bei warmer schwüler Witterung im Kühlschrank.

Wird nur in größeren Abständen gebuttert, kann die täglich anfallende Rahmmenge eingefroren und 12 bis 24 Stunden vor dem Buttern wieder aufgetaut werden.

Bei größerer Produktion ist das Verfahren der molkereimäßigen Herstellung von Sauerrahmbutter zu empfehlen. Der Rahm wird nach dem Zentrifugieren auf 95–108 °C erhitzt und sofort wieder heruntergekühlt. Dadurch werden unerwünschte Keime abgetötet und die Konsistenz des Butterfetts günstig beeinflußt. Bei etwa 20 °C werden 2 bis 5% Säurewecker bzw. Sauerrahm zugesetzt und bei 15–18 °C 24 Stunden gelagert. Ist ein Ziegenhalter nicht für die Rahmerhitzung, so sollte er dennoch zur Rahmreifung Buttereisäurewecker oder Sauerrahm zusetzen.

Ausbuttern

Das Ausbuttern erfolgt bei einer Rahmtemperatur von 12–16 °C. In der wärmeren Jahreszeit ist 12 °C und in der kälteren 16 °C günstiger. Das Butterfaß darf nur halb gefüllt sein. Je nach Fettgehalt des Rahms ballt sich die Butter in 10 bis 25 Minuten zusammen. Wird bei längerer Butterzeit der Rahm warm, muß er gekühlt werden. Erscheinen die ersten Fettklümpchen, ist die Geschwindigkeit zu reduzieren. Durch Zugießen von etwas kaltem Wasser ballen sich die Fettkügelchen schneller zusammen.

Waschen

Durch drei- bis viermaliges Waschen und Kneten der Butter in kaltem Wasser wird eine bessere Haltbarkeit erzielt. Wichtig ist, daß die gesamte Buttermilch herauskommt, da sonst die Butter schneller verdirbt. Beim letzten Kneten kann man etwas Salz verwenden, das den Geschmack und die Haltbarkeit verbessert. Das Salzen ist aber nicht notwendig und richtet sich nach der Geschmacksvorstellung des Verbrauchers.

Einfache Butterherstellung

Ziegenmilch nach dem Melken auf 90–95 °C erhitzen und bei Zimmertemperatur etwa 12 Stunden stehen lassen. Anschließend kommt die Milch mindestens 12 Stunden in den Kühlschrank. Den Rahm mit einem Löffel abschöpfen und bei 12–16 °C ausbuttern. Dafür kann ein Haushaltsmixer verwendet werden. Zunächst entsteht Schlagsahne, die bei niedriger Drehzahl zu Butter wird.

Auf diese Art lassen sich kleine Mengen Sahne oder Butter schnell und unkompliziert herstellen.

Buttermilch

Die bei der Verbutterung anfallende Buttermilch enthält viel Eiweiß, Mineralsalze, Vitamine und kleine Fetteilchen, die sich beim Buttern nicht zusammengeballt haben. Sie ist ein leicht verdauliches, bekömmliches Nahrungsmittel, dessen Geschmack vom Rahmsäuerungsprozeß abhängt. Ein gutes Aroma entsteht, wenn dem Rahm Milchsäurekulturen zugesetzt werden.

Ziegenkäse

Durch die Produktion von Käse kann die anfallende Ziegenmilch preisgünstig verarbeitet werden. Käse ist ein wichtiger Proteinlieferant für den menschlichen Körper. Der Eiweißanteil übertrifft besonders bei den fettarmen Sorten den des Fleisches. Die Käseherstellung wurde schon im Mittelalter betrieben und galt damals als ein Mittel, die Milch zu konservieren.

Ziegenkäse ist ein wertvolles, wohlschmeckendes Nahrungsmittel, das in vielen Ländern als eine besondere Spezialität gilt. Er enthält Amino- und Fettsäuren in einer besonders leicht verdaulichen Form, was vor allem für ältere und kranke Menschen von besonderer Wichtigkeit ist. Die Ziegenkäseherstellung erfordert exaktes Arbeiten, eine gute Beobachtungsgabe und etwas Fingerspitzengefühl. Probleme treten weniger bei der Fertigung des Käses als bei der anschließenden Behandlung und Lagerung auf. Zuerst werden die Punkte angesprochen, die für ein gutes Gelingen des Käses wichtig sind.

Milchqualität

Zur Ziegenkäseherstellung eignet sich nur einwandfreie Milch, da es sonst zu Fehlgärungen kommen kann. Die Milchsäurebakterien sind vor allem bei länger reifenden Käsesorten in der Lage, schädliche Keime abzutöten, eine Garantie besteht jedoch nicht. Die Käsetauglichkeit

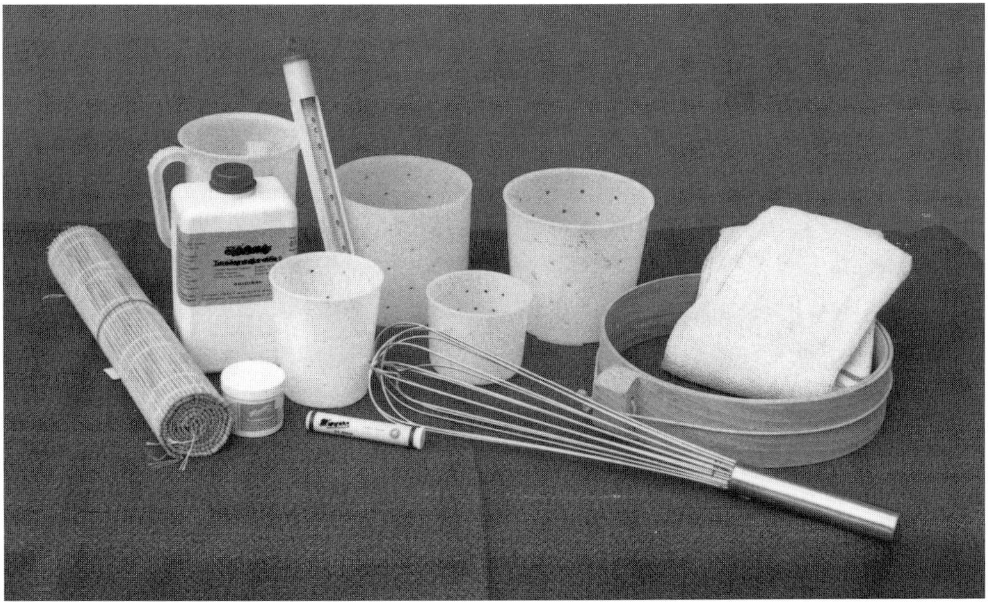

Geräte zur Ziegenkäseherstellung.
Von links: Käsematte, Lab – in flüssiger Form, als Pulver oder Tabletten –, Meßbecher, Thermometer, vier verschiedene Käseformen, Rührbesen, Spanform für Hartkäse mit Käsetuch.

der Milch kann durch die Labgärprobe festgestellt werden. Bei größerer Produktion ist es ratsam, ein kleines Labor einzurichten, um den Säuregrad sowie den Fettgehalt feststellen und Labgärproben vornehmen zu können.

Um das Eiweiß von der Milch trennen zu können, muß es zur Gerinnung gebracht werden. Die kolloid gelösten Käseteilchen müssen zur Zusammenballung aus dem flüssigen Solzustand in ein Gel überführt werden, damit sich das ausgefällte Kasein vom Käsewasser (Molke) abtrennt. Der in der Milch befindliche Eiweißstoff ist im basischen Zustand nicht zu lösen, fällt jedoch schon bei einer geringen Säuerung aus, die durch Milchsäurebakterien oder Labferment erreicht wird. Eine gleichzeitige Erwärmung der Milch beschleunigt die Säuerung und Dicklegung. Bei der Ziegenkäseherstellung hat die Art und die Beschaffenheit des bei der Eiweißgerinnung entstehenden Gels (Gallerte) einen erheblichen Einfluß auf den Molkeabfluß, Reifeverlauf und auf die Qualität des Ziegenkäses. Die Aufgabe des Käsers ist es, darauf zu achten, daß eine feste, charakteristische Gallerte entsteht. Dabei ist entscheidend, wieviel Lab, ob und wieviel Milchsäurebakterien zugesetzt werden und wie hoch die Milchtemperatur bei der Einlabung ist.

Zur Herstellung von Ziegenkäse kann auch Kuhmilch mit verwendet werden. Lab und Milchsäurekulturen reagieren bei der Ziegenmilch etwas anders als bei der Kuhmilch. Durch den Zusatz von Kuhmilch wird der Käsestoff geschmeidiger, im Geschmack milder und der fertige Käse erhält ein gelberes Aussehen. Wird die Ziegenmilch mit Kuh- oder Schafsmilch vermischt, so ist dies beim Verkauf auf der Verpackung anzugeben.

Ziegenkäse wird vorwiegend aus Ziegenvollmilch hergestellt. Das Fett ist im Ziegenkäse gut verträglich. Daher besteht keine Notwendigkeit, Magerkäse zu produzieren, es sei denn, daß aus der Butterherstellung Magermilch zur Verfügung steht. Beim Mischen von Voll- und Magermilch muß davon ausgegangen werden, daß Ziegenmagermilch noch 0,1 bis 0,5% Fett enthält.

Einfluß des Fettgehaltes der Milch auf den Käse

Fettgehalt i. d. Kesselmilch	% Fett i. Tr.	Käse-Stufe
0,5%	10%	Magerkäse
1,0%	20%	Halbfettkäse
1,7%	30%	Dreiviertelfett-Käse
2,6%	40%	Fettkäse
3,5%	50%	Rahmkäse
4,5%	60%	Doppelrahmkäse

Die Größe der Käselaibe ist je nach Käseart verschieden und kann sich auch nach der zur Verfügung stehenden Milchmenge richten. Das günstigste Gewicht für Frisch- und Weichkäse liegt bei 50–200 g, für halbfesten Schnittkäse bei 500–1000 g. Hartkäse sollte größer sein und 1000 bis 1500 g wiegen, da bei kleinen Laiben der Anteil der harten Rinde zu groß ist.

Die Milch kann gleich nach dem Melken oder von mehreren Melkzeiten zusammen verarbeitet werden. Wichtig ist, daß sie zur Lagerung sofort auf etwa 4 °C gekühlt und bei dieser Temperatur aufbewahrt wird. Die Zusammenführung der

Milch aus den einzelnen Gemelken sollte bei gleicher Temperatur erfolgen.

Ist der Ziegenkäse nur für den eigenen Haushalt bestimmt, kann die Herstellung in der Küche vorgenommen werden. Bei größeren Mengen muß ein zweckmäßig eingerichteter Raum, in dem Boden und Wände gefliest sind, vorhanden sein. Die Raumtemperatur soll bei 20–22 °C liegen, damit die Milch und der frisch gewonnene Käse sich nicht so schnell abkühlen. Bei der Kleinkäseherstellung können Haushaltungsgegenstände, wie Kessel aus Edelstahl oder Emaille, Verwendung finden. Doppelwandige Käsefertiger sind nur mit einem Fassungsvermögen von über 200 l erhältlich.

Für das Formen und Trocknen des Käses gibt es verschiedene Behälter aus Plastik und Edelmetall, die zylindrisch, rechteckig, quadratisch oder schalenförmig sind, mit und ohne Boden. Spezielle Käseformen für die Ziegenkäseherstellung sind in einzelnen Molkereifachgeschäften erhältlich. Sie können auch selbst aus Plastikröhren, Plastikbechern und Holz hergestellt werden. Damit die Molke abfließen kann, sind im Abstand

1 Reifung einzelner Käse unter einer Käseglocke. Der Käse liegt auf einem Gitterrost über einer Wasserschale.

2 Gelochter Behälter mit Brett und Gewicht zum Beschweren.

3 Käseharfe zum Schneiden des Bruchs.

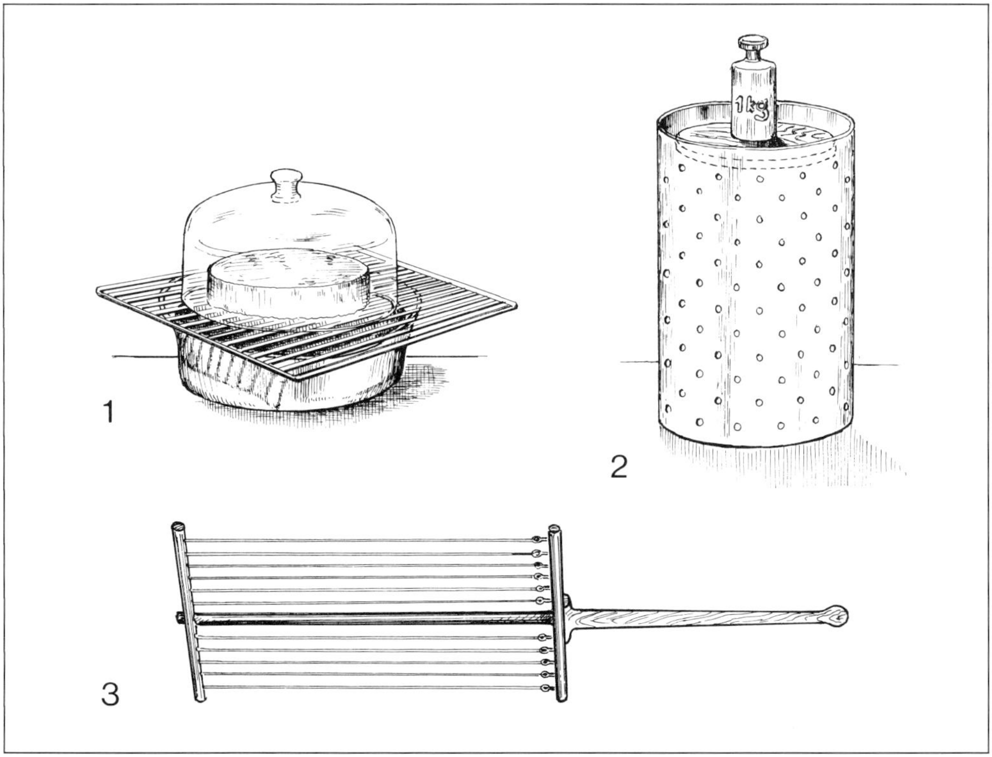

Zerkleinerung des Bruchs mit Hilfe eines Schneebesens.

Der Frischkäse wird zum Abtropfen auf ein Gitter gelegt.

von zwei bis drei cm Löcher mit einem Durchmesser von drei bis vier Millimeter zu bohren. Einzelne Ziegenhalter legen den Käse zum Abtropfen in ein Haushaltssieb.

Zum Schneiden des Bruchs benötigt man ein langes Messer, zur weiteren Zerkleinerung wird eine Käseharfe oder als Ersatz ein Schneebesen verwendet. Schöpfkellen, ein Rührlöffel und ein geeignetes Thermometer sollten ebenfalls vorhanden sein.

Damit der Molkeabfluß aus den Käseformen nicht ins Stocken gerät, werden die gefüllten Formen auf Käsematten oder Holzroste gestellt. Bei Hartkäse ist ein Beschweren, z. B. mit einer Wasserflasche, angebracht. Bei größerer Produktion hat sich eine Käsebank mit Molkeabflußvorrichtung und einem Deckel, der ein zu schnelles Abkühlen der Käsemasse verhindert, bewährt.

Der Käsekeller

Der Käsekeller oder ein anderer Raum, in dem der Käse reift, ist das größte Problem bei der Kleinkäseherstellung, da die Temperatur 12–16 °C und die Luftfeuchtigkeit 80–90% betragen sollte. Der Käse wird auf Bretter gelegt, die nur mit heißem Wasser abgewaschen werden. Sind noch andere Lebensmittel im gleichen Raum gelagert, ist die Verwendung eines Käseschrankes angebracht. Die Tür wird mit Fliegendraht versehen, die Auflagebretter müssen zur Reinigung herausnehmbar sein. In diesem Schrank läßt sich durch Aufstellen von Wasser oder Auslegen von feuchten Tüchern leichter eine höhere Luftfeuchtigkeit schaffen. In dem kleinen Raum wirken die zur Schmierebildung erforderlichen Bakterien intensiver. Je schneller die Schmierebildung einsetzt, desto weniger können sich die unerwünschten Fremdschimmel ansiedeln, und der Käse trocknet weniger aus.

Einzelne Käse können auch in einem kühlen Raum auf folgende Weise zur Reifung kommen: Zunächst wird eine mit Wasser gefüllte Schüssel aufgestellt. Auf diese Schüssel legt man einen Holzrost oder ein Gitter und darauf den Käse. Über den Käse stülpt man wieder eine Schüssel in gleicher Größe. In dieser geteilten Kugel entsteht ein kleiner Raum mit einer hohen Luftfeuchtigkeit, die die Reifung und Schmierebildung begünstigt. Steht zur Käsereifung kein geeigneter Raum zur Verfügung, sollte der Ziegenhalter nur die Käsesorten herstellen, die im Kühl-

Käseschrank zur Reifelagerung des Käses. Türen mit Fliegendraht, Borde aus Holz für die Käselaibe. Unten Schale mit Wasser.

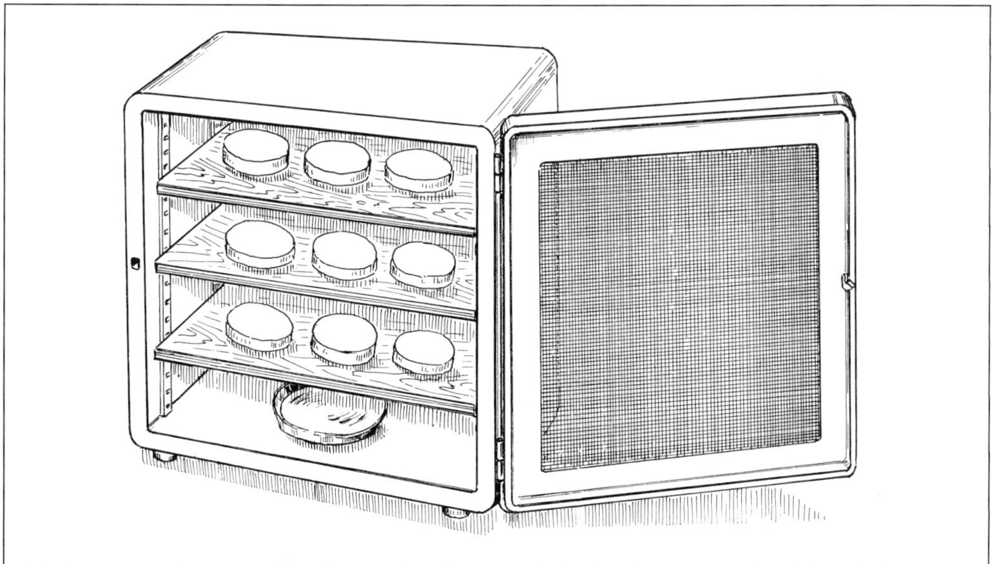

schrank aufbewahrt werden können. Eine weitere Möglichkeit der Käsekonservierung ist das Einlegen in Salzlake oder Olivenöl.

In Frankreich wird Ziegenkäse auch im Freien getrocknet und gereift. Hierzu verwendet man Schränke, die an allen Seiten mit Fliegendraht versehen sind. Der Reifungsprozeß, das Gefüge und der Geschmack des Käses sind hierbei anders. Kleine Weichkäse erhalten bei dieser Reifungsmethode schon nach etwa 8 bis 10 Tagen eine cremige Beschaffenheit.

Lab und Milchsäurekulturen

Die Dicklegung der Milch wird durch Zusatz von Lab erreicht, das aus Kälber- und Lämmermägen gewonnen wird. Es ist als Labextrakt flüssig, in Pulverform oder als Tabletten im Molkereifachhandel und in Apotheken erhältlich.

Bei kleineren Mengen ist mit Flüssiglab bzw. Labtabletten leichter zu dosieren. Das Lab wird etwa 10 Minuten vor dem Einlaben in 125 ml lauwarmem Wasser aufgelöst, damit es sich in der Milch besser verteilt. Im allgemeinen werden zur Dicklegung der Milch neben dem Lab noch Milchsäurekulturen zugesetzt. Diese verleihen der Milch einen Schutz vor eventuellen Außeninfektionen. Durch Beifügung von Milchsäurebakterien wird ein milderer Käse erzeugt. Verwendet man zur Dicklegung der Milch viel Lab, bekommt der Käse einen bitteren Geschmack. Längere Dicklegungszeiten geben dem Ziegenkäse einen feineren Geschmack; deshalb wird in Frankreich die Dicklegung bis zu 36 Stunden ausgedehnt. Milchsäurekulturen sind als Reinkulturen zur Weiterzüchtung oder zum sofortigen Gebrauch von Molkereien zu beziehen. Ersatzweise kann man auch molkereifrischen Joghurt, frische Buttermilch oder Sauerrahm verwenden. Außer dem Lab werden der Milch 1 bis 2% Milchsäurekulturen zugesetzt, das sind auf 10 l Milch 100–200 ml. Bei einer laufenden Käseproduktion kann auch Molke aus der vorhergehenden Käseherstellung als Milchsäurekultur dienen. Wird Molke verwendet, ist die doppelte Menge, also 2 bis 4% erforderlich. Die Molke läßt sich zu diesem Zweck bis zu 3 Tagen im Kühlschrank aufbewahren. Spätestens nach drei Wochen sind die Milchsäurekulturen durch molkereifrische Kulturen zu ersetzen. Verändert sich der Geschmack der Molke schon vorher (brandig, malzig oder stark säuerlich), sind die Milchsäurekulturen sofort zu erneuern. In Frankreich wird mit Vorliebe Molke als Milchsäurespender zur Ziegenkäseherstellung verwendet.

Die Kulturen werden der Milch in der Regel beim Einlaben zugesetzt. Wünscht man eine stärkere Wirkung, setzt man die Milchsäurekulturen schon 10 bis 20 Minuten vor dem Einlaben zu. Die Kulturen sollten vor dem Zusetzen mit einem halben Liter Milch vermischt werden, damit sie sich in der Kesselmilch gleichmäßig verteilen. Durch die Zugabe von Milchsäurekulturen kann die Labmenge etwas verringert werden. Wird z. B. für Weichkäse ein besonders zarter Bruch gewünscht, kann durch eine geringe Labzugabe bei einer Temperatur von 20–22 °C die Dicklegungszeit verlängert und der Käse erst nach 24 Stunden ausgeformt werden. Umgekehrt läßt sich die Milch durch Zugabe einer größeren Labmenge schon nach 5 bis 10 Minuten dicklegen.

Für die Herstellung von Ziegenmilcherzeugnissen sind folgende Kulturen von Bedeutung:

- Joghurtkulturen
  Streptococcus thermophilus,
  wärmeliebende Milchsäurebakterien
  Optimaltemperatur 40–42 °C

  Joghurtkulturen werden zur Joghurtherstellung verwendet. Man nimmt sie aber auch gern zur Ziegenkäseherstellung, da sie ein feines mildes Erzeugnis ergeben. Sie kommen aber nur bei höherer Einlabungstemperatur zur vollen Wirkung.

- Säurewecker (Mischkultur)
  Streptococcus laktis, Streptococcus cremoris
  Optimaltemperatur 20–28 °C

  Der Säurewecker eignet sich für die Butter-, Sauermilch-, Quark- und Käseherstellung.

- Camembertschimmelkultur
  zur Wachstumsförderung des Edelschimmels bei Camembert

- Käse-Rotkultur
  Brevibakterium linens
  zur Förderung der Käseschmierebildung

- Kefir-Kultur
  zur Herstellung von Kefir

Weiterzüchtung von Milchsäurekulturen

Aus den Rein- bzw. Stammkulturen, die sowohl flüssig als auch gefriergetrocknet von Molkereilaboratorien oder Molkereien bezogen werden können, kann man für einen bestimmten Zeitraum Gebrauchskulturen herstellen. Dabei ist besonders wichtig, daß keimfrei gearbeitet und einwandfreie, frische Milch verwendet wird. Die Milch wird auf 90–95 °C erhitzt und unter ständigem Rühren 20 Minuten auf dieser Temperatur gehalten. Nach dieser Zeit muß die Milch schnell auf 20 °C gekühlt werden. Sie wird dann mit 1 bis 2% Säurewecker (Milchsäuremischkultur) überimpft und bleibt bei dieser Temperatur einen Tag stehen. Dabei erreicht sie einen Säuregrad von 35 SH. Um eine weitere Säuerung zu verhindern, darf die Lagertemperatur 5 °C nicht übersteigen. Diese gebrauchsfertige Kultur läßt sich im Kühlschrank einige Tage aufbewahren. Daraus kann auf die gleiche Weise, jedoch unter Vermeidung von Fremdinfektionen, eine begrenzte Zeit von etwa 2 bis 3 Wochen weitergezüchtet werden. Die Kultur ist täglich auf Geschmack, Geruch, Aussehen und auf den Säuregrad zu überprüfen. Bei den geringsten Anzeichen einer Veränderung ist sofort auf die Stammkultur zurückzugreifen.

Bei der Weiterzüchtung von Joghurtkulturen wird die Milch nach dem Erhitzen auf 40–42 °C gekühlt und mit 2 bis 3% Joghurt-Stammkultur überimpft. Bei dieser Temperatur wird die Milch 4 bis 5 Stunden bebrütet, wodurch die gewünschte Säuerung von 35–40 SH erreicht wird. Für die Lagerung und weitere Verwendung gilt das gleiche wie für Säurewecker-Kulturen.

Einlaben

Die Dosierung der Labmenge muß so ausgerichtet sein, daß eine Dicklegung in der für die entsprechende Käsesorte vorgesehenen Zeit erfolgt. Eine wichtige Rolle bei der Dicklegung der Milch spielt die Temperatur bei der Zugabe des Labs. Dabei sind je nach Käsesorte Temperaturen von 20–40 °C erforderlich. Ist das zugegebene Lab gut unter die Milch gerührt, deckt man den Kessel ab, damit sie auch an der Oberfläche warm bleibt. Danach darf die Milch nicht mehr umgerührt werden.

Bruchbereitung

Die Bruchbereitung erfolgt, wenn die Milch die richtige Festigkeit (wie Pudding) erreicht hat. Zunächst wird der Bruch mit einem langen Messer in Karos von etwa 3 mal 3 cm geschnitten. Nach dem Schneiden ist 5 bis 10 Minuten zu warten, damit die Molke aus den Bruchstücken austreten kann. Danach wird der Bruch mit dem Schneebesen noch weiter zerkleinert. Die Bruchbearbeitung muß mit kleinen Pausen verbunden sein, damit sich die Bruchkörner möglichst langsam zusammenziehen. Dadurch wird der Bruch besser gefestigt und die Ausbeute verbessert. Es gibt auch Käsesorten, die ohne Bruchbearbeitung ausgeformt werden.

Nachwärmen

Bei mehreren Käsesorten wird während der Bruchbearbeitung ein langsames Erwärmen der Molke-Bruchmasse vorgenommen. Dies dient der weiteren Bruchtrocknung und Festigung. Ausgenommen davon sind Frischkäse und einige Weichkäsesorten, bei denen möglichst viel Wasser im Käse enthalten sein soll. Deswegen wird bei diesen Sorten zum Teil auch keine Bruchbearbeitung vorgenommen. Das Nachwärmen dauert 5 bis 15 Minuten. Ein längeres Nachwärmen würde den Bruch trocken und krümelig machen. Der Bruch wird während des Nachwärmens durch ständiges Rühren auf die gewünschte Körnung gebracht. Das Nachwärmen kann auch durch die Zugabe von heißem Wasser erfolgen. In diesem Fall spricht man von einem Waschen des Bruches. Gleichzeitig wird die Säuerung des Käses begrenzt. Zunächst erfolgt ein Molkeabzug von 10 bis 30%, der durch die entsprechende Menge warmen Wassers zu ersetzen ist.

Nachwärmetemperatur

Frischkäse	kein Nachwärmen
Weichkäse	bis 35°C
Schnittkäse	36–38°C
Hartkäse	38–42°C

Formen und Wenden

Bei einzelnen Käsesorten wird zuerst ein Teil der Molke abgegossen. Das restliche Bruch-Molke-Gemisch wird mit einer Kelle in die Käseformen geschöpft. Die gefüllten Formen sind sofort mit Tüchern abzudecken, damit die Bruchmasse noch längere Zeit warm bleibt. Um einen Feuchtigkeitsausgleich zwischen Ober- und Unterschicht zu erreichen, ist der frische Käse, auch schon in der Form, öfter zu wenden. Dadurch wird der Molkeabfluß gefördert, und es bildet sich eine gleichmäßigere Oberfläche. Nach jedem Wenden sind die Formen wieder abzudekken. In der ersten Stunde nach dem Ausformen ist der Käse drei- bis fünfmal, anschließend in stündlichem Abstand nochmals drei- bis fünfmal zu wenden.

Pressen

Durch das Pressen wird ein rascher Molkeaustritt und ein dichter Zusammenschluß der Bruchkörner erreicht. Bei der Ziegenkäseherstellung ist ein Beschweren nur bei einigen Hartkäsesorten und bei Lakenkäse erforderlich. Über die Bruchmasse wird ein passender Holz- oder Plastikdeckel gelegt. Auf den Deckel werden schwere Gegenstände oder mit Wasser gefüllte Flaschen gestellt. Die Beschwerungszeit beträgt 6 bis 12 Stunden.

Salzen

Nach 12 bis 24 Stunden kann der Käse aus den Formen genommen und eingesalzen werden. Mit Ausnahme der meisten Frischkäsesorten wird der Käse gesalzen. In der Regel nimmt man einfaches grobes Kochsalz oder Meersalz. Kräutersalz und andere Würzsalze werden nur für besondere Spezialitäten verwendet. Das Salz wirkt feuchtigkeitsregulierend und fördert das Wachstum der Bakterienflora. Es lenkt somit die Reifung, fördert die Rindenbildung und ist wichtig für die Haltbarkeit des Käses.

Das Salzen des Käses geschieht am besten im Salzbad, da der Käse hier immer eine gleichmäßige Salzmenge erhält. Außerdem zieht das Salzwasser die restliche Molke schneller aus dem Käse. Als Behälter eignen sich Holzkübel, Plastikwannen oder Steintröge. Metall darf mit dem Salzwasser nicht in Berührung kommen. Das Salzbad wird mit heißem Wasser und 18 bis 22% Salz zubereitet. Die Salzlösung gilt als gesättigt, wenn sich auf dem Boden eine Schicht von ungelöstem Salz absetzt. Die Konzentration des Salzbades muß laufend kontrolliert werden, da der frische Käse Molke abgibt.

Die Salzdauer richtet sich nach der Größe der Käselaibe und beträgt bei

Hartkäse	8–20 Stunden
Schnittkäse	3– 6 Stunden
Weichkäse	2– 3 Stunden

Wird nur ab und zu Käse hergestellt, kann er auch von Hand gesalzen werden. Man bestreut den Käse an den Oberflächen ein- bis zweimal mit grobem Salz oder paniert ihn in einer mit Salz gefüllten Schüssel.

Reifung und Behandlung

Der schwierigste Abschnitt der Käseherstellung ist die richtige Reifung des Käses, die bei einer Luftfeuchtigkeit von 70 bis 90% und einer Temperatur von 12–16 °C erfolgen soll. Während der Reifung findet eine chemisch-physikalische Umwandlung wichtiger Nährstoffgruppen statt. Aus der körnigen Struktur wird eine spekkige. Hart- und Schnittkäse reifen gleichmäßig durch, während bei den Weichkäsen die Reifung von außen nach innen erfolgt. Mit Ausnahme von Frischkäse muß bei den meisten Käsesorten noch eine weitere Behandlung stattfinden, d. h. die Käse müssen gewendet und geschmiert werden. Diese Arbeiten werden vorwiegend in einem Arbeitsgang ausgeführt. Schmieren bzw. Abwaschen erfolgt mit salzhaltigem Wasser. Sehr trockener Käse wird mit Molke befeuchtet. Wichtig ist, daß sich bald eine geschlossene gleichmäßige Haut bildet. Erscheint die Ausbildung der Haut bzw. der Rinde nicht ausreichend oder ungleich, wird nochmals etwas Salz aufgestreut, das nach kurzem Einwirken verrieben werden muß. Das

Salzaufstreuen erfolgt hauptsächlich vor dem ersten und zweiten Schmieren, das Wenden und Schmieren im Abstand von ein bis zwei Tagen. Es ist darauf zu achten, daß schnell eine feste Rinde oder gute Schmiere entsteht, die den Käse vor dem Austrocknen schützt. Risse und Löcher werden mit Schmiere verstrichen, weil sich darin schnell Schimmel bildet. Bei den ersten Käseproduktionen kann es vorkommen, daß sich keine Braun- oder Rotschmiere bildet. Zur Förderung der Schmierebildung kann z. B. von einem Romadur die Schmiere abgeschabt und, mit etwas lauwarmem Wasser verdünnt, auf den Käse übertragen werden. Eine einwandfreie Schmierebildung kann durch den Zusatz von Käse-Rotkultur erreicht werden.

Nach 14 Tagen hat sich bei Hartkäse eine feste Rinde gebildet. Wenden und Abwaschen des Käses kann nun in größeren Abständen erfolgen. Bei Edelschimmel- und Weichkäse ist die Reifung nach 2 bis 3 Wochen abgeschlossen, und er kann in Käsepapier verpackt werden.

Bei Käse mit Oberflächenschimmel wird in die Kesselmilch Camembert-Schimmelkultur gegeben oder der Käse vor dem Salzen in mit Kulturen versetzte Molke getaucht.

Nach dem Salzen werden die Käschen auf Hurden, die mit starken Nylonfäden oder nicht rostendem Draht bespannt sind, gelegt. Die Auflagefläche soll gering sein, damit die Luft von allen Seiten Zutritt hat und eine gleichmäßige Entwicklung des Schimmels entsteht. Tägliches Wenden des Käses trägt dazu ebenfalls bei. Die Edelschimmelreifung verträgt die Lagerung anderer Käsesorten im selben Raum nicht.

Käsesorten

Quark, Topfen, Siebkäs oder Luckeleskäs

Die Dicklegung der Milch erfolgt vorwiegend durch Milchsäuregärung bei schwacher Labeinwirkung. Einlabungs- und Gerinnungstemperatur sind niedrig zu halten; die Dicklegungszeit kann bis zu 24 Stunden betragen. Der Wassergehalt soll hoch sein. Frischkäse wird in der Regel nicht gesalzen, da er zum baldigen Verzehr bestimmt ist und sich keine Rinde bilden muß.

Einlabung. Temperatur der Milch 20–25 °C; Zusatz 2–4% Säurewecker oder Buttermilch und 3 bis 8 Tropfen Lab auf 10 l Milch.

Dicklegung. Nach etwa 10 Stunden wird die Milch langsam fest. Will man den Dicklegungsprozeß beschleunigen, kann man die angedickte Milch 5 bis 10 Minuten auf 35–38 °C anwärmen. Die Temperatur sollte nicht über 38 °C steigen, da der Quark sonst krümelig und trocken wird. Eine feinere Qualität erhält man, wenn die Eindickungszeit verlängert wird.

Bruchbearbeitung. Der Bruch wird durchgekämmt, etwas zerkleinert und in einen Quarksack, ein Käsetuch oder feines Sieb geschöpft. Darin bleibt er je nach Jahreszeit und Raumtemperatur (18–22 °C) 12 bis 24 Stunden. Anschließend wird er mit dem Schneebesen oder Mixer glattgeschlagen. Dabei kann etwas Salz beigemischt werden. Andere Zutaten, wie Früchte, werden erst vor dem Verzehr zugegeben. Frischkäse wird in geschlossenen Behältern im Kühlschrank aufbewahrt. Er eignet sich auch zum Einfrieren.

Französischer Frisch- oder Weichkäse

Verkauf und Verzehr vorwiegend als Frischkäse,
Gewicht der Käschen 80–150 g.

Einlabung. Temperatur der Milch 20–25 °C. Die eingelabte Milch bleibt 1 Tag in einem Raum mit einer Temperatur von etwa 20 °C. Zusatz 1,0–2,5% Säureweckerkulturen oder 2–3% Molke, die nicht älter als vier Tage sein darf, und höchstens 1 Tropfen Lab auf 1 l Milch.

Dicklegung. Die Milch soll erst nach 6 bis 10 Stunden langsam dick werden und bleibt bis zu 24 Stunden stehen. Keine Bruchbearbeitung.

Ausformen. Der Bruch wird in 300–500 cm^3 große Formen geschöpft, in denen die Käsemasse ohne Wenden einen Tag stehenbleibt.

Salzen. Da der Käse vorwiegend frisch verzehrt wird, übernimmt der Verbraucher das Salzen. Er würzt ihn nach Geschmack, oft auch mit Zucker.

Weitere Varianten. Auf diese Art hergestellter Frischkäse läßt sich zu Weichkäse ausbauen. Nach einem Tag wird er ringsum eingesalzen oder etwa eine Stunde ins Salzbad gelegt. Nach dem Salzen bleibt der Käse 2 bis 4 Tage im warmen Raum (18–21 °C). Danach kommt er in einen Raum mit einer Temperatur von 12–16 °C oder in den Kühlschrank. Tägliches Wenden und Überprüfen auf Fremdschimmelbildung ist notwendig. Eine leichte Beimpfung mit Camembertkultur vermindert die Gefahr der Fremdschimmelbildung. Der Käse bekommt eine cremige Struktur, schmeckt in jedem Reifezustand und eignet sich auch zur Camembertherstellung (siehe Camembert).

Weichkäse

Käse mit gelb- bis rötlichbrauner Schmiere wie bei Romadur, Gewicht der Käschen 100–250 g.

Einlabung. Temperatur der Milch 32 °C Zusatz 0,5–1,5% Säurewecker oder Joghurt und 3 bis 5 Tropfen Lab auf 1 l Milch.

Dicklegungszeit. 50 bis 60 Minuten.

Bruchbearbeitung. Schneiden des Bruches in 3 mal 3 cm große Karos. Nach 10 Minuten den Bruch durchkämmen und noch einmal 10 Minuten ruhen lassen. Langsam arbeiten!

Nachwärmen. Auf 35–36 °C erwärmen bei gleichzeitigem Rühren und Zerkleinern des Bruches auf Haselnußgröße.

Ausformen. Den Bruch in 500–800 cm^3 große Formen füllen, die nach einer halben Stunde das erstemal und am gleichen Tag noch fünf- bis sechsmal gewendet werden.

Salzen. Nach 24 Stunden wird der Käse aus den Formen genommen und 1 bis 3 Stunden ins Salzbad gelegt oder mit grobem Salz eingerieben.

Lagerung. Bei 15–17 °C und einer relativen Luftfeuchtigkeit von 80–90% lagern; täglich wenden und mit Salzwasser abreiben. Nach 2 bis 3 Wochen einpacken und bei niedriger Temperatur aufbewahren.

Reifezeit. 2 bis 4 Wochen.

Camembert

Gewicht der Käschen 100–250 g.

Einlabung. Das Einlaben, die Bruchbearbeitung und das Einsalzen erfolgen wie bei Weichkäse.

Edelschimmel-Bildung. Zur Erreichung eines gleichmäßigen Oberflächenschimmels muß Camembertschimmelkultur zugesetzt werden. Diese gibt man beim Einlaben in die Kesselmilch oder löst sie in Molke auf und taucht den Käse nach dem Salzen ein.

Lagerung. Damit sich der Edelschimmel gleichmäßig bilden kann, werden die Käschen auf netzartige Hurden gelegt. Die Raumtemperatur soll in den ersten beiden Tagen 18–20°C und in den folgenden 10 bis 14 Tagen 15–17°C betragen, die relative Luftfeuchtigkeit 80 bis 85%. Der Käse ist in den beiden ersten Tagen täglich, anschließend in zweitägigem Abstand zu wenden. Dann kann er in Käsepapier verpackt bei niedriger Temperatur weiter ausreifen.

Reifezeit. 2 bis 3 Wochen.

Mascarpino – Weichkäse mit Schmierebildung

Gewicht der Käschen etwa 150 g.

Herstellung: Für 10 l Ziegenmilch werden 2 Eßlöffel Essigessenz und ein Kaffeelöffel Salz in 250 ml Wasser aufgelöst.

Die Milch wird zum Kochen gebracht. Damit sie nicht anbrennt, gibt man vorher 125 ml Wasser in den Kessel. Beim Aufwallen wird das Essiggemisch unter die kochende Milch gerührt. Das Eiweiß gerinnt sofort, kommt nach oben und läßt sich mit einer Kelle in Formen schöpfen (beste Größe etwa 500 cm^3).

Salzen: Nach 12 Stunden nimmt man den Käse aus den Formen und reibt ihn ringsum mit Salz ein.

Lagerung. Bei 12–16 °C und einer relativen Luftfeuchtigkeit von 80% aufbewahren. Täglich wenden und ab und zu mit Salzwasser abwaschen.

Reifezeit. 2 bis 4 Wochen.

Schnittkäse mit fester Rinde

Einlabung. Temperatur der Milch 34 °C. Zusatz 3 bis 4 Tropfen Lab auf 1 l Milch und 1 bis 2% Säurewecker bzw. Sauermilch oder Buttermilch.

Dicklegungszeit. 50 bis 70 Minuten.

Bruchbearbeitung. Schneiden des Bruchs in 3 mal 3 cm große Karos. Nach etwa 5 Minuten mit dem Schneebesen oder einer Käseharfe durchkämmen. Nach weiteren 10 bis 15 Minuten etwa 20–30% der Molke abschöpfen und diese durch die gleiche Menge warmes Wasser (45 °C) ersetzen, damit die Masse eine Temperatur von 35–36 °C erhält. Das Wasser gut mit der Masse vermischen und den Bruch langsam auf haselnußgroße Körnung bringen.

Ausformen. Den Bruch in etwa 1 Liter fassende Formen schöpfen. Dann während der ersten halben Stunde fünf- bis sechsmal wenden.

Salzen. Den Käse nach einem Tag aus den Formen nehmen und drei bis fünf Stunden ins Salzbad legen. Man kann ihn auch mit grobem Salz dreimal am gleichen Tag einreiben.

Lagerung. Bei 15–16 °C und einer relativen Luftfeuchtigkeit von 80% aufbewahren. Jeden zweiten Tag mit Salzwasser abwaschen. Wenn sich eine feste Rinde gebildet hat, nur noch mit Speiseöl einreiben.

Reifezeit. 5 bis 6 Wochen.

Sizilianischer Schnittkäse

Diese Ziegenkäseherstellung erfolgt in drei Abschnitten, wobei zugleich Zieger gewonnen wird. Gewicht der Käschen 150–200 g.

I. Schnittkäse

Einlabung. Temperatur der Milch 38–39 °C. Zusatz 5–6 Tropfen Lab auf 1 l Milch.

Dicklegungszeit. 50 bis 60 Minuten.

Bruchbearbeitung. Der Bruch wird in 3 mal 3 cm große Quadrate geschnitten und nach etwa 10 Minuten auf haselnußgroße Körnung zerkleinert. Anschließend gießt man vorsichtig etwa 50 °C warmes Wasser über den Bruch. Das Wasser soll etwa 1 cm über der Masse stehen, dadurch setzt sich der gesamte Bruch auf dem Boden des Kessels ab. Nach einigen Minuten kann man die Molke in ein Gefäß abgießen.

Ausformen. Den Bruch in 500–800 cm^3 fassende Formen füllen.

II. Zieger (Quarkart)

Dazu wird die gesamte Molke aus der Käseherstellung verarbeitet.

Zutaten. Auf 5 l Molke kommen 1 l Ziegenmilch, der Saft einer Zitrone und 1 Teelöffel Salz. Zitronensaft und Salz werden in 1/8 l Wasser aufgelöst.

Zubereitung. Die Molke erhitzen und bei 65–70°C (wenn die Molke zu schäumen beginnt) die Ziegenmilch zugeben und unterrühren. Kurz vor dem Aufwallen ist das Zitronen-Salzgemisch unter die Flüssigkeit zu rühren. Der Zieger kommt sofort nach oben und läßt sich leicht abschöpfen. In diesem Ziegerquark sind die leicht verdaulichen Molkeeiweiße enthalten, deshalb ist er ganz besonders bekömmlich. Er schmeckt süßlich, eignet sich vorzüglich zum Kochen, Backen und zur Herstellung von Desserts. Füllt man den Zieger in Formen, kann er auch zu Weichkäse ausreifen. Der französische Brousse ist ein aus Molkeeiweiß hergestellter Käse.

Anmerkung. Die Molke von anderen Labkäsesorten eignet sich ebenfalls zur Ziegergewinnung.

III. Käsebehandlung

Der Käse wird mit der Form in das von der Ziegerherstellung zurückgebliebene heiße Wasser gestellt. Er zieht sich schnell zusammen und erhält eine feste geschlossene Oberfläche. Die Form bleibt 5 bis 6 Stunden im Wasser stehen, das sich nur langsam abkühlen soll.

Nach einem Tag kommt der Käse ins Salzbad oder wird trocken gesalzen. In der ersten Woche ist er jeden zweiten Tag mit Salzwasser abzuwaschen. Damit er nicht rissig wird, sollte er anschließend nur noch mit Speiseöl eingerieben werden.

Lagerung. Der Käse stellt keine besonderen Anforderungen.

Reifezeit. 3 bis 4 Wochen.

Hartkäse – Bergeller Art

Käse mit fester Rinde und einer Lagerfähigkeit von 5 bis 8 Monaten, Gewicht der Laibe 1–2 kg.

Einlabung. Temperatur der Milch 35–37 °C Zusatz 0,5–1% Säurewecker und 5 bis 6 Tropfen Lab auf 1 Liter Milch.

Dicklegungszeit. 50 bis 70 Minuten.

Bruchbearbeitung. Schneiden des Bruches in 4 mal 4 cm große Karos; nach 10 Minuten den Bruch langsam durchkämmen.

Nachwärmen. Auf 40–42 °C erwärmen unter ständigem Rühren und Zerkleinern des Bruches auf Haselnuß- bis Kirschkerngröße. Den Bruch etwa 5 Minuten ruhen lassen; er setzt sich dann auf dem Boden ab und läßt sich mit den Händen zu einem Klumpen zusammendrücken. Bei dieser Methode entsteht weniger Käsestaub, und die Ausbeute ist besser.

Ausformen. Der Bruchklumpen wird in Formen ohne Boden mit einem Durchmesser von 15–18 cm gefüllt. Damit die Molke besser abfließt, werden die Formen auf Käsematten oder Holzroste gestellt. In den ersten Stunden ist ein mehrmaliges Wenden notwendig. Durch ein- bis zweitägiges Beschweren wird der Käse schneller fest.

Salzen. Nach 24 bis 36 Stunden kommt der Käse aus den Formen und wird 8 bis 12 Stunden ins Salzbad gelegt. Bei trockener Salzung muß der Käse an drei aufeinander folgenden Tagen mit grobem Salz eingerieben werden. In den ersten 14 Tagen wird der Käse täglich gewendet und mit Salzwasser abgerieben. Später können die Abstände größer sein.

Lagerung. Der Käse wird bei 12–16 °C und einer relativen Luftfeuchtigkeit von 80% aufbewahrt. Die weitere Lagerung kann ebenfalls bei dieser Temperatur erfolgen.

Reifezeit. 6 bis 8 Wochen.

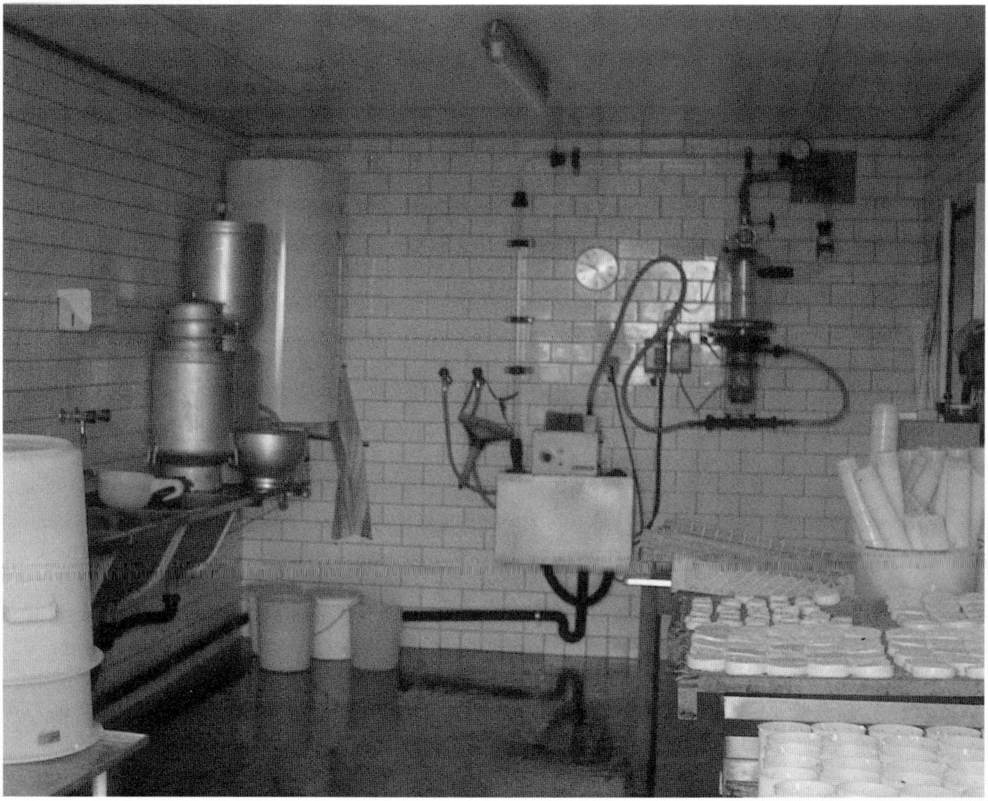

Ein gut eingerichteter Milch- und Käseraum erleichtert die Verarbeitung der Ziegenmilch.

Fleischprodukte

Schlachtung

Kleinziegenhalter verwerten ihre Tiere vorwiegend über die Hausschlachtung, die im Betrieb oder im Schlachtraum des Metzgers erfolgt. Für die Schlachtung muß ein geeigneter Raum zur Verfügung stehen, der den hygienischen Anforderungen genügt. Gut geeignet sind Räume mit abwaschbarem Fußboden und Wänden sowie einem Wasseranschluß. Der Tierbesitzer sollte das Schlachten nur selbst durchführen, wenn er über genügend Kenntnisse verfügt. Nach dem Tierschutzgesetz müssen die Tiere vor dem Blutentzug betäubt werden. Dies kann durch einen Schußapparat oder eine Elektrozange erfolgen. Zum Ausbluten wird anschließend die Halsschlagader durchschnitten. Dann werden die Tiere an den Sehnen der Hinterfüße zum Abziehen des Felles aufgehängt. An der Mittellinie des Bauches und an den Innenseiten der Gliedmaßen schneidet man das Fell auf und löst es durch Schneiden, Ziehen und Stoßen mit der Faust ab. Bei Ziegenböcken ist zu beachten, daß die Hand, mit welcher das Fell festgehalten wird, nicht mit dem Fleisch in Berührung kommt. Steht eine weitere Person zur Verfügung, so sollte diese das Fell festhalten, damit der Schlachter es nicht anfassen muß. Der Geruch befindet sich vorwiegend im Fell und wird bei unsachgemäßer Schlachtung auf das Fleisch übertragen. Es gibt Ziegenhalter, die behaupten, daß das Fleisch von unkastrierten Böcken keinen Bockgeruch hat, sondern den Geruch erst beim Schlachten erhält. Zum Entnehmen der Eingeweide wird die Bauchdecke in der Mitte durch einen Längsschnitt vorsichtig geöffnet.

Fleischbeschau

Nach dem im Bundesgebiet gültigen Fleischbeschaugesetz und den entsprechenden Verordnungen sind alle Schlachttiere durch einen Tierarzt oder Fleischbeschauer zu untersuchen. Die Fleischbeschau umfaßt die Überprüfung des zur Schlachtung vorgesehenen Tieres kurz vor dem Schlachten und die Untersuchung der Organe und des Schlachttierkörpers nach dem Schlachten. Nach dem Ergebnis der Untersuchung wird das Fleisch eingestuft und mit einem entsprechenden Stempel gekennzeichnet:

- tauglich = für den Genuß des Menschen freigegeben
- minderwertig = für den Genuß des Menschen tauglich, jedoch im Nahrungs- und Genußwert erheblich herabgesetzt
- bedingt tauglich = unter bestimmten Sicherungsmaßregeln zum Genuß für Menschen brauchbar gemacht
- untauglich = das Fleisch darf als Lebensmittel nicht in den Verkehr gebracht werden

Bei der Hausschlachtung von Schaf- und Ziegenlämmern darf bis zum Alter von 3 Monaten eine Fleischbeschau unterbleiben, sofern keine Merkmale vorliegen, die eine Genußtauglichkeit ausschließen.

Fleischreifung

Zur Qualitätsverbesserung ist der Schlachtkörper an einem kühlen Ort einige Tage aufzuhängen. In den ersten 24 bis 36 Stunden nach dem Schlachten macht das Fleisch eine sogenannte Fleischreifung durch. In den Muskelzellen wird aus dem Blutzucker unter Ausschluß von Sauerstoff Fleischmilchsäure gebildet, und der pH-Wert sinkt ab. Dieser Vorgang hat einen großen Einfluß auf die Zartheit und den Geschmack. Je länger das Fleisch abhängt, desto zarter wird es, was besonders bei älteren Tieren wichtig ist. Ein längeres Abhängen kann aber nur in einem Kühlraum erfolgen, da sonst die Zersetzung beginnt.

Zwei einjährige geschlachtete Ziegenböcke.

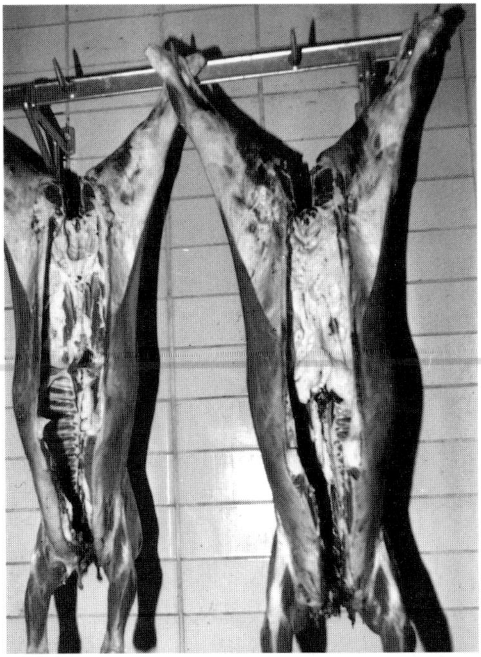

Zerlegung

Die Zerlegung des Schlachtkörpers wird auf verschiedene Arten vorgenommen. Ausgewachsene Tiere werden vorwiegend in der Mitte des Rückens mit einer

Schlachtkörper eines Ziegenlammes:

1 Keule	**5 Hals**
2 Lende	**6 Schulter**
3 Kotelett	**7 Brust**
4 Kamm	**8 Dünnung**

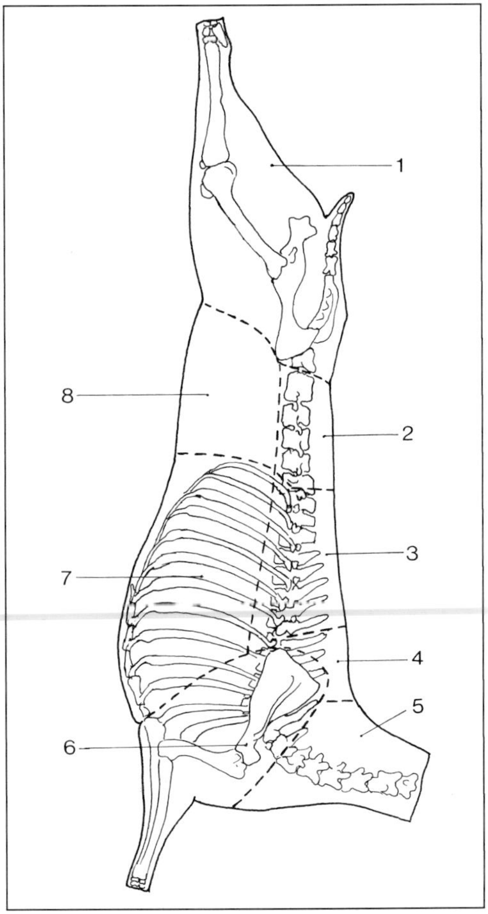

Säge oder durch Abspalten in zwei Hälften geteilt.

Kleine Schlachtkörper trennt man nur selten, damit die wertvollen Teilstücke, wie Lende und Rücken, in einer Portion zusammenbleiben. Das Schulterblatt wird vom Brustkorb, die Keulen zwischen Lendenwirbel und Becken abgetrennt. Die weitere Aufteilung richtet sich nach der gewünschten Portionsgröße.

Konservierung

Sehr häufig wird heute zur Konservierung das Fleisch eingefroren, da fast überall Tiefgefriermöglichkeiten vorhanden sind. Ziegenfleisch ist nach den üblichen Gefriermethoden zu frosten. Da Ziegenlammfleisch wenig Fett enthält, kann es länger in der Gefriertruhe gelagert werden. Das Aufbewahren in Gläsern und Dosen trifft man heute weniger an. Beim Pökeln wird das Fleisch durch Zugabe von Speisesalz und Salpeter haltbar gemacht. Salz entzieht dem Fleisch Wasser und hemmt das Mikrobenwachstum. Pökeln dient heute fast nur noch als Vorbereitung für die Herstellung von Räucherfleisch.

Fleischarten

Ziegenfleisch ist ein wertvolles Nahrungsmittel und liefert Eiweiß, Fett, Mineralstoffe, Spurenelemente und Vitamine. Im Fleisch sind lebensnotwendige Aminosäuren enthalten. Die Fette haben als Vitaminträger und in Form der ungesättigten Fettsäuren eine wichtige Bedeutung in der Ernährung. Für das Ziegenfleisch gibt es im Bundesgebiet keine einheitlich festgelegten Kategorien. Dies ist darauf zurückzuführen, daß das Angebot sehr gering ist und keine Preisnotierung erfolgt.

Milchlammfleisch

Das Ziegenmilchlammfleisch im Alter bis zu 3 Monaten wird auch als Kitzfleisch bezeichnet. Es ist bei vielen Familien als Osterlammbraten sehr geschätzt. Da Kitzfleisch vorwiegend als ganzer Schlachtkörper verkauft wird, sind leichte Lämmer besser abzusetzen. Es ist im Geschmack neutral, hat einen geringen Fettanteil und gilt als diätetisches Nahrungsmittel. Eine leichte Fetteinlagerung sollte aber vorhanden sein, da dies den Geschmack und die Zartheit des Fleisches verbessert.

Lammfleisch

Ziegenlammfleisch ist das Fleisch von Stall- und Weidemastlämmern im Alter von 4 bis 12 Monaten bis zu einem Lebendgewicht von 45 kg. Die männlichen Tiere sollten wegen des Bockgeruches kastriert werden. In der Milchziegenhaltung hat die Produktion von Ziegenlammfleisch keine Bedeutung, da die Schlachttiere bereits als Kitze abgesetzt werden. In der Fleischziegenhaltung liegen andere Voraussetzungen vor, denn hier sollen die Lämmer die Milch der gesamten Laktation verwerten. Das Fleisch älterer Lämmer hat gegenüber dem Kitzfleisch eine festere Struktur und einen ausgeprägteren Geschmack.

Ziegenfleisch

Das Fleisch älterer Ziegen und Böcke verarbeitet man vorwiegend zu Wurst, da es

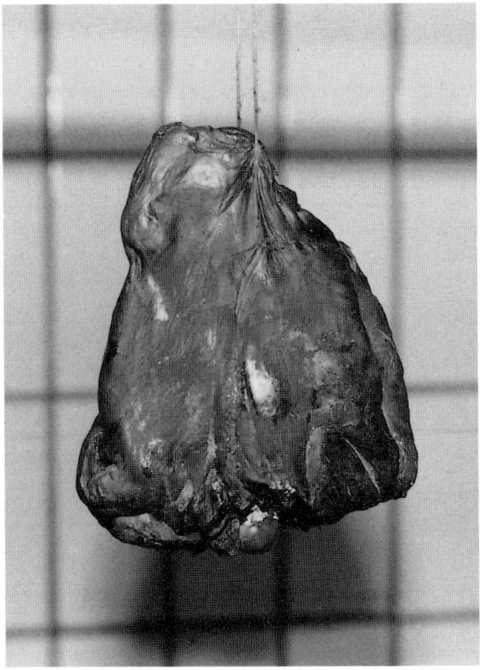

Geräucherte Ziegenkeule.

langfaseriger, fester und zäher ist. Eine feinere Qualität erzielt man, wenn das Ziegenfett vor der Verarbeitung entfernt wird. Ziegenfleisch gibt zusammen mit durchwachsenem Schweinebauch eine vorzügliche Frisch- oder Dauerwurst. Ziegenwurst kann man tiefgefroren oder in Dosen aufbewahren. Einzelne Ziegenhalter stellen auch Ziegenwurst ohne Beimischung von anderem Fleisch her. Diese ist aber sehr mager und trocken. Bei längerer Aufbewahrung an der Luft werden Würste aus Ziegenfleisch hart und fest.

Zum Verzehr bestimmtes Fleisch sollte mindestens zehn Tage im Kühlhaus abhängen. Erst durch eine längere Reifung wird es mürber. Einen guten Ziegenbraten bekommt man, wenn das Fleisch zwei bis drei Tage in Buttermilch oder Essigbeize eingelegt wird. Die Keulen eignen sich zur Herstellung von geräuchertem Schinken. Altböcke sind acht Wochen vor dem Schlachten zu kastrieren.

Ziegenfleischrezepte

Kitzrücken (provenzalisch)

Zutaten (4 Personen)
1 Kitzrücken (etwa 1,5 kg)
Salz
Pfeffer
4–6 Knoblauchzehen (oder -pulver)
Rosmarin
Thymian

Zubereitung
Den Kitzrücken einritzen und mit Salz und Pfeffer bestreuen. Knoblauchzehen zu Brei zerdrücken, Rosmarin und Thymian daruntermischen und auf den Kitzrücken streichen. Das Fleisch in einem Bräter im Backofen bei 225 °C etwa 60 Minuten garen; nach etwa 20 Minuten 1–2 Tassen Wasser zugeben. Als Beilagen eignen sich gekochte, in Butter geschwenkte Kartoffeln und Bohnengemüse.

Ziegenkeule im Römertopf

Zutaten (4 Personen)
1,5 kg Ziegen- oder Bockkeule
Buttermilch
Salz
Pfeffer
2 TL Edelsüß-Paprika
1/2 TL Rosmarin
1 TL Knoblauch-Granulat (oder frischer

Knoblauch)
2 EL scharfer Senf
Suppengrün
1/4 l Fleischbrühe
1 Eßlöffel Speisestärke
1 kleiner Becher süße Sahne

Zubereitung
Keule in ein Gefäß legen und dieses mit Buttermilch auffüllen, bis die Keule ganz bedeckt ist. Drei Tage im geschlossenen Gefäß ziehen lassen und öfters wenden. Danach das Fleisch herausnehmen und abtrocknen, mit Salz, Pfeffer, Knoblauch, Rosmarin, Paprika und Senf einreiben. Die Keule in einen gewässerten Römertopf geben, mit Suppengrün umlegen und die Fleischbrühe aufgießen. Den Römertopf in den Backofen stellen und das Fleisch 2 bis 2 1/2 Stunden bei 200 °C garen. Das Bratenstück warmstellen und den Sud durch ein Sieb gießen, mit Speisestärke binden und mit Sahne verfeinern. Den Braten mit verschiedenen Gemüsen umlegen, Petersilienkartoffeln dazu reichen.

Ziegenlammcurry

Zutaten (4 Personen)
1 kg ausgelöstes Keulen- oder Schulterfleisch
6–8 EL Öl
4–6 Zwiebeln
Salz
Pfeffer
2–3 EL Currypulver
1/4 l Fleischbrühe
1/8 l süße Sahne
1/8 l Ananassaft
1 EL Stärkemehl
2 kleine Bananen
2–3 Scheiben Ananas

Zubereitung
Das ausgelöste Fleisch in kleine Würfel schneiden und in Öl scharf anbraten. Die fein geschnittenen Zwiebeln zugeben und mit Salz, Pfeffer und dem Currypulver würzen, Fleischbrühe zugießen und bei geschlossenem Topf schmoren lassen, bis das Fleisch weich ist. Das Stärkemehl mit dem Ananassaft anrühren und die Sauce damit binden, dann die Sahne unterziehen. In Scheiben geschnittene Bananen und kleine Ananasstücke zugeben und kurz erhitzen. Mit Reis und Salaten servieren.

Paprikarisotto mit Ziegenfleisch

Zutaten (4 Personen)
600 g Ziegenfleisch
6 EL Öl
5 Zwiebeln
3 Knoblauchzehen
250 g Naturreis
3/4 l Fleischbrühe
je 1/2 TL Basilikum und Rosmarin
3 grüne und 3 rote in Streifen geschnittene Paprikaschoten
Salz
Pfeffer

Zubereitung
Das Ziegenfleisch in Würfel schneiden und in dem erhitzten Öl scharf anbraten. Die grob gehackten Zwiebeln zufügen und mit andünsten, salzen und pfeffern. Den Reis zum Fleisch geben und kurz mitdünsten. Mit Basilikum und Rosmarin bestreuen, die Fleischbrühe zugießen und 15 Minuten leicht kochen lassen. Die Knoblauchzehen durch die Knoblauchpresse drücken, mit den Paprikastreifen unter das Risotto mischen und in 20–25 Minuten fertiggaren.

Ziegenwurst

Bauernbratwurst

Zutaten
Fleisch von einer Ziege oder einem kastrierten Ziegenbock. Pro 1 kg Fleisch nimmt man 2 g weißer Pfeffer, gemahlen, 1/4 g gemahlener Koriander, 1/4 g Muskatnuß, 20 g Nitritpökelsalz, Knoblauch nach Geschmack.

Zubereitung
Fleisch ausbeinen und Fett abschneiden. Das leicht angefrorene Fleisch durch eine feine Scheibe drehen und würzen. Die Fleischmasse (Brät) in enge Schweinsdärme (Kaliber 26–28) oder weite Ziegendärme luftfrei einfüllen und am Stück abdrehen. Die Wurst zugfrei aufhängen und, wenn sie außen beschlagen ist, mit Salzwasser abwaschen. Die Wurst kann auch eingefroren oder in Dosen abgefüllt werden. Zur Herstellung von Räucherware wird sie nach ein- bis zweitägigem Abtrocknen in den kalten Rauch gehängt.

Schinkenwurst

Zutaten
10–15 kg Ziegenfleisch
etwa 5 kg durchwachsener Schweinebauch
4 kg Eisschnee
Pro 1 kg Fleisch nimmt man 20 g Nitritpökelsalz, 3 g Phosphat (Kutterhilfsmittel), 4 g Schinkengewürz, Geschmacksveredler und Knoblauch nach Geschmack.

Zubereitung
Das Ziegenfleisch ausbeinen, Sehnen und Fett entfernen. Ziegenfleisch und Schweinebauch durch den Wolf lassen, in den Kutter geben, dazu Pökelsalz, Phosphat, Gewürze und Eis. Das Eis soll verhindern, daß beim Kuttern die Temperatur über 14°C ansteigt. Das Brät in Brühwurstdärme (Kaliber 60) füllen und bei 72 °C 70 Minuten garen; anschließend im kalten Wasser auskühlen lassen. Das Brät kann man auch eindosen. Zur Herstellung der Schinkenwurst ist ein Kutter erforderlich, deshalb wird diese Wurst in der Regel nur von einem Fleischer hergestellt.

Rauchfleisch

Zum Räuchern eignen sich am besten Keule und Lende.

Zutaten
Kochsalz-Salpeter-Mischung
Knoblauch

Zubereitung
Salzlake herstellen (Kochsalz-Salpeter-Mischung in Wasser auflösen, bis ein rohes Ei darin schwimmt). Nach dem Entfernen des Schloßknochens die Keule 3 Wochen in die Lake legen. Bei kleineren Stücken reicht eine kürzere Zeit. Anschließend das Fleisch etwa 3 Stunden wässern, damit das Ausblühen von Salz verhindert wird. Nach dem Abtrocknen das Fleisch in den kalten Rauch hängen, bis es goldgelb ist. Bei längerer Aufbewahrung sollte die Keule vor dem Einlegen in die Lake ganz ausgebeint werden.

Fellverwertung

Das Ziegenfell ist ein Nebenprodukt, das bei der Schlachtung anfällt. Der Tierbesitzer kann das Fell verkaufen oder zum Gerben geben. Ziegenfelle werden in erster Linie zur Herstellung von feinen Lederwaren, wie Handschuhe, Bekleidung, Schuhe und Brieftaschen, verwendet. Die besseren Felle werden zu Dekorationszwecken gegerbt; sie kann der Ziegenhalter gut verkaufen.

Die Fellqualität hängt von verschiedenen Faktoren ab:

- Narben und Schnittverletzungen mindern die Qualität,
- Winterfelle sind wertvoller,
- gut genährte Tiere haben ein glänzendes Fell und eine bessere Haardichte,
- schlecht gehaltene Tiere haben ein struppiges Haarkleid,
- Felle von unkastrierten Böcken haben auch nach dem Gerben noch einen leichten Bockgeruch,
- das Haarkleid von älteren Ziegen ist dünner.

Wird das Fell nicht sofort gegerbt, muß es nach dem Auskühlen eingesalzen oder getrocknet werden. Zunächst sind die Fleisch- und Fettreste vorsichtig zu entfernen.

Beim Salzen das Fell mit der Haarseite nach unten ausbreiten und dick mit Salz bestreuen. Auf die Ränder ist besonders zu achten. Für ein Ziegenfell werden ungefähr 3 kg Salz benötigt. Das Fell bleibt zwei Tage lang ausgebreitet liegen, damit das auftretende Wasser abfließen kann.

Zur weiteren Aufbewahrung wird das Fell mit der Hautseite nach innen zusammengeschlagen und an einem kühlen Platz gelagert, bis es zur Gerberei gebracht wird.

Beim Trocknen wird das abgezogene Fell mit der Haut nach außen über eine Stange gehängt. Felle müssen innerhalb von zwei bis drei Tagen trocken sein, da sonst Schäden eintreten. Wichtig ist, daß die Felle faltenfrei hängen. Eine andere Möglichkeit ist das Spannen des Fells auf einer Platte, wobei die Kanten mit etwa 20 Nägeln befestigt werden. Im Sommer muß man die getrockneten Felle vor Insektenbefall schützen.

Wirtschaftlichkeit

Die in der Tierhaltung übliche Berechnung der Wirtschaftlichkeit (Deckungsbeitrag) läßt sich nur in den wenig vorhandenen größeren Ziegenbetrieben anwenden, auf die hier nicht eingegangen wird. In den Kleinziegenhaltungen sind andere Voraussetzungen gegeben, da sie im Nebenerwerb und zum Teil auch als Hobby betrieben werden. Die Investitionen und Aufwendungen sind sehr unterschiedlich und relativ hoch. Das beweist, welch hohen Stellenwert die Ziege in diesen Betrieben einnimmt. Die vorhandenen Maschinen, Schlepper u. a. stehen vielfach in keinem Verhältnis zur bewirtschafteten Fläche. Allerdings sollten eine kleine Transportmöglichkeit, Motormäher, Sense, Heugabel, Mistgabel, Schubkarre und entsprechende Milchgeräte zur Verfügung stehen.

Für das Produkt Ziegenmilch gibt es keinen festen Marktpreis, da nur selten größere Mengen abzusetzen sind. Jeder Ziegenhalter hat vom Ziegenmilchpreis seine eigene Vorstellung, die sich nach der unterschiedlichen Verwendung richtet. Die selbst erzeugte Ziegenmilch wird allgemein im Wert höher eingeschätzt als Kuhmilch. Es gibt allerdings auch Betriebe, die überschüssige Milch an Tiere verfüttern, wofür nur ein geringer Preis angesetzt werden kann. Den höchsten Preis erzielt man über die Herstellung von Ziegenkäse, da dieser besser bezahlt wird

Berechnung der Wirtschaftlichkeit pro Milchziege/Jahr

Erträge		
900 kg Milch ⁒ 350 kg Milch für die Lämmeraufzucht =		
550 kg à 1,20 DM =	660,–	
2 Schlachtkitze à 10 kg = 20 kg à 15,– DM =	300,–	960,– DM
Aufwendungen		
400 kg Heu à 20,– DM	80,–	
Grünfutter	40,–	
300 kg Stroh à 10,– DM	30,–	
500 kg Rüben à 8,– DM	40,–	
300 kg Kraftfutter à 60,– DM	180,–	
Mineralfutter, Salz	10,–	
Stall	35,–	
Deckgeld	20,–	
Bestandsergänzung	60,–	
Tierarzt, Medikamente	15,–	
Strom, Wasser, Geräte etc.	35,–	545,– DM
Einkommen		415,– DM

als Kuhmilchkäse. Aus 8 l Ziegenmilch kann 1 kg Frischkäse hergestellt werden, wofür man 16,– DM erhält, was einen Preis von 2,– DM pro Liter Milch ergibt. Im Durchschnitt läßt sich ein Preis von 1,20 DM für 1 Liter Ziegenmilch ansetzen.

In dem Einkommen von 415,– DM, das sich in der Tabelle bei der Gegenüberstellung von Aufwendungen und Erträgen ergibt, sind Arbeits- und Kapitalaufwand nicht berücksichtigt.

Bei der Fleischziegenhaltung sind die Erträge geringer, da keine Milchgewinnung erfolgt. Aus dem Fleischverkauf können jedoch bis zu 100,– DM mehr erzielt werden. Die Aufwendungen sind wesentlich niedriger, da die Tiere mit wenig Kraftfutter auskommen und auch sonst geringere Ansprüche stellen.

Man kann davon ausgehen, daß bei der Fleischziege durchschnittlich ein Einkommen von 100,– bis 150,–DM erwirtschaftet werden kann.

Bündner Strahlenziegen auf dem Weg ins Tal.

Landschaftspflege

Ziegenhalter ohne eigene Futterflächen waren früher auf Wegränder, Bahndämme, Böschungen, Steilhänge und Waldlichtungen angewiesen. Mit dem Rückgang der Ziegenhaltung wurden diese Flächen immer weniger genutzt, so daß zum Teil Pflegemaßnahmen notwendig wurden. Auch heute bewirtschaften die Ziegenhalter teilweise noch Flächen, die sich für eine maschinelle Bearbeitung nicht eignen und sonst verwildern würden. Die typischen Heideflächen in vielen Gebieten Deutschlands sind durch die intensive Beweidung mit Schafen entstanden. Da Schafe kaum Gestrüpp abfressen, hat sich die Verbuschung gebietsweise so weit ausgedehnt, daß eine Nutzung als Weide nicht mehr möglich ist und das idyllische Landschaftsbild immer mehr verschwindet. Die Ziege frißt mit Vorliebe Blätter, junge Triebe, Sträucher und Gestrüpp. Sie eignet sich daher ideal zur Eindämmung des Buschwachstums. Zu diesem Zweck werden auf der Schwäbischen Alb in einigen Schafherden Ziegen gehalten. Am besten geeignet sind Fleischziegen, da diese ruhiger sind und sich gut in Schafherden einfügen. Die Zahl der gehaltenen Ziegen sollte an der vorhandenen Verbuschung ausgerichtet werden. Bei der Haltung von Ziegen in Schafherden gibt es Probleme, wenn auf den Weideflächen Obstbäume stehen, denn diese werden von den Ziegen nicht verschont. Stark verwilderte Flächen werden gründlich gesäubert, wenn man das Grundstück einzäunt und die Ziegen dort eine Zeit fressen läßt.

Anhang

Ziegenzuchtverbände in der BR Deutschland

Arbeitsgemeinschaft der Landesverbände Deutscher Ziegenzüchter e. V., Schwerzstraße 21, 7000 Stuttgart 70, Tel. (0711) 45012713.
Ziegenzuchtverband Baden-Württemberg e. V., Heinrich-Baumann-Straße 1–3, 7000 Stuttgart 1, Tel. (0711) 284979.
Landesverband Bayerischer Ziegenzüchter e. V., Haydnstraße 11, 8000 München 2, Tel. (089) 537856.
Landesverband Berliner Ziegen- und Milchschafzüchter e. V., Hermsdorfer Str. 72, 1000 Berlin 26, Tel. (030) 4115808.
Landesverband Hannoverscher Ziegenzüchter e. V., Johannssenstraße 10, 3000 Hannover, Tel. (0511) 1665484.
Verband Hessischer Ziegenzüchter, Kölnische Straße 48–50, 3500 Kassel, Tel. (0561) 707264.
Landesverband Rheinischer Ziegenzüchter e. V., Endenicher Allee 60, 5300 Bonn, Tel. (0228) 703236/703343
Verband Saarländischer Edelziegenzüchter (VSEZ) e. V., Wolfskaulstraße 57, 6601 Riegelsberg, Tel. (06806) 45615
Vereinigung der Ziegenzüchter des Saar-Pfalz-Kreises, Bergstraße 23, 6670 St. Ingbert, Tel. (06894) 35344.
Landesverband Schleswig-Holsteiner Ziegenzüchter e. V., Rendsburger Straße 22–24, 2350 Neumünster, Tel. (04321) 12071.
Landesverband der Ziegenzüchter für Westfalen-Lippe e. V., Schorlemer Str. 26, 4400 Münster, Tel. (0251) 599378/599384.

Bezirksverbände des Landesverbandes Bayerischer Ziegenzüchter

Verband Unterfränkischer Ziegenzüchter, Veitshöchheimer Straße 14, 8700 Würzburg, Tel. (0931) 51345.
Ziegenzuchtverband Mittelfranken, Jüdtstraße 1, 8800 Ansbach, Tel. (0981) 86426.
Ziegenzuchtverband Oberfranken, Adolf-Wächter-Straße 12, 8580 Bayreuth, Tel. (0921) 65007.
Ziegenzuchtverband Oberpfalz, Bm.-Prechtl-Str. 33, 8480 Weiden, Tel. (0961) 33015.
Verband Schwäbischer Ziegenzüchter e. V., Schulstraße 12a, 8857 Wertingen, Tel. (08272) 2073.
Ziegenzuchtverband Oberbayern, Haydnstraße 11, 8000 München 2, Tel. (089) 537856.
Verband Niederbayerischer Ziegenzüchter, Erhardt-Straße 2, 8390 Passau, Tel. (0851) 57672.

Organisation in der Schweiz

Schweizer Zentralstelle für Kleinviehzucht
Belpstraße 16, CH 2000 Bern 14.

Bezugsquellen

Geräte zum Käsen und Buttern

HÄKA Apparatebau, Wallonenstr. 27, 7513 Stutensee-Fr. (elektr. Haushalts-Milchzentrifugen und Buttermaschinen)

Käsereibedarf Bunte Kuh, Nidderweg 12, 6479 Schotten (auch Lab und Kulturen)

Martin Kössel, Postfach 83, 8970 Immenstadt im Allgäu (auch Lab)

Käsereibedarf Renate Polatzek, Schloßstraße 6, 8771 Urspringen (auch Lab und Kulturen)

Lab und Kulturen

Biokosma GmbH, 7750 Konstanz 12

Laboratorium Dr. Drewes GmbH, Postfach 1068, 3370 Seesen 1

Josef Hauser's Nachf. KG, Ottmarshausen, Postfach 1251, 8902 Neusäß 1

Staatl. Milchwirtschaftliche Lehr- und Forschungsanstalt, Postfach 53, 7989 Wangen

Literaturverzeichnis

Aichhorn, A.: Persönliche Mitteilung 1986.

Antonius, O.: Handbuch der Biologie, Band VII, Angewandte Biologie. Akadem. Verlagsgesellschaft Athenaion, Konstanz – Stuttgart, o. J.

Behrens, H., H. Doehner, H. Scheelje und R. Wasmuth: Lehrbuch der Schafzucht. Verlag Paul Parey, Hamburg und Berlin 1976.

Boettger, C. R.: Die Haustiere Afrikas. Ihre Herkunft, Bedeutung und Aussichten bei der weiteren wirtschaftlichen Erschließung des Kontinents. G. Fischer-Verlag, Jena 1958.

Bonnemann: Von der Haustiergeschichte der europäischen Ziege. Deutsche Landwirtschaftliche Tierzucht Nr. 31, 1929.

Brandsch, H.: Die Vererbung geschlechtlicher Mißbildung und des Hornes bei der Hausziege in ihrer gegenseitigen Beziehung. Arch. Geflügelz. Kleintierkd. 8, 310–362, 1959.

Brehms Tierleben. Bibliographisches Institut Leipzig, Wien 1916.

Columnella, L. J. M.: Zwölf Bücher von der Landwirtschaft. Ins Deutsche übersetzt von M. C. Curtius, Hamburg und Bremen 1769.

Diab, A.: Futteraufnahmeverhalten der afrikanischen Zwergziege. Dissertation Justus-Liebig-Universität, Gießen 1978.

Dettweiler, F.: Die deutsche Ziege. Arbeiten der Deutschen Landwirtschafts-Gesellschaft, Heft 69, 1902.

DLG-Futterwerttabellen für Wiederkäuer. DLG-Verlag, Frankfurt 1983, 6. Aufl.

Fecht: Über Ziegenzucht. Kalender des landwirtschaftlichen Vereins in Württemberg. Verlag Eugen Ulmer, Stuttgart 1908.

Fehse, R., und Künzi: Die Ziegenzucht in der Schweiz.

Gall, Christian: Ziegenzucht. Verlag Eugen Ulmer, Stuttgart 1982.

Hensler, K.: Die Ziegenzucht in der Pfalz, Entwicklung und heutiger Stand. Dissertation der T. H., München. Kaußlersche Verlagsanstalt GmbH, Landau (Pfalz) 1930.

Hesse: Haustiere zoologisch gesehen. Verlag G. Fischer, Stuttgart 1973.

Kielwein, G., und H. K. Luh: Internationale Käsekunde. Seewaldverlag, Stuttgart 1979.

Kiermaier, F., und E. Lechner: Milch und Milcherzeugnisse, Verlag Paul Parey, Berlin – Hamburg 1973.

Kirchgessner, M.: Tierernährung, DLG-Verlag, Frankfurt 1985.

Kliesch, J.: Die deutsche Ziegenzucht. Neue Schriftenreihe, Heft 4. Verlag Paul Parey, Berlin 1937.

Kuhl, J.: Eine erfolgreiche Arznei und Ernährungsbehandlung gutartiger und bösartiger Geschwülste. Humata Verlag Harold S. Blume, Bern – Freiburg (Breisgau) – Salzburg 1966.

Kunze, F.: Bilder aus der Vergangenheit der deutschen Ziegenzucht. Der Ziegenzüchter, 1917.

Mögle: Die weiße Landziege in der württembergischen Ziegenzucht. Zeitschrift für Ziegenzucht, 1910.

NN: Ziegenzucht. Der Kleinviehzüchter 22, 1982.

NN: Die Boerbok. 5th edition, 1973, Somerset-Oos/East.

Nosal, D.: Melken der Ziegen und Milchschafe. Der Kleinviehzüchter 11, 1983.

Peters, K. J., und P. Horst: Entwicklungspotential der Ziegenzucht in den Tropen und Subtropen. DSE-Bericht – Technische Universität Berlin.

Rhan, C.: Die Ziege und ihre Bedeutung. Der Ziegenzüchter 16, Verlag für Kleintierzucht, 1913.

Ringler, E.: Erfolgreiche Ziegenzucht und Haltung. Bayerischer Landwirtschaftsverlag, München 1949.

Rueff: Über Ziegenzucht mit besonderer Rücksicht auf Württemberg. Wochenblatt für Land- und Forstwirtschaft 1862.

Sambraus, H. H.: Atlas der Nutztierrassen. Verlag Eugen Ulmer, Stuttgart 1986.

Spreer, E.: Technologie der Milchverarbeitung. VEB Fachbuchverlag, Leipzig 1974.

Steng, G.: Geburtshilfe und Erstversorgung der Ziegenlämmer. Der Ziegenzüchter, 2. Verlag Frühmorgen & Holzmann GmbH & Co., München 1985.

Steng, G.: Erkennung, Behandlung und Vorbeuge von Eutererkrankungen, Vortrag 1982.

Wacker, H., und E. Granz: Tierproduktion, Verlag Paul Parey, Berlin 1970.

Zenner, F. E.: Geschichte der Haustiere. Bayerischer Landwirtschaftsverlag, München, Basel, Wien 1967.

Bildquellen

Zeichnungen von Friedhelm Weick, Bruchsal, nach Angaben und Vorlagen der Verfasser.

Fotos:
A. Aichhorn, Salzburg: Seite 90 oben.
Hans Reinhard, Heiligenkreuzsteinach: Titelbild, Seite 2, 17 (2), 53 (4), 89, 108 (3), 126, 143, 144 (2).
Josef Weber, Netstal (Schweiz): Seite 107 unten.

Alle übrigen Fotos von den Autoren.

Register

Sternchen verweisen auf Abbildungen